KB160422

라티노와
아메리카

라티노와 아메리카

라티노, 히스패닉, 치카노 그들은 누구인가?

임상래 지음

이담 Books

이 저서는 2007년 정부(교육과학기술부)의 재원으로 한국학술진흥재단의
지원을 받아 수행된 연구임(KRF-2007-812-1-B00039)

▮ 책을 펴내며

멕시코 역사 전공자인 내가 라티노, 즉 미국에 사는 라틴아메리카 이민자와 그 후손에 대해 책을 쓰게 된 데에는 나름의 스토리가 있다. 1994년 멕시코국립대(UNAM)에서 박사학위를 마치고 귀국한 이후 나는 줄곧 멕시코의 체제 변동 가능성에 관심을 갖고 이에 관한 연구를 하고 있었다. 특히 멕시코 혁명 이후 성립된 70년의 PRI(Partido Revolucionario Institucional, 제도혁명당) 일당 체제가 어떻게 변화할 것인지를 주목하면서 이와 관련된 근현대사 주제들을 연구하고 있었다. 이 중에서도 나는 멕시코 민주주의 한계를 역사·문화적 맥락에서 밝히는 데 관심을 갖고 있었다. 현대 멕시코의 시발이 멕시코 혁명임을 상기해볼 때 혁명의 리더들이 이후 멕시코 정치에 심대한 영향을 준 것은 멕시코 현대사의 필연이었다. 따라서 나는 이 '영웅들'이 남긴 유산과 전통이 멕시코 정치에서 어떤 양태로 재현되는지 밝히고 싶었다. 특히 이러한 '영웅 문화'가 현대 멕시코 정치를 운행시키는 중요한 동력(dynamics)임을 밝히고 이것이 라틴아메리카 고유의 까우디요(caudillo, 라틴아메리카식 군벌), 포퓰리즘, 권위주의 등의 정치현상과 맥이 닿아 있음을 논증하고자 했다. 그래서 나는 뻬르소날리스모(personalismo, political personalism, 일종의 개인중심정치) 정치문화에 주목하면서 가문, 능력, 학벌 등을 절묘하게 배합하여 패권을 유지해온 멕시코 정치엘리트 연구에 몰두하고 있었다.

그러던 중 2002년 한국라틴아메리카학회가 주축이 되어 당시 라틴아메리카에 강요되어 착근된 신자유주의와 그것으로 생겨난 정치·경제·사회적 변화를 고찰하는 공동연구가 기획되었다. 나는 이런 대주제 연구가 처음일 뿐만 아니라 내 연구 주제와도 딱히 맞지 않아 참여를 망설였다. 하지만 나는 당시 학회의 연구이사를 맡고 있었기 때문에 결국 연구팀에 합류하지 않을 수 없었다. 이 연구에서 내게 '할당'된 주제는 난감하게도 내 전공과는 생판 다른 이민 분야였다. 이리하여 나는 이민연구와 연을 맺게 되었다. 이후 학회는 2004년에도 라틴아메리카 인권에 관한 공동연구를 기획했는데 나는 이번에는 연구책임자를 맡아서 라틴아메리카 이민자의 인권 문제를 연구하게 되었다. 이때부터 나의 연구 관심은 이민 쪽으로 옮겨지게 되었고 이런 일련의 공동 연구들 덕분에 나는 라틴아메리카 이민과 관련된 몇 편의 논문과 공저서를 내게 되었다.

그러나 이런 일련의 예기치 않았던 연구 기회들은 나의 연구 지평을 넓혀주는 뜻밖의 선물이 되었다. 라틴아메리카에서 누가 그리고 왜 이민을 떠나는지 그리고 그들은 모국에 어떤 존재인지를 탐구하는 작업 속에서 이민과 이민자 문제는 현 단계 라틴아메리카 사회가 처한 조건을 비춰주는 거울이며, 따라서 이민이야말로 라틴아메리카의 다양한 층위의 문제들이 담겨 있는 라틴아메리카 이해의 '저수지'임을 확신할 수 있었다. 그뿐만 아니라 히스패닉 또는 라티노 문제는 미국이나 라틴아메리카 어느 한곳에만 한정되는 것이 아니라 전 아메리카를 관통하는 이슈임을 더 분명히 파악하게 되었다. 또 우리가 알고 있는 라틴아메리카는 멕시코 이남이지만 이민을 변수로 대입시켜 본다면 더 큰 라틴아메리카도 가능하다는 가정을 세우게 되었다. 왜냐면 오늘날 미국에 살고 있는 엄청난 수의 라틴아메리카 사람들을 생각한다면 미국도 라틴아메리카의 외연일 수 있기 때문이다. 이처럼 라티노와 라틴아메리카 이민 문제는 미국과 라틴아메리카의 각 나라를 이해하는 데 필수적일 뿐만 아니라 아메리카 전체를 조명하는 데도 중요하기 때문에 학술적으로 간과할 수 없는 가치를 갖는다고 할 수 있다. 게다가 우리나라와 미국과의 외교, 통상, 이민, 방문 등 다양한 관계들을 고려해 볼 때 실용적인 측면에서도 라티노에 대한 연구의 필요성은 아무리 강조해도 지나치지 않다.

그럼에도 이에 대한 우리의 관심과 이해는 외신이나 국제뉴스를 벗어나지 못하는 피상적이고 일회적인 수준에 머물고 있다. 마찬가지로 학계의 연구 현황도 아직 미비하다. 최근 라티노에 대한 연구가 활발해지고 있지만 아직도 질과 양의 모든 면에서 부족한 편이다. 따라서 저자는 미력이나마 라티노 연구의 지평을 넓히는 데 일조하고자 이 책의 저술을 결심하게 되었다.

이 책이 출판되기까지 많은 분들이 물심으로 도와주셨다. 먼저 저자가 재직하고 있는 부산외국어대학교에 감사한다. 저자가 이 저술 작업을 감행할 용기를 가질 수 있었던 것은 우리 대학이 제공해준 연구년 덕분이었다. 연구년 기간 동안 저자는 미국 현지에서 라티노와 치카노를 직접 이해하는 기회를 가질 수 있었다. 또 학술진흥재단(현 한국연구재단)의 연구지원에도 고마운 마음을 표하고 싶다. 재단의 저술 지원 프로그램 덕분에 저자는 연구에 필요한 자료를 구하는 데 큰 도움을 받았다. 현지 연구 기간 중 연구 공간을 마련해주고 각종 자료를 맘껏 볼 수 있도록 해준 엘파소 텍사스주립대학교(University of Texas at El Paso)에 감사하며 특히 치카노 연구와 국경 연구의 가이드가 되는 걸 마다하지 않은 치카노학과 학과장 Dr. Dennis Bixler Márquez에게도 고마움을 전한다(Mil gracias por su apoyo. Thank you so much for all your help).

이외에도 박사 논문을 쓰면서도 원고를 꼼꼼하게 읽고 스타일과 내용의 세세한 것들을 수정해준 장혜영 박사에게 감사하며 빛나는 코멘트로 이 책의 수준을 한 단계 높여준 아주대학교 박구병 교수님과 서울대학교 이성훈

교수님에게도 감사한다. 또 연구가 막혀 SOS를 칠 때마다 기꺼이 머리를 맞대준 전북대학교 이상현 교수와 계명대학교 박윤주 교수에게도 진심으로 고마운 마음을 표한다.

이뿐만 아니라 이 책은 이 책 이전의 모든 선행연구 덕분에 세상에 나올 수 있었음을 밝히지 않을 수 없다. 미국과 라틴아메리카의 훌륭한 저작들은 두말할 나위 없고 최근 우리나라에서 발간된 유관 연구들도 뛰어난 것이 많아 그 덕분에 저자는 수고를 많이 덜 수 있었다. 저자들에게 고마움을 표하고 독자들에게 도움이 되길 바라는 마음으로 책 뒤 참고문헌에 인용된 연구들의 출처를 밝혀 두었다.

가장 큰 감사는 아무래도 가족에 대한 몫일 것 같다. 나름 가장으로도 잘 하려고 노력하였지만 아무리 잘 봐줘도 B학점이 고작일 아빠와 남편을 항상 이해해준 가족에게 정말로 고맙다. 특히 외진 국경 도시로 연구년을 간다고 할 때 믿고 기꺼이 따라와 준 처 경란에게 가장 감사한 마음이다.

연구년 중 아버님이 돌아가셔서 불효한 저자는 종신자식도 되지 못했다. 퇴임 이후 아버님은 생전에 사회자와의 잠깐 인연을 얘기하시면서 전국노래자랑을 즐겨 보시곤 했다. 그래서 요즘도 일요일 아침이 되면 아버지가 더 그리워져 가슴이 먹먹해진다. 송해 선생님과 그 또래의 모든 아버지들이 건강하시길 기원하며 오롯이 주고만 가신 아버님 영전에 이 책을 바친다.

2013년 1월
임상래

▌들어가는 말

1. 라티노 키워드들

라티노 또는 히스패닉은 미국에 사는 라틴아메리카 이민자와 그 후손을 말한다. 최근 라티노 인구가 많아지고 이들의 미국 사회 진출이 확대되면서 라티노의 위상과 역할은 놀랄 만큼 높아졌다. 또 라티노의 중요성이 커지는 만큼 불법입국, 정체성 문제, 반이민주의 등 이들과 관련된 정치·사회적 이슈들도 미국사회에서 중요한 논란거리가 되고 있다. 따라서 라티노 이슈는 미국 사회의 다양한 국면에서 이해되어야 하며 동시에 그것의 빛과 그림자를 함께 포착해내야 한다.

그뿐만 아니라 라티노는 이들과 고국 간의 깊은 연대와 연계로 인해서 라틴아메리카에도 점점 더 중요한 존재가 되고 있다. 즉, 오늘날 라티노는 미국을 넘어 라틴아메리카까지를 포함하는 글로벌 이슈의 담지자로 부상하고 있다. 따라서 라티노에 대한 이해는 일국을 넘는 초국가적(transnational) 포커스로 접근하고 고찰하여야 하는 것이다.

이런 이유로 라티노를 총체적으로 파악한다는 것은 결코 간단한 것이 아니다. 따라서 라티노 연구의 키워드라고 할 수 있는 몇 개의 핵심 주제를 뽑아내어 라티노를 개괄적으로 조망해보고자 한다.

라티노 파워

우선, 오늘날 라티노 파워에 주목할 필요가 있다. 이해를 위해 조금 단순화시켜 얘기하면 라티노는 이제 더 이상 소수 이민자 그룹이 아니라 명실상부한 파워 그룹이라 할 수 있다. 오늘날 미국 사회에서 이른바 라티노 또는 히스패닉 파워는 가히 전방위적이라 할 수 있을 정도이다. 빌 리처드슨 전 뉴멕시코 주지사, 밥 메넨데즈와 마르코 루비오 상원의원, 켄 살라자르 내무장관, 힐다 솔리스 노동장관, 안토니오 비야라이고사 L.A. 시장, 소니아 소토마요르 대법관 등 라티노 파워의 아이콘들은 입법, 사법, 행정부에 두루 넘쳐 난다. 정치인은 아니지만 미국 역사상 최초의 라티노 추기경이 될 것이 확실시 되는 호세 고메스 L. A. 대주교도 영향력 있는 라티노 인물이다.

라티노의 활약은 영화, 대중음악, 스포츠에서 더 빛난다. 할리우드는 물론이고 미국 팝 음악을 주도하는 라티노 스타들은 부지기수이다. 스포츠에서는 더하다. 특히 미국의 국기인 야구에서 라틴아메리카 출신 선수와 라틴계 팬을 빼고서는 얘기가 성립되지 않는다. 문학적 성과를 인정받고 있는 치카노 문학을 위시하여 라틴아메리카계 예술가들의 활약도 두드러진다. 마찬가지로 성공한 라티노 기업가들도 긴 리스트를 이룬다.

그뿐만 아니라 지방 선거는 물론이고 최근 대통령 선거들에서도 라티노의 보팅 파워(voting power)는 유감없이 발휘되었다. 부시도 오바마도 모두 라티노의 지지 덕분에 대통령이 될 수 있었으며 2012년 대선에서도 라티노 표가 당락의 최대 변수가 될 가능성이 매우 높다. 이처럼 오늘날 미국 정치에서 어떤 후보도 라티노 표심을 무시하고 선거에서 승리하기 힘들다. 이제 미국에서 라티노는 더 이상 주변으로 밀쳐져 있는 존재가 아닌 것이다. 따라서 이제 라티노 연구에서 라티노 파워에 대한 실체적 이해는 필수적이다.

라티노와 미국 인구

라티노 파워를 설명하는 데 있어 첫 번째로 살펴봐야 할 것은 인구학적 이해이다. 라티노 파워의 중요한 원천 중의 하나는 두말할 나위 없이 증가하는 라티노 인구이다. 이런 면에서 볼 때 2002년 7월 1일은 매우 기념비적인 날이었다. 이날 미국 인구센서스국(U.S. Census Bureau)은 라티노(3,880만 명)가 흑인(3,830만 명)을 제치고 처음으로 백인 다음으로 가장 큰 인구 집단이 되었다고 발표하였다. 이후 라티노 인구의 증가세는 계속되어 2010년 현재 라티노 인구는 5,000만 명을 넘어섰다. 이는 미국 전체 인구의 16%가 넘는 것으로 미국 인구 6명 중 한 명이 라티노란 말이다. 라틴아메리카의 경제 위기는 라틴아메리카 사람들을 나라 밖으로 밀어내고, 기업의 전지구화와 미국의 백인 인구 감소와 노령화는 젊고 저렴한 이들을 미국으로 끌어들이고 있다. 따라서 라티노는 2050년이 되면 1억 명을 넘어 미국 인구의 1/4에 달한 것으로 전망되고 있다. 라티노의 이런 인구증가 추세에 이의를 제기하는 연구는 별로 없다.

특히 놀라운 것은 젊은 인구의 증가세이다. 라티노 인구는 미성년 비율 (34%)이 미국에서 가장 높은데, 그 증가세도 미국에서 가장 높다. 2000년부터 2010년까지 라티노 미성년 인구는 39% 증가했는데 같은 기간 미국의 미성년 인구증가는 3%에 불과했다. 또 살펴본 바와 같이 미국 인구에서 라티노가 차지하는 비율은 16%인데 라티노 미성년 인구는 23%에 달한다. 즉, 미국 인구에서 6명 중 1명이 라티노이지만 어린이는 4명 중 1명이 라티노란 의미이다. 지역별로 보면 더욱 놀랍다. 라티노 미성년 인구는 뉴멕시코에서는 58%이고 캘리포니아에서는 51%이다. 이들 주에서 젊은이의 절반 이상이 라티노이다(NCLR, 2011). 따라서 이런 지역에서는 수년 내 라티노가 최대 인구 그룹이 될 것이 확실하다.

최근 10년 동안 미국 인구는 2,700만 명이 증가하였는데 이 중 라티노는 1,500만 명이었다. 즉, 미국 인구증가는 라티노 인구의 증가 덕분에 가능한 것이었다. 따라서 라티노 인구의 증가는 미국 인구 구조에 근본적인 변화를 가져왔다. 특히 백인이 줄고 라티노가 늘어나는 인구학적 변화는 가장 대표적이다. 지난 세기 말부터 미국은 기대수명 상승과 출생률 저하로 인구의 노령화를 겪어 왔는데, 이 중 백인인구의 노령화가 가장 빠르다. 반면 라티노 인구는 가장 젊은 인구이다. 따라서 라티노는 백인을 대체하며 '늙어가는' 미국을 '회춘'시키고 있는 것이다. 육체노동만을 놓고 얘기할 때 더더욱 그렇다. 로스앤젤레스와 같이 라티노가 많은 지역에서는 체감으로만 본다면 소위 3D업종에 종사하는 사람은 거의 다 라티노이다. 이런 생산현장에서는 '멕시코인이 사라진 어느 날(Un día sin mexicanos, A Day Without a Mexican)'이란 영화에서처럼 '히스패닉(Hispanic)'이 없으면 완전히 '패닉(panic)'이다.

과거도 그러했고 지금도 여전히 미국은 백인이 다수인 국가이다. 그러나 백인은 줄어들고 라티노는 증가하는 인구 지형도에 비추어 볼 때 향후 미국은 갈수록 진해져서 오늘날과는 전혀 다른 색깔의 나라가 될 가능성이 높다고 할 수 있다.

국제이민과 라티노

라티노를 국제 이민의 맥락에서 분석하고 설명하는 것도 라티노 연구에서 빠질 수 없다. 국제이민에 대한 인식론적 연구에서 중요하게 동원되는 분석틀 중 하나는 이민과 개인, 이민과 사회, 이민과 국가 간의 관계의 분석이다. 즉, 이민이 이민자 개인에게 어떤 의미를 갖는지, 이민이 본국 사회와 이민국 사회에 어떤 영향을 주는지, 이민이 국가 간 관계에 어떤 변화를 야기하는지 등을 고찰하는 것이다. 여기서 이민이 만들어내는 작용은 통상 결실(opportunity, resources, values)이나 결손(problem, obstacle)으로 구분된다.

헌팅턴을 비롯한 반이민론자와 동화주의자들은 이민은 종국적으로 미국, 특히 미국 정신에 위해가 될 수 있다는 인식을 가지고 있다. 이들이 주장하는 '이민=장애'라는 개념화의 세 관점은, 첫 번째로는 이민, 특히 대량 이민은 동화와 비동화를 둘러싸고 사회적 긴장을 야기하기 때문에 사회－문화적으로 문제라는 것이다. 두 번째는 교육, 의료 등 이민자를 부양하기 위해 사용하는 경제적 비용에 관한 것인데 국가가 이들에게 쓰는 지출은 이들이 만들어내는 경제적 기여보다 더 크다는 시각이다. 세 번째는 이민자는 내국인 노동자의 일자리를 빼앗고 동시에 노동 조건을 하락시켜 노동시장에 이중으로 부정적 영향을 끼친다는 입장이다. 특히 흔히 불법이민자라고 하는 미등록 이민자는 실업과 저임금을 악화시키는 주범으로 주목된다. 이런 개념화의 결과는 자연스럽게 이민을 통제하는 정책을 추구하는 것이 당연한 것인양 인식시킨다. 따라서 이민에 대한 인식의 문제는 그 자체에 머무는 것이 아니라 개인의 이민에 대한 언행과 국가의 이민 정책으로 이어지게 되는 것이다.

반면 이민을 미국을 살찌우는 원천으로 보는 입장도 있다. 전통적인 이민주의는 이민자들이 미국 발전에 기여해온 측면이 훨씬 더 크다는 점을 강조한다. 특히 월터 미뇰로 같은 연구자는 이민, 특히 라티노가 미국을 탈백인, 탈인종, 탈남성화시켜 종국적으로 미국을 탈식민화할 수 있다고 주장한다. 이들에 따르면 라티노는 투표력과 구매력에 기반을 둔 행동뿐만 아니라 미국 사회의 성, 인종, 종교의 오래된 위계를 극복해내는 동력원일 수 있다는 것이다(이성훈, 2010).

라틴아메리카인의 미국 이민이 만들어 내는 작용과 역할을 라틴아메리카 편에서 살펴보는 것도 필요하다. 라틴아메리카에도 마찬가지로 이민은 플러스이고 마이너스이다. 마르크스주의나 종속론적 관점은 이민은 두뇌유출, 대외 종속의 심화, 외래문화의 유입 등을 야기하기 때문에 라틴아메리카 국가 발전에 해가 되는 것으로 본다. 특히 농촌과 농촌문화를 피폐하게 만들고 빈곤을 가속화시킨다고 주장한다. 이민자의 송금 등 외국에서 오는 경제적인 효과들은 단기적으로 소득을 증가시키지만 장기적으로 경제 활동을 위축시키고 추가 이민을 촉발시켜 결국 국가 경제를 대외에 종속시킨다는 것이다(García Zamora, 2007, 289). 반면, 근대론자들은 이민을 발전 과정의 중요한 요소로 간주한다. 이민을 통해 발전국에서 저발전국으로 경제적 효과뿐만 아니라 가치나 행동의 효과도 전파된다는 것이다. 이들에 의하면 미국으로 간 이민자는 라틴아메리카에 앞선 기술과 지식을 전파하고 확산시키는 데 기여하는 행위자이며 송금은 빈곤을 줄이고, 지역 경제를 발전시키는 도구로서 이해된다. 오늘날 라틴아메리카에서 이민자의 경제적 자본(economic capital, 달러 송금 등)과 사회적 자본(social capital, 이민자를 지원하는 친인척 네트워크, 이민국과 본국의 가족 공동 노동, 이민자 단체 등)은 본국에 남겨진 이민자 가족의 사회적 취약성을 해결하는 도구 또는 매체로서 점점 더 중요해지고 있다고 본다(Canales 2009, 52). 이처럼 라티노를 이해(理解)하기 위해선 이민의 이해(利害)를 먼저 파악할 필요가 있다고 할 수 있다.

이민과 반이민

국제이민의 '이'와 '해'를 라티노에 적용시켜 이에 대한 미국 사회의 반응을 살펴본다면 라티노는 이민과 반이민 사이에 있다고 얘기할 수 있다.

라틴아메리카와 앵글로아메리카 사이에 있는 국경은 더 많은 사람과 상품이 왕래하면서 점점 더 엷어지고 있다. 그러나 라티노에게 가해지는 반이민주의와 같은 보이지 않는 국경은 아직도 그대로이다. 반이민주의는 "이민이 미국(문화)을 위협하고 있다"는 인식에서 비롯된다. 반이민주의자들의 '애국주의'에 따르면 오늘날 미국과 미국 문화는 새로운 이민의 증가, 언어와 인종적 다양성의 강조, 범세계적 또는 초국가적 정체성에 대한 동경 등으로 심대한 위기에 직면해 있고, 따라서 미국이 이러한 도전에 휩쓸리지 않고 이를 극복하여 이전의 앵글로 – 개신교적 문화에 기반한 미국적 가치관에 헌신해야 한다고 얘기한다. 그런데 여기서 반이민주의가 위기와 위협으로 지적하는 새로운 문화, 언어, 인종, 정체성은 바로 라티노, 히스패닉이다. 따라서 히스패닉(hispanic)은 그들에게(his) 공포(panic)인 것이다. 그래서 캘리포니아에 멕시칸이 계속해서 늘어나는 것은 이들에게 '은밀한 침공(silent invasion)'이자 '트로이의 목마가 아닐 수 없다.

그러나 이러한 시각은 라틴아메리카 이민이 미국 역사에 남긴 성과들을 돌이켜 볼 때 설득력이 약하다. 또 오늘날 전지구적으로 확산되고 있는 이주와 문화의 겹침이 갖는 생산적인 성격을 간과하는 것이다. 따라서 지나친 반이민프로그램이나 동화정책은 오히려 미국의 에너지를 약화시키고 이민과 반이민간의 대립과 갈등을 증폭시킬 가능성이 크다(이성훈, 2010, 537). 이민은 지구상에서 일어나는 삶의 자연스럽고 당연한 과정이며, 따라서 그들이 경계하는 것처럼 라틴아메리카가 앵글로아메리카에서 옛 땅을 되찾으려는 어떤 기획도 전략도 존재하지 않는다. 오히려 이것은 새로운 가능성이고 희망인 것이다.

이런 면에서 라티노와 라틴아메리카 이민자 문제는 이민과 반이민이 공존하면서 동시에 강화되는 미국 사회의 독특한 현실을 잘 보여준다고 할 수 있다.

미국 멕시코 국경 지대

라티노 연구에서 미국 – 멕시코 국경을 빼놓는 것은 난센스라고 할 수 있다. 한국인에게 국경(휴전선)은 절대 넘을 수 없는 분명한 단절이지만 실은 국경은 두 나라를 나누고 경계하는 벽인 동시에 두 나라가 만나고 통하는 문이다. 따라서 국경은 이어지고 끊어지는 절합(articulation, 節合)의 공간이다. 미국과 멕시코 국경에서 이는 더욱 분명하게 드러난다. 라틴아메리카와 앵글로아메리카의 국경이기도 한 이 국경은 오늘날 점점 더 엷어지고 있지만 동시에 반이민주의가 내세우는 사회 안보와 9·11 사태가 만들어낸 국가안보 우려 때문에 더 두터워지고 있기도 하다. 그래서 이 국경은 라틴아메리카 이민에게는 경계와 무경계가 공존하며, 그래서 이 둘이 더 극명하게 대비되는 공간이다.

또 이 국경은 최근 멕시코 이민이 급증하면서 역사적 배경[1]과 함께 새로운 지역 정체성을 만들어내는 곳이다. 미국 국경 지역의 멕시코화와 그에 못지않은 멕시코 국경지역의 미국화 그리고 이 둘이 조합해낸 제3의 정체성 등으로 특색 지어지는 독특한 성격을 만들어 내고 있다. 그래서 이 국경은 두 국가와 두 영토를 넘나드는 포스트모더니즘의 실험실 같은 공간이다. 이 국경은 두 문화가 공존하고 갈등하는 새로운 시대적 이론과 담론을 가장 잘 보여주는 곳이다(박정원, 2009, 25).

그뿐만 아니라 이 국경은 세계화 기획의 '진수'를 보여주는 곳이기도 하다. 이 국경은 브라세로 프로그램과 마킬라도라(maquiladora) 정책으로 초국가적 조합을 이미 경험한 바 있다. 더불어 이곳은 북미자유무역협정(NAFTA)으로 인해 세계 최초로 국경을 가로지르는 경제 협력과 통합이 있었던 현장이기도 하다. 특히 멕시코 쪽 국경은 NAFTA 이후 불균형적 경제 통합으로 사실상 미국 국경의 배후지가 되어 버렸다. 멕시코 국경도시들은 멕시코 국내와의 통합보다는 미국의 소비와 생산이 요구하는 기능적 요구에 더 부합하는 곳이 되었다.

이처럼 이곳은 멕시코인뿐만 아니라 라티노와 치카노의 삶과 생각의 새

---

1 여기서 역사적 배경은 미국-멕시코 전쟁과 그것으로 인한 양국의 국경 획정을 말한다. 이 전쟁만큼 각 나라에서 전혀 다르게 인식되는 전쟁도 지구상에 없을 것이다. 멕시코에게 이 전쟁과 이 전쟁의 결과물인 국경은 상실이자 상처이다. 그래서 멕시코에서 이 전쟁과 이 국경을 기억하지 못하는 사람도 아무도 없다. 반면 미국에 이 국경은 승리의 국경이며, 그래서 당연한 국경이다. 따라서 잊혀진 국경이며, 그래서 미국에서 이 전쟁과 이 국경을 기억하고 있는 사람은 별로 없다.

로운 단면을 잘 드러내주는 공간이라고 할 수 있다. 이런 연유로 이 국경은 상징(symbol)과 현실(reality)이 혼재하는 국경이며, 그래서 전지구적으로 가장 독특한 국경이라고 할 수 있다.

남서부와 치카노

마찬가지로 남서부도 라티노와 치카노를 이해하는 데 매우 특별한 의미를 갖는다. 그 이유는 이 땅은 미국이지만 매우 멕시코적이기 때문이다. 치카노이자 치카노 연구 전문가인 빅슬러(Bixler Márquez) 교수가 "우리가 여기(남서부)에 있는 것은 그들이 거기에 있었기(We are here because they were there) 때문"이라고 말한 것처럼 남서부는 멕시코의 역사와 영토였기 때문이다. 또 멕시코 이민자와 치카노는 남서부에 집중되어 있기 때문이다. 따라서 미국 내 다른 이민과 비교할 때 멕시코 이민이 특별한 이유는 '남서부'와 깊은 관련이 있다.

이런 이유로 오늘날 남서부는 미국이지만 인종, 문화, 인구, 언어 등 여러 측면에서 볼 때 멕시코적이다. 남서부의 일상을 들여다보면, 단 한마디의 영어도 사용하지 않고 은행 구좌도 개설하고, 병원도 가고, 세금도 낼 수 있다. 사랑하고, 결혼하고, 죽을 수도 있다. 따라서 오늘날 남서부는 또 다른 멕시코에 다름 아니라고 할 수 있다. 즉, 멕시코에 있는 멕시코는 남쪽의 멕시코이고 가난한 멕시코이다. 반면 미국의 멕시코는 북쪽의 멕시코라 할 수 있으며 잘 사는 멕시코이다. 이 멕시코의 수도는 로스앤젤레스인데 'Los Angeles'라고 쓰고 '로스 앙헬레스'라고 읽는다.

멕시코인의 미국 이민이 계속될 것인지에 대해서는 상반된 전망이 있다. 앞으로 멕시코 경제가 성장하여 임금과 일자리 상황이 나아지고, 멕시코와 미국을 잇는 이민 네트워크도 약화되어, 미국으로의 이민은 줄어들 것이라는 전망도 있지만 오늘날 멕시코의 이민 현실은 이와는 다른 모습을 보여준다. 최근 미국으로의 이민이 주춤한다는 연구결과도 있지만² 멕시코 사회에서 미국으로의 이민은 아직도 대세이다. 아직도 멕시코는 "모든 멕시코인은 잠재적 이민자"일 수 있는 상황에 놓여 있다.

그래서 남서부에서 재현되는 '치카노 월드(chicano world)'는 우리에게 많은 물음을 던진다. 남서부의 멕시코화는 멕시코의 부활인가? 아니면 오히려 멕시코의 위기인가? 그들은 왜 멕시코에서 멕시코의 번영을 꿈꾸지 않는가? 이에 대한 응답은 "'떠나는 멕시코'는 오랫동안 멕시코 국가를 지탱해준 혁명정신과 민족주의로 작동되는 멕시코 시스템이 이제 그 수명을 다한 것을 보여주는 것"이라는 가설과 연관되어 있다고 할 수 있을 것이다. 즉, 남서부와 오늘날 멕시코의 이민 현실은 현대 멕시코가 직면한 위기를 역방향으로 읽어내는 열쇠라고 할 수 있다. 남서부가 오늘날 멕시코의 위기와 도전을 드러내 주는 중심적 요소로 부상하였다는 사실은 이곳이 보잘것없는 북쪽의 변경으로만 취급되었던 멕시코 역사를 돌이켜볼 때 역사의 아이러니가 아닐 수 없다.

혼종성과 라티노

라틴아메리카가 혼혈성의 세계 지도를 그려내는 데 큰 공헌을 하였다는 사실은 이미 새로운 것이 아니다. 오늘날을 혼종, 혼혈, 잡종, 하이브리드, 퓨전의 시대라고 말하는데 라틴아메리카처럼 이 말에 딱 맞는 대륙은 없을 것이다. 왜냐면 라틴아메리카는 오래전부터 혼종과 혼혈의 땅이었기 때문이다. 북쪽의 앵글로아메리카와는 다르게 남쪽의 라틴아메리카는 콜럼버스 이후 이미 500년 이상 황, 백, 흑의 '메스티사헤(mestizaje, 혼혈)'를 받아들였

---

2 최근 Pew Hispanic Center는 멕시코에서 미국으로 오는 순이민이 2007년을 기점으로 정체 내지 감소했다고 발표했다. 그 이유로는 미국으로의 이민이 감소하고 동시에 멕시코로의 역이민이 증가했기 때문이라고 밝혔다. 그러나 미국에 거주하는 멕시코계의 출산이 높아 치카노 인구는 계속 증가하고 있으며 멕시코 순이민의 유지 내지는 감소가 지속될 것인지 아니면 일시적 현상인지는 아직 알 수 없다고 발표했다(Net Migration from Mexico Falls to Zero-and Perhaps Less, Pew Hispanic Center, 2012).

고 멕시코의 대철학자 바스콘셀로스는 이를 '우주 인종(raza cósmica)'이라 명하기도 했다. 원주민 문화에 유럽의 시각과 철학이 더해져 강화된 혼종성은 라틴아메리카의 문화적 역동성의 원천이 되었다. 그가 예언한 것처럼 새로운 문명을 세우기 위해 세계의 모든 인종이 구별 없이 합쳐져야 하는 지금 라틴아메리카 사람들은 이 새로운 시대를 시작하기에 가장 적합한 사람일지도 모른다.

이런 면에서 볼 때 라티노는 라틴아메리카라는 혼종 1세가 낳은 혼종 2세이다. 즉, 라티노의 생활과 생각은 라틴아메리카와 미국 간의 퓨전 결과물이다. 예를 들어, 이들의 사용하는 스페인어는 영어도 스페인어도 아닌 '그들만의' 스페인어이다. 이른바 스팽글리시(Spanglish)라는 용어는 그 자체로 매우 혼종적이다. 왜냐면 스팽글리시는 스페인어와 영어의 접촉과 혼합을 전제로 한 것이기 때문이다. 이런 면에서 멕시코와 미국의 중복에서 비롯된 멕스아메리카(Mexamerica), 멕시포니아(Mexifonia), 텍스멕스(Tex Mex)도 모두 마찬가지라고 할 수 있다.

따라서 아메리카와 유럽의 혼종 1세대인 라틴아메리카가 미국을 만나고 거기서 혼종 2세대 라티노가 태어났으니 이는 인류 문명사적으로도 매우 독특한 의미를 갖는다고 할 수 있다.

라티노와 라틴아메리카 세계

라티노는 두 번째 정복자이기도 하다. 즉, 라티노의 번성은 스페인의 아메리카 정복 이후 아메리카에서 일어나고 있는 두 번째 정복이다. 그러나 이 정복은 첫 번째와는 달리 권력과 무력의 정복이 아니라 인간과 문화가 퍼져 스며드는 라티노 세계의 확장으로 이해할 수 있다. 따라서 라티노와 치카노의 영향력 확대는 라틴아메리카의 외연을 재구성하는 것이라고도 할 수 있다.

동시에 라티노 힘의 방향은 라틴아메리카 쪽으로도 향한다. 라티노에 의해 미국에서 라틴아메리카로 보내지는 송금, 저축, 투자는 국가나 지역을 단번에 발전시켜줄 '보물'로 과장되기도 하지만, 경제가 취약하고, 사기업 부문이 거의 부재하며, 자본이 부족한 라틴아메리카에 중요한 자원이 아닐 수 없다. 멕시코의 경우처럼, 국가 정책과 조화를 이루면 이민자의 송금과 네트워크는 지역과 국가의 발전에 어느 정도 기여할 수도 있다. 특히 잘 조직된 이민자 클럽은 지역의 발전을 견인하는 '새롭고 초국가적인 사회 주체(nuevo actor social transnacional)'로 부상할 수 있다(García Zamora, 2007, 293~294). 또 라티노가 전하는 '민주주의'도 라틴아메리카 사회의 변동을 촉진시키는 요인으로서 그 중요성이 날로 커지고 있다. 이렇게 라틴아메리카와 라티노의 연계는 깊어지면서 라틴아메리카 세계의 확장은 더욱 공고해진다.

또 라틴아메리카 세계의 확장이 라틴아메리카의 미국화와 함께 나타났다는 점을 상기할 필요가 있다. 세계적 수준에서 볼 때 지금까지 미국은 대외적으로 제국이었다. 미국은 언어로, 상품으로, 민주주의나 인권과 같은 이념으로, 그리고 이른바 'american standard=global standard'라는 등식으로 영토 밖세계를 정복하였다. 미국이 주인공이 되는 이 제국은 군사적 우위뿐만 아니라 그들의 다국적 기업, 그들의 교역 그리고 문화의 수출을 통해서 확장되었다. 그래서 세계는 미국화로 글로벌화되었고 여기서 라틴아메리카도 예외가 아니었다. 1980년대 이후 많은 라틴아메리카 국가들이 신자유주의 세계화 추세에서 미국화되었다. 그러나 영토 안에서 미국은 비미국화(de-americanization)되고 있고 여기서 라티노는 비미국화를 추동하는 추축세력이다. 따라서 이러한 미국의 라틴아메리카화 또는 라티노화 전환은 라틴아메리카의 미국화와 동시에 나타나고 있다는 점에서 시사하는 바가 크다고 할 수 있다.

이미 태어난 미국 최초의 라티노 대통령

앞에서 살펴본 바와 같이 라티노의 증가는 인구통계의 가능성 이상의 의미를 우리에게 던진다. 라틴아메리카 이민자와 그 후손들은 미국에서 미국식으로 바뀌지만 동시에 미국의 문화, 정치, 경제, 언어를 바꾸기 때문이다.

이러한 현실은 미국과 주류 미국인에게 라티노에 대한 인식을 새롭게 '업그레이드'할 것을 요구하고 있다. 백인에게 라틴아메리카 이민자는 미국 인구 성장의 엔진일 뿐만 아니라 미국의 문화지도를 다양하고 풍요롭게 해 주는 존재이다. 실용적으로 본다면 라티노는 가까운 미래에 가장 강력한 소비자, 노동자, 고객, 학생, 고용주, 유권자가 될 사람들이다.

지금 미국은 White도 Black도 아닌 Mestizo 아메리카 쪽으로 가고 있다. 따라서 미국의 미래와 새로운 동력도 다양성과 관용에서 찾아야 하는 시대에 들어서고 있다. 이제 미국은 라티노와 스페인어 문화를 인정해야 한다. 스페인어, 치카노, 멕시코, 라티노에게 걸맞은 자리를 마련해 주어야 미국의 발전을 담보할 수 있다.

라티노가 미국 사회의 다양성을 어떻게 강화할 것인지, 그에 따라 미국 사회가 어떻게 변화할지에 대한 고찰은 향후 미국 사회의 진로를 이해하는 데 있어 매우 중요하다. 아울러 이를 라틴아메리카 경계의 확장으로 본다면 이것은 라틴아메리카의 미래에 대한 진단이기도 하다.

미국의 저명한 치카노 저널리스트인 라모스(Jorge Ramos)는 2005년 발간한 『라티노의 물결(La Ola Latina)』 첫 장에서 "이 책을 이미 태어나 있는 최초의 라티노 대통령에게 바친다(Para el primer presidente latino que, seguramente, ya nació)"고 했다. 흑인사회가 오랫동안 꾸준히 권익신장을 통해 오바마 대통령을 배출했다면, 라티노는 아직 시작에 불과하다. 그러나 오늘날 미국의 현실을 보면, 특히 늘어나는 라티노 인구와 그들의 파워를 감안해보면 그의 예언이 아주 먼 얘기로만 들리지 않는다. 오바마 이후 가장 의미심장한 변화가 미국에서 일어난다면 그것은 라티노에 의해 이루어질 공산이 매우 크기 때문이다.

2. 책의 내용과 구성

기본적으로 이 책은 라티노와 치카노를 일국적인 시각이 아닌 라틴아메리카와 미국의 상호적 맥락에서 이해하고 라티노와 치카노가 갖는 다중적인 성격들을 종합적으로 파악하기 위해 쓰여졌다.

따라서 Part 1. "라티노와 치카노, 그들은 누구인가?"는 라티노가 도대체 어떤 사람인지를 개괄하기 위한 글이다. 여기서는 라티노, 히스패닉, 치카노, 멕시칸아메리칸이란 인구 그룹들이 어떻게 정의되는지, 히스패닉과 라티노 그리고 치카노와 멕시칸아메리칸은 어떻게 구분되는지를 살펴볼 것이다. 또 라티노가 하나인지 여럿인지 아니면 하나이면서 여럿인지를 그려내 보고자 한다. 라틴아메리카에서 온 이민자와 그 후손을 라티노라고 하지만 기실 이들은 출신국가도 다양하며 같은 국가 출신이라도 고향이 제각각 다르다. 또 피부색이나 성별에 따라서도 살아가는 모습이 매우 다양하다. 그럼에도 우리는 이들을 라티노라고 뭉뚱그려 일컫는다. 따라서 이 장에서는 라티노의 다양성과 동질성을 동시에 검토하여 라티노의 개괄적 성격을 파악하고자 한다.

이어진 Part 2와 Part 3은 라틴아메리카에서 미국으로의 이민의 과정을 설명한 글들이다. Part 2. "라틴아메리카인의 미국 이주"는 라틴아메리카인의 미국 이민의 역사와 현황을 살펴보았다. 미국-멕시코 전쟁이나 브라세로 프로그램과 같은 이민과 관련된 라틴아메리카(특히 멕시코)와 미국 간의 중요 사건이나 정책을 기점으로 시대를 구분(periodization)하고 그것에 따라 라틴아메리카 이민의 중요 특징들과 이에 대한 미국의 대응을 고찰할 것이다.

이를 통해 라틴아메리카 이민이 미국 이민사에서 갖는 의미와 오늘날 미국의 이민정책의 배경을 이해하고자 한다. Part 3. "라틴아메리카 국제 이민의 세계적 성격"은 미국에 있는 라틴아메리카 사람들을 세계적 차원에서 이해하고자 한다. 라틴아메리카의 나가는 이민과 들어오는 이민을 비교 분석하고 라틴아메리카 주요국의 국제 이민의 현황과 추이를 연구하여 라틴아메리카 사람들은 왜 그리고 어디로 이주하는가를 밝히고자 한다. 이를 통해 세계적 맥락에서 라틴아메리카인의 미국 이민이 갖는 중요성과 고유성을 조명할 것이다.

Part 4. "라티노의 인구학적 특성"은 라티노를 인구통계학적으로 이해하기 위한 글이다. 미국의 인구통계국과 퓨 히스패닉 센터(Pew Hispanic Center) 등의 통계자료들을 분석하여 인구변화 추이, 지역적 분포, 학력과 소득 수준, 국가별·성별 구성 등 라티노 인구의 중요한 성격들을 검토할 것이다. 또 라티노의 2/3를 차지하는 치카노 인구에 대해서도 별도로 그들의 변화 추세, 세대별 규모, 거주 패턴 등을 분석할 것이다. 인구통계학적 분석을 통해 라티노와 치카노 인구의 규모뿐만 아니라 다양한 삶의 조건들을 이해하고자 한다.

앞장에서 살펴본 것처럼 라티노의 다수는 멕시코계이다. 따라서 멕시코 이민자와 멕시코계 미국인에 대한 선행적 이해 없이 라티노에 대한 체계적인 이해는 불가하다. Part 5. "미국의 멕시코 이민자"는 멕시코 국가의 이민정책과 멕시코 국민의 미국 이민이 어떻게 진행되어왔는지 조망하고 멕시코인의 미국 이민 배경, 방법, 규모, 출신 등 현재적 성격을 연구한 글이다. 이를 바탕으로 향후 멕시코에서 미국으로의 이민 흐름이 어떻게 변화할 것인지 가늠해보고자 한다.

Part 6. "다문화주의와 라티노"에서는 라티노의 정체성을 살펴본다. 용광로로 상징되는 미국 정신의 기저에는 "미국으로 온 모든 이는 미국화, 즉 백인화되어야 한다"는 동화주의가 건국 이래 변함없이 자리해왔다. 그러나 지금의 미국사회는 각양의 사람과 문화가 버무려져 있는 '샐러드 요리'로 대체되고 있다. 이른바, 다문화주의는 다수의 지배문화를 강요하는 동화나 용광로를 부정하고 대신 샐러드 요리나 '모자이크 사회(Mosaic society)'를 내세운다. 이 장에서는 동화주의와 다문화주의 사이에서 라티노는 어떤 정체성과 자기 인식을 갖는지 연구할 것이다. 특히 라티노 정체성 이슈의 중심에 있는 치카노의 경우를 세밀하게 검토하고자 한다. 실제로 미국에 사는 멕시코계 사람들의 정체성을 일괄하여 얘기하긴 힘들다. 멕시코에서 태어나 미국으로 이주해온 사람들은 멕시코의 인종성과 문화적 민족주의에 몰두하며 멕시코 지향적인 삶을 추구하는 편이다. 그러나 미국에서 태어난 치카노 2, 3세의 컨센서스는 이와는 다르다. 이들은 미국주류로의 통합과 동화에 더 집중한다. 반면 치카노 운동의 전통은 약간의 마르크시즘적 요소와 함께 인종적 부활을 중시하였다. 따라서 치카노의 삶은 적응과 저항사이의 일종의 줄타기라고 할 수 있다. 이 장에서는 오늘날 미국에 사는 멕시코계의 삶이 적응하거나 저항하거나 또는 적응하면서 저항하는 세 가지 지향이 혼재하는 합집합적 관계에 있음을 논증하고자 한다.

미국에서 스페인어와 관련된 이슈 또는 논란은 크게 두 가지 전제와 관련이 있다. 하나는 스페인어의 사용이 증가하여 공용어인 영어의 위상을 위협한다는 것이다. 따라서 스페인어의 사용을 제한하거나 또는 스페인어를 사용하는 사람들이 계속 늘어나는 것을 멈추도록 해야 하느냐에 대한 논란이다. 다른 하나는 라티노에게 스페인어는 무엇인가 하는 문제이다. 즉, 그들에게 진정한 모국어는 영어인가, 스페인어인가? 아니면 둘 다인가? 나아가 제 삼의 언어인 스팽글리쉬는 그들에게 무엇인가? 하는 문제로 귀결된다고 할 수 있다. Part 7. "스페인어와 라티노"에서는 먼저 미국에서 전개되는 이중국어 논쟁과 반스페인어주의를 검토하고 라티노의 새로운 언어로 나타나고 있는 스팽글리시(spanglish)의 성격과 의미를 고찰할 것이다.

Part 8. "반이민주의와 미등록(불법) 이민"에서는 미국의 반이민주의와 미등록 이민자 문제가 라티노에게 어떤 함의를 갖는지를 살펴볼 것이다. 라틴아메리카와 앵글로아메리카 두 세계 사이에는 두 개의 국경이 있다. 보이는 국경은 더 많은 사람과 상품이 이동하면서 전보다 더 엷어지고 있다. 그러나 라티노에게 반이민주의의 보이지 않는 국경은 아직도 그대로이다. 미국의 반이민주의는 "이민은 미국에 해가 된다"는 인식에서 비롯되며 이에 의하면 오늘날 미국과 미국 문화는 위기에 처해 있다. 이 장에서는 이민에 대한 미국 사회의 다양한 입장과 반응들을 찬반을 기준으로 분별해보고자 한다. 아울러 미등록 이민자 문제를 합법이냐 불법이냐의 법적 판단의 차원뿐만 아니라 이들에 대한 인권 침해 문제, 사면과 관련된 이민법 개정, 미국과 멕시코 정부 간의 국제 협상 등의 다양한 국면에서 포괄적으로 검토하고자 한다.

미국－멕시코 국경과 남서부는 그것의 역사적 기원뿐만 아니라 오늘날 그것이 갖는 절합의 관계나 초국가적・통국가적 성격으로 인해서 국경학(Border Studies)이란 범주로 최근 미국에서 새롭게 중요성이 부각되는 연구 분야이다. 따라서 이 책에서 국경과 남서부를 검토하는 것은 학술적으로 중요한 의미를 갖는다고 할 수 있다.

Part 9. "남서부와 치카노"는 남서부의 형성과 현재적 성격을 분석한 글이다. 미국에서 남서부만큼 독특한 성격을 가진 지역은 없을 것이다. 남서부는 멕시코의 역사와 영토였고 또 멕시코 이민자와 치카노가 매우 많은 곳이다. 따라서 오늘날 남서부는 미국이지만 인종, 문화, 인구, 언어 등 여러 측면에서 멕시코적이다. 이 장에서는 오늘날 남서부를 규정하는 인문지리학적 전경(landscape)들을 살펴보고, 남서부가 멕시코의 'Norte(북부)'에서 미국의 'Southwest'가 되는 과정을 양국의 시각에서 재해석하고자 한다.

라티노와 치카노 연구에서 Part 9가 남서부에 관한 것이라면 Part 10은 응당 국경에 관한 것이 되어야 한다. 왜냐면 라티노와 치카노를 이해함에 있어 남서부와 국경은 불가분의 관계이기 때문이다. 남서부처럼 국경도 매우 독특한 곳이다. 아마 지구상에서 미국과 멕시코 국경만큼 독특한 의미와 상징을 갖는 국경은 없을 것이다. Part 10의 "국경, 미국, 멕시코"에서는 이 국경의 지리와 인구적 특징들을 분석하고, 이 국경의 고유한 성격들을 규명하고자 한다. 특히 양국의 국경 지역이 포괄하고 있는 협력과 대립 또는 통합과 갈등의 조건들을 관찰할 것이며 아울러 국경(borderland)의 수도라고 할 수 있는 엘파소-후아레스에서 국경 공동체의 일상이 갖는 통(通)국경 또는 초(超)국경의 양상들을 실사적으로 고찰하고자 한다.

Part 11. "라티노 파워"는 주로 미국의 라티노 파워와 그 현재적 의의를 다루고 있다. 오늘날 미국 사회 각계에서 두드러지는 라티노 파워의 중요한 원천 중의 하나는 증가하는 라티노 인구이다. 아직 미국은 백인이 다수인 국가이지만 향후 백인은 줄어들고 라티노는 증가하여 더 진한 색깔의 나라가 될 가능성은 그 어느 때보다 높다. 피부색뿐만 아니라 미국의 문화, 정치, 경제, 언어에서도 이런 조짐은 두드러진다. 따라서 Part 11은 라티노의 증가가 미국 인구 구조에서 어떤 변화를 가져 있는지, 즉 미국 인구의 라티노화를 분석하고 라티노 파워가 향후 미국의 정치와 사회에 어떤 영향을 줄 것인지를 전망할 것이다.

이민자는 고국에 플러스일 수도 마이너스일 수도 있다. 라틴아메리카 이민도 라틴아메리카에 결실일 수도 결손일 수도 있다. Part 12의 "라티노와 라틴아메리카"는 라틴아메리카에 라티노는 누구인가를 탐구한 글이다. 미국에서 라틴아메리카 출신 이민자, 특히 멕시코계 이민자와 멕시코 간의 네트워크가 어떻게 형성되고 유지되는지를 설명하고 이민자가 보내는 달러가 가족, 고향, 국가의 수준에서 각각 어떠한 기여와 변화를 주는지를 분석하고자 한다. 이와 함께 멕시코의 경우를 통해 최근 확대되고 있는 라틴아메리카 이민자의 본국 정치 참여의 실태와 의미를 파악하고자 한다.

이 책의 마지막 글은 우리에게 라티노는 어떤 의미를 갖는지를 정리하였다. 실제 한국인에게 라티노 이슈는 크게 중요하지 않다. 그러나 라티노를 빼고 미국 사회를 제대로 이해하기 어려울 정도로 이제 그들의 위상과 영향력은 대단하다. 특히 미국의 한국인은 여전히 소수이고 약자이기 때문에 우리는 전략적으로라도 라티노와 협력하고 연대할 필요가 있다. 또 라티노 이슈는 향후 우리 사회가 직면할(벌써 직면하고 있을지도 모르는) 이민자 문제에 시사하는 바가 크다. 라티노는 다문화 다인종 사회에서 만들어지는 갈등과 대립이 어떻게 적응되고 해결되는지를 보여주기 때문이다. 따라서 Part 13. "우리에게 라티노는 무엇인가? 한인－라티노 관계를 중심으로"에서는 한인－라티노 관계의 다양한 성격들을 이해하고 이를 바탕으로 우리는 우리 땅의 이민자를 어떻게 받아들여야 하는지 생각해보았다.

저자는 좋은 책이란 우선 연구 내용이 바르고 이치에 맞아서 그 내용이 읽는 이에게 분명하게 전달되어야 한다고 생각해왔다. 그래서 이 책이 뛰어난 저작이기보다는 '정확'하고 '친절'한 책이 되길 바란다. 그러나 저술을 마치고 보니 내용이나 스타일면에서 모자란 점이 적지 않다. 라티노 연구라는 것이 미국으로 간 호세가 가족에게 보내는 달러가 한쪽에서는 부의 유출이지만 다른 쪽에서는 가족과 마을의 희망인 것처럼 미국과 라틴아메리카의 입장과 조건을 동시에 아울러 해석해내야 하는데 지금 보니 그렇지 못한 점이 수두룩 눈에 띤다. 또 저자는 이 책이 라티노 연구를 위한 전문서뿐만 아니라 아메리카의 문화와 인종 문제에 관심이 있는 일반인을 위한 교양서로도 쓰일 수 있도록 저술하려 했다. 그래서 학술 논문에 준하는 체제에 맞추면서도 전문적인 내용은 최대한 평이하게 다듬어 쓰려했다. 그럼에도 불구하고 능력과 시간이 부족하여 매끄럽지 못한 문장도 있고 설명이 부족하거나 과한 부분도 없지 않다.

이처럼 이 책의 부족하고 미흡한 모든 점은 전적으로 저자의 몫이다. 독자 여러분의 질정을 부탁드리며 다음 기회에 이를 수정하고 보완할 것을 약속드린다. 다만 이 책이 독자 여러분이 라티노 문제의 본질을 이해하고, 미국의 인종과 문화의 변화상을 파악하고, 나아가 라티노란 의미를 라틴아메리카의 맥락에서 포착해내는 데 도움이 된다면 더 이상 바랄 것이 없다.

▌ 일러두기

◦ 우리나라의 외래어 표기법은 센소리(ㅍ, ㅋ, ㅌ) 표기만을 인정하고 있다. 그러나 스페인어 철자 p, c, t 등의 무성 파열음은 된소리(ㅃ, ㄲ, ㄸ)에 가깝다. 따라서 영어의 표기는 외래어 표기법에 준하였지만 스페인어의 표기는 스페인어 발음을 기준으로 표기하였다. 다만 우리나라 일반 독자들이 된소리보다는 센소리 표기에 더 익숙해 있기 때문에 스페인어 표기 중 비교적 많이 알려진 지명이나 인명은 혼란을 피하기 위해 외래어 표기법에 따랐다. 또 스페인어라도 미국의 지명이나 인명은 외래어 표기법에 따랐다.

◦ 라티노와 히스패닉은 거의 동일한 의미로 쓰인다. 오늘날 히스패닉이란 대명사는 스페인과는 거의 무관하게 미국에 사는 라틴아메리카 출신 이민자와 그 후손들을 지칭하는 말로 사용되지만 어원적으로는 스페인 기원과 라틴아메리카와의 연관을 동시에 내포하고 있다. 따라서 이 책에서는 '라티노'를 사용하였다(자세한 내용은 1장 참조).

◦ '치카노'는 미국에 사는 멕시코 이민자와 그 후손을 지칭한다. 같은 의미로 '멕시칸아메리칸', '멕시코계(또는 출신) 라티노(히스패닉)' 등의 명칭도 사용하였음을 밝힌다.

○ 멕시코 이민자(멕시코계 이민자, 멕시코 출신 이민자, 멕시코 출(태)생 외국인)은 멕시코에서 태어나 미국으로 이민한 사람을 의미하며, 이들 대부분은 멕시코 국적자이다. 마찬가지로 라틴아메리카 이민자도 라틴아메리카에서 태어나 미국으로 이민한 사람을 뜻한다.

○ 인구통계 숫자는 인용 자료에 따라 차이가 있는 경우가 많다. 밀입국이나 순환이민 등으로 입출국 숫자를 정확하게 계산하기 힘들며 미국과 멕시코의 공식 통계가 다른 경우도 있다. 또 조사 시점이나 방법에 따라서도 통계치가 다르다. 따라서 같은 해의 통계자료라도 출처에 따라 차이가 있는 경우가 있음을 밝힌다.

○ 우리나라에서는 일반적으로 라틴아메리카와 중남미를 같은 의미를 사용하나 이는 엄밀히 얘기하면 맞지 않다. 왜냐면 멕시코는 라틴아메리카의 일원이지만 지리적으로 북아메리카에 속하기 때문이다. 따라서 이 책에서는 아메리카 대륙에서 앵글로 아메리카를 제외한 나머지 지역, 즉, 멕시코, 중앙아메리카, 카리브 지역, 남아메리카를 '라틴아메리카'로 칭하기로한다. 또 카리브 지역을 라틴아메리카와 별도로 구분하는 경우도 있어 일부 통계에서는 라틴아메리카와 카리브를 구분하였음을 미리 밝힌다.

CONTENTS

01

라티노와 치카노,
그들은 누구인가?

I. 라티노Latino, 히스패닉Hispanic, 치카노Chicano, 멕시칸아메리칸Mexican American

라티노는 라틴아메리카에서 미국으로 온 이민자와 그 후손을 가리키며 히스패닉[3]은 스페인과 라틴아메리카의 스페인어 사용지역에서 온 사람 또는 그 후손을 의미하는 말이다. 따라서 엄밀히 얘기하면 브라질 출신 이민자는 라티노이지만 히스패닉은 아니며 스페인 이민자는 히스패닉이지만 라티노는 아니다. 그러나 미국에서 스페인어를 사용하는 라틴아메리카 출신 이민자와 그 후손을 일괄하여 라티노 또는 히스패닉이라고 부른다. 따라서 일반적으로는 라티노와 히스패닉은 같은 의미로 사용된다.[4]

히스패닉(또는 라티노)인지 아닌지는 자의에 의해 정해진다. 10년 주기로 실시되는 미국 인구 총조사에서 스스로를 라티노라고 인정하면 그는 라티노가 되는 것이다. 따라서 인구통계국의 라티노 통계는 전적으로 개인의

---

3 Hispanic(스페인어로는 Hispano)은 Hispania에서 나왔는데 이는 España(Spain)의 옛 이름이다. 따라서 히스패닉이란 말의 기원은 스페인에서 비롯되었다.

4 맥락에 따라서 라티노를 라틴아메리카계 미국시민권자만으로 한정하기도 한다. 현재 미국에는 5,000만 명 이상의 라티노가 있는데, 이 중 라틴아메리카 태생(라티노 1세대)은 2,000만 명이며 미국 태생(라티노 2세대 이하)은 약 3,000만 명 정도이다. 라티노 중 미국 시민권자는 2008년 기준 미국 태생 전부와 일부 라틴아메리카 태생을 합해 약 3,400만 명이다. 라틴아메리카 태생 라티노 2,000만 명 중 절반 정도는 사업, 학업, 여행 등의 이유로 합법적으로 체류하는 이민자이고 나머지 절반은 체류자격을 상실하였거나 몰래 입국한 미등록(불법)이민자이다. 일반적으로 라티노는 5,000만 명을 의미하지만 때때로 3,400만 명을 지칭하기도 한다.

주관적 판단에 기초해 산출된 것이다.[5] 따라서 출신국가별로 차이가 있다. 예를 들어, 2000년 통계결과에 의하면, 멕시코 이민자의 경우 99%가 자신은 라티노라고 답했으나 파나마 출신의 경우는 단지 67%만이 라티노라고 인정 했을 뿐이다(Who's Hispanic?, Pew Hispanic Center, 2009, 3).

표 1-1. 라티노의 인종·출신 정체성(2010)

(단위: 천명)

단일 인종						복수 인종 혼혈인	계
백인	기타 인종	아프리카계 미국인 (흑인)	아메리카 인디언, 알래스카인	아시아계	하와이, 태평양인		
26,736	18,503	1,243	685	209	58	3,042	50,477

자료: U.S. Census Bureau, 2011; The Hispanic Population, 2010, 14.

미국 인구센서스는 라티노를 피부색과 출신국 구분과 함께 조사한다. <표 1-1>에서처럼 현재 미국에는 약 5,000만 명의 라티노가 있는데 이 중 2,700만 명이 자신을 백인이라고 응답하였고 다음으로는 기타, 흑인, 인디언[6] 아시아인 순으로 답하였고 300만 명 이상의 라티노가 둘 이상의 인종에 속한다고 답하였다. 즉 라티노는 백인일 수도, 흑인일 수도 또는 혼혈인일 수도 있다. 따라서 라티노란 개념은 인종이나 종족적인 의미를 포괄하는 문화적 범주(category)에 있는 말이라고 할 수 있다.

라티노 또는 히스패닉이란 말이 공식적으로 사용된 것은 닉슨 대통령 때부터이다. 닉슨 정부는 '스페인어를 사용하는 사람들을 위한 16개의 프로 그램(Programa de 16 puntos para los que hablan español)'[7]이란 문서에서

---

5 참고로 2000년 통계에 의하면, 브라질 출신 이민자의 4%, 포르투갈과 필리핀 출신 이민자의 1% 도 자신을 라티노라고 답하였다.

6 이 책에서 인디언(indians)은 인도인이 아닌 미국의 원주민(american indians)을 의미한다. 혼동을 피하기 위해 멕시코와 라틴아메리카의 원주민은 '인디오' 또는 '원주민'으로 표기하였다.

7 이 프로그램은 히스패닉을 위한 일종의 정착 지원 프로그램이었다. 이후 'Hispanic Employment

히스패닉이란 말을 최초로 사용하였다. 그리고 1970년 인구센서스부터 '히스패닉 출신(Hispanic Origin)'을 별도의 설문 항목으로 포함시켰다(Ramos, 2005, 140). 그리고 1976년 미국 의회는 '통계자료 수집과 분석법'을 제정했는데, 여기에 인종 그룹으로 히스패닉을 규정하였다(Who's Hispanic?, Pew Hispanic Center, 2009, 2).

히스패닉과 라티노란 용어가 어떤 차이가 있는지 그리고 그것의 사용과 선호의 정도를 분명하게 얘기하긴 쉽지 않다. 왜냐면 상황, 장소, 맥락에 따라 그 사용이 다르기 때문이다.

라티노란 말은 라디노(ladino, 스페인계 유태인이 사용한 스페인어)를 연상시키기 때문에 히스패닉이란 말을 조금 더 많이 사용하는 편이었지만 2000년 인구센서스부터 두 가지 모두를 병기하여 사용하고 있다. 또 히스패닉이란 말이 영어사용자가 발음하기에 더 편하며 라티노는 latino(라티노 남성)와 latina(라티노 여성)을 구분하는 데 혼란스러움이 있어 미국인들은 히스패닉을 조금 더 선호한다(Ramos, 2005, 141~142).

히스패닉은 히스패닉이건 라티노건 무관하다는 사람이 가장 많고 다음으로는 히스패닉을 선호하는 사람이 조금 더 많다. 2009년 연구(Who's Hispanic?, Pew Hispanic Center, 2009, 4)는 둘 다 좋다고 답한 사람 43%, 히스패닉을 선호하는 사람 36%, 라티노가 더 좋다고 답한 사람이 21%였는데 2012년 조사(When Label Don't Fit: Hispanics and Their Views of Identity, Pew Hispanic Center, 2012, 10)에서는 둘 다 51%, 히스패닉 33%, 라티노 14%로 나타났다.

그러나 최근에는 개인의 언어적 취향에 따라 두 명칭을 거의 구분 없이 사용하는 경향이 두드러진다. 오바마 대통령은 자신의 라티노 공약인 'Latino Blueprint for Change Barack Obama's Plan for America'에서 라티노와 히스패닉

Program'의 기원이 되었다.

이란 말을 거의 비슷한 빈도로 사용하였으나 제목이나 주제어로는 오히려 '라티노'를 더 많이 사용하였다. 지역적으로는 시카고나 캘리포니아에서는 '라티노'를 더 사용하는 반면 플로리다나 텍사스에선 '히스패닉'이란 말을 조금 더 많이 쓰는 편이다.

또 자신의 출신을 설명할 때는 라티노나 히스패닉이라고 하지 않고 국가 명을 붙여 "멕시코에서 왔다(Soy mexicano)" 또는 "쿠바출신이다(Soy cubano)"라는 식으로 구별하여 얘기한다.

히스패닉이냐 라티노냐는 이론적 논쟁의 대상이 되기도 하였다. 1965년 개정 이민법 이후 라틴아메리카 출신 이민자가 늘어나면서 미국 정부가 이들을 스페인(어)과 관련되었다는 의미로 히스패닉이라 불렀는데 미국 정부가 라티노보다 히스패닉을 선택한 것은 출신 지역(라틴아메리카)으로 이들을 구분하지 않고 범종족적(pan-ethnic)으로 명명함으로써 이들의 결속을 막고자 한 의도였다는 것이다. 따라서 일부에서는 히스패닉보다는 라티노라는 개념을 사용하는 것이 맞다고 주장하기도 한다(이성훈, 2010, 539).

미국의 남서부에서는 '히스패닉' 대신 스페인어인 '이스파노(Hispano)'를 사용하기도 하며8 텍사스에서는 라티노가 스스로를 'Texan'의 스페인어인 '테하노스(Tejanos)'라고 부른다. 일부 라티노 젊은이들은 인종적 차별에 맞서는 의도로 스스로를 다른 '인종'이란 의미를 담아 '라사(raza)'라고 부르기도 한다.

라티노를 출신국별로 구분하면 멕시코 출신이 가장 많다. 이들 멕시코계 라티노는 전체 라티노의 약 2/3 정도인데, 이들을 일반적으로 멕시칸 아메리칸(Mexican American) 또는 치카노(Chicano)9라고 부르는데 일반적으로 '멕시칸 아메리칸'을 더 많이 사용한다. 큰 차이는 없지만 굳이 구분한다면 멕

---

8 지금의 뉴멕시코주는 식민시대에 스페인 식민통치의 중심지였다. 따라서 뉴멕시코주 태생의 스페인계를 Hispano라고 부르기도 한다.

9 chicano의 어원에 대해서는 이론이 많다. 일반적으로 멕시코인을 뜻하는 스페인어 'mexicano'가 발음이 비슷한 'mechicano'가 되고 여기서 앞의 'me'가 탈락하여 'chicano'가 되었다고 한다.

시칸 아메리칸은 멕시코계 미국인으로 동화된 사람이란 의미가 강하고 반면 그렇지 못한 사람을 치카노라고 하는 경향이 있다. 따라서 치카노는 멕시칸 아메리칸과의 사회·경제적 차이를 염두에 두고 사용된 말이었다고 할 수 있다. 그러나 1960년대 말부터 치카노는 비하와 경멸의 의미를 벗고 멕시코계 미국인들의 고유한 문화적 자산과 인종적 정체성을 긍정하는 자기 확인의 표현으로 바뀌게 되었다. 특히 치카노 운동의 확산으로 이에 동의하는 젊은 치카노들이 이 개념을 더욱 적극적으로 받아들여 정치적 의미가 더 두드러지게 되었다.

치카노란 말은 지역과 계층에 따라 다르게 사용되기도 하는데 예를 들어 티후아나에서 치카노란 말은 '로스앤젤레스(미국을 상징) 출신'이거나 '미국에서 태어나 스페인어를 구사하는 사람' 정도로 받아들여진다. 치카노는 미국에서 출생한 멕시코계만을 뜻하기도 하는데 이 경우 멕시코에서 태어나 일이나 방문을 목적으로 미국에 온 사람은 그냥 'Mexican'이라고 부른다. 때론 '시골에서 농사짓는 늙은이'를 치카노로 빗대어 부르기도 한다. 또 라티노의 경우처럼 치카노나 멕시칸아메리칸은 멕시코계미국인(시민권자), 재미멕시코인(멕시코 이민자), 멕시코출신 미등록(불법)이민자 모두를 지칭하지만 맥락에 따라서 시민권을 가진 멕시코계미국인만을 의미하기도 한다.

Ⅱ. 라티노는 하나인가?

그들을 '라티노'라고 한데 모아 일컫지만 기실 라티노는 매우 다양하다. 같은 멕시코계라도 150 년 전[10]에 이미 미국인이 된 사람들의 후손도 있고 방금 멕시코시티에서 온 멕시코 이민자도 있다. 전문직에 종사하는 이도 있고 농장에서 날품을 파는 노동자도 있으며 완전한 미국 시민권자도 있고 불법체류 라티노도 있다. 한때 메이저리그의 강타자였던 Sammy Sosa와 같은 피부색이 검은 라티노도 있고 팝스타 Ricky Martin처럼 100% 백인도 있다. 영화배우 Anthony Quinn이나 Edward James Olmos처럼 인디오 또는 메스티소처럼 보이는 라티노도 있다.

라티노를 출신국별로 나누어 살펴보면 다양성은 더욱 두드러진다. 이 중 멕시코계 이민자는 다른 라티노와 여러 면에서 차이가 있다. 첫 번째 특징은 인접성이다. 미국과 멕시코는 가깝기 때문에 멕시코 이민은 다른 라티노 그룹보다 미국으로 이주할 때 비용과 위험이 훨씬 적다. 또 국경을 통한 밀입국이 가능하기 때문에 미등록 이민이 많은 특징이 있다. 또 멕시코 이민은 캘리포니아와 텍사스 남부 지역, 특히 국경지역에 밀집되어 있다. 멕시

---

10 1800년대 중반 멕시코가 미국과의 전쟁에서 패하여 지금의 미국 남서부는 미국령이 되었다.

코 이민은 라티노 중 가장 지속적으로 증가하는 이민 그룹이다. 이러한 추세는 앞으로도 계속될 것이 거의 확실하다. 지금의 미국 남서부는 옛날에는 멕시코 영토였다. 따라서 멕시코 이민은 다른 라티노 그룹보다 더 깊은 역사를 가지고 있다.

멕시코계 다음으로 중요한 라티노 그룹은 쿠바계이다. 특히 쿠바계는 멕시코계와 대조적인 모습을 보인다. 우선 멕시코 이민자가 남서부에 많은 반면 쿠바계 이민자는 주로 마이애미에 모여 있다. 아는 바와 같이 쿠바계 이민자는 다른 라티노와 달리 주로 정치적 동기로 미국에 입국하였다. 그래서 쿠바인의 미국 이민은 일시적이고 간헐적이었는데 이는 멕시코 이민자 그룹과 대비되는 면이다. 미국 정부는 카스트로 혁명에 반대하여 미국에 온 이들에게 국가 차원에서 많은 지원을 해주었다. 따라서 이들은 이민자들이 초기에 겪게 되는 경제·사회적 어려움을 비교적 수월하게 극복할 수 있었다. 또 이들은 학력이나 재력이 있는 경우가 많았기 때문에 비교적 짧은 기간에 미국 사회에 기반을 잡았다. 따라서 이들이 운영하는 기업들은 이후에 미국에 온 쿠바 이민자에게 일자리를 제공하였고 그 덕분에 쿠바 이민자 공동체는 다른 라틴계 이민자보다 더 안정적인 경제적 기반을 가지고 있다. 이런 이유로 쿠바계는 교육수준이 낮고 불법 입국이 많은 멕시코 이민자 그룹과 좋은 대조를 보인다. 그래서 쿠바계는 라티노 중에서 인종차별을 가장 적게 겪는 그룹이기도 하다.[11]

인구조사에서 똑같이 라티노라고 답했다 하더라도 이들 간에 연대와 동질감이 항상 같은 것은 아니다. 심지어 같은 지역에 사는 라티노 간에 경쟁과 갈등이 일어나기도 한다. 시카고에 사는 멕시코인은 푸에르토리코인이 교활하고 폭력적이며 명예롭지 못하다고 비난하는 반면 푸에르토리코인은

---

11 인종차별에 대한 인식조사에서 쿠바계(22%)가 다른 이민자 그룹(멕시코계 30%, 콜롬비아계 33%, 푸에르토리코계 36%, 엘살바도르계 43%)보다 인종 차별을 적게 경험하는 것으로 나타났다(Ramos, 2005, 207).

멕시코 이민자가 복종적이고 바보스럽고 촌스럽다고 폄하하기도 한다(박
진빈, 2010, 282).

　라티노는 정치적으로도 '일사불란'하지 않다. 일반적으로 라티노는 민주
당 지지층으로 간주되지만 쿠바계 라티노는 공화당을 지지하는 경우도 많
다. 공화당이 민주당보다 더 강력한 반카스트로정책을 기조로 삼기 때문이
다. 또 출신국가별로 특정 사안에 대해 정치적 입장이 대립하기도 한다.
1993년 미 하원에서 캐나다－미국－멕시코 간의 북미자유무역협정 비준 시
민주건 공화건 소속 정당과는 무관하게 멕시코계 의원들과 쿠바계 의원 간
에 찬반 입장이 극명하게 갈렸다. 전반적으로 멕시코계 의원들은 자유무역
에 찬성하였으나 쿠바계 의원들은 멕시코 정부가 쿠바의 카스트로 체제에
우호적이라는 이유로 멕시코와의 자유무역을 적극 반대하였다. 의회에서
라티노 정치인은 히스패닉의원총회(Congressional Hispanic Caucus, Comisión
Hispana del Congreso)와 히스패닉의원협의회(Congressional Hispanic Conference,
Conferencia Hispana del Congreso)로 나뉘어 있다. 두 단체는 라티노 관련 이슈
를 논의하는 일종의 의원 포럼인데 총회는 비교적 진보 성향인 반면, 협의
회는 보수적인 입장이 강하다. 초기에는 소속 정당의 구분 없이 가입하였으
나 현재는 민주당 출신은 총회에, 공화당 출신은 협의회에 가입되어 있다.
쿠바문제에 대해서 협의회는 쿠바 제재에 적극적인 반면 총회는 민주화와
인권을 내세워 미국이 쿠바에 직접 개입하는 것에 유보적인 입장이며 반카
스트로주의가 강한 마이애미 정치와 일정한 거리를 두고 있다(Ramos 2005,
205: 209).

　또 라티노라고 라티노를 무조건 지지하지 않는다. 온두라스 출신의 미겔
에스트라다(Miguel Estrada)는 클린턴 정부에서 법무차관을 역임했고 부시
정부에서 연방 항소심 판사를 거쳐 2002년 대법원 판사 후보로 임명되었다.
그러나 라티노 의원들은 전적으로 그를 지지하지 않았다. 특히 민주당은 낙

태 문제 등에서 그가 보수적 입장을 가지고 있어 그의 지명을 반대하였다. 라티노 여론도 그가 이민법을 반대하고 친기업적인 성향을 가지고 있어 라티노를 대변하기에 충분하지 않다는 의견이 우세했다. 반면 민주당 내의 라티노 의원들은 그의 보수적 색채에도 불구하고 미국 역사상 최초의 라티노 대법원 판사를 반대해야 하는 딜레마에 빠지게 되었다. 더군다나 그는 이민 1세이고 스페인어를 능숙하게 구사하는 라티노이었다. 긴 논란 끝에 2003년 결국 그는 인종적 다양성을 명확하게 지지하지 않았다는 이유로 민주당의 지지를 얻는 데 실패하여 대법관이 되지 못했다(Ramos, 2005, 213).

미국 사회에 대한 동화 정도도 각기 다르다. 예를 들어, 정치적 동화의 주요 척도인 귀화율을 보면, 2010년 기준 자메이카(61%), 쿠바(56%), 콜롬비아(48%)는 높지만 멕시코는 겨우 23% 이다. 일상생활에서도 차이가 많다. 쿠바계(71%)는 멕시코계(47%)보다 훨씬 더 많이 신용카드를 사용하며 쿠바계와 콜롬비아계(79%)는 멕시코계(60%)보다 은행구좌개설도 많다. 스페인어 사용에서도 출신국별로 차이가 있다. 예를 들어, 멕시코 출신은 '우리 아들'을 'nuestro hijo'라고 전치형 소유 형용사를 써서 표현하는데 쿠바계는 'hijo de nosotros'라는 후치형 표현을 더 많이 쓴다. 당연히 지역적으로도 마이애미의 스페인어와 로스앤젤레스의 그것은 같지 않다(U.S. Census Bureau, 2011, The Foreign Born From Latin America, 6 ; Ramos, 2005, 206).

출신국이 같더라도 출생지와 성별에 따라 다른 성향을 보이기도 한다. 텍사스 태생 치카노는 캘리포니아 태생보다 낙태, 동성애, 혼전성관계 등에 비교적 더 보수적이며 또 서명운동, 집회참여, 자원봉사, 유세지원 등의 정치참여에서 치카노 여성이 남성보다 더 적극적이다. 그러나 푸에르토리코 출신은 이와는 반대로 남성이 더 정치 참여에 열심인 경우가 많다(Ramos, 2005, 208).

이처럼 라티노는 하나가 아니다. 지역별로·개인별로, 또는 출신국별로 다양하고 개별적이다. 그럼에도 우리는 그들을 라티노라는 하나의 단어로 뭉뚱그려 부르고 이해한다. 이유는 무엇일까? 그것은 바로 라티노는 이러한 다양성으로도 훼손되지 않는 동질성을 가지고 있기 때문이다. 다양성과 복수성을 지녔지만 이것을 관통하는 고유성을 지니고 있기 때문이다.

고유성이라는 구심력의 중심에는 스페인어가 있다. 대부분의 라티노는 그들을 하나의 카테고리로 묶는 첫 번째 매개로 스페인어를 인정한다. 또 스페인어는 라티노를 라틴아메리카의 외연(extension)으로 존속시킨다. 이처럼 스페인어는 라티노와 라틴아메리카와 연결시킬 뿐만 아니라 라티노끼리를 묶는 가장 강력한 접착제라고 할 수 있다. 또 가톨릭은 라티노 대다수의 믿음체계이며 이를 통해 라티노의 개인, 가족, 공동체적 가치와 전통이 계승된다. 그뿐만 아니라 관습과 의례 같은 일상 문화도 라티노를 하나 되게 하는 중요한 요소이다. 킨세아녜라(quinceañera, 15세 여하의 성인식) 등의 각종 기념일과 같이 라틴아메리카에서 라티노에게로 전래된 관례, 축제, 행사, 전통 등은 그들을 라티노로 구분하게 만드는 요소이다.

라티노는 라틴아메리카의 언어, 종교, 관습을 공유하고 이를 통해 서로 관계함으로써 스스로를 라티노로 받아들인다. 이처럼 라티노는 여럿이면서 하나이며, 따라서 그들의 정체성은 동질성과 다양성이 공존하는 복합적이고 유동적인 조건에서 이해되어야 한다고 할 수 있다.

02

라틴아메리카인의
미국 이주

미국은 세계 전 지역에서 오는 다양한 문화적 배경을 가진 이민자를 환영하지만 때로는(또는 동시에) 이른바 'WASP(White Anglo-Saxon Protestant)'라고 하는 앵글로 색슨계 백인 개신교도 이외의 이민자를 반대하기도 한다.[12] 미국 국가의 이민 정책도 마찬가지이다. 역사적으로 미국 이민 정책은 시기와 상황에 따라 배타적이기도 하고 보편적이기도 했다. 따라서 라틴아메리카인의 이민은 미국 이민사에서 비교적 최근의 일이지만 라티노를 파악하는 것뿐만 아니라 미국 이민 정책의 두 얼굴을 이해하는 데도 매우 중요하다.

---

12 글레이저는 세계의 모든 사람을 받아들인다는 미국의 독특성은 특정한 인종이나 민족 이민자에 대한 박해와 이민금지조치로 점철된 미국 이민사를 보면 터무니없는 것이라고 주장한다. 또 그에 의하면, 미국은 자유인들로 구성된 국가라는 것도 흑인의 역사를 배제하는 것이다. 그는 제퍼슨 시대는 흑인의 노예화, 인디언의 제거, 멕시코인을 희생시키고 이룬 서부의 확장 등을 기반으로 백인에게 행복이 제공된 인종적으로 배타적인 민주주의 사회였다고 상기하였다(민경희, 2008, 162).

I. 미국 이민사 개요

미국은 이민을 통해 형성되고 성장해온 이민의 나라이다. 따라서 지구상에서 미국처럼 이민과 국가가 불가분의 관계에 있는 나라는 없을 것이다. 미국 이민사를 보면, 이민이 어떻게 국가를 만들고 발전시키는지, 그리고 동시에 이민이 얼마나 큰 사회 – 개인적 비용을 요구하는지를 알게 해준다.

미국의 이민 역사는 길고 복잡하기 때문에 간단하게 개괄하기 힘들다. 하지만 이민법이 제정된 1891년과 개정이 있었던 1924년과 1965년 등을 미국 이민사를 이해하는 기점으로 삼을 수 있다.

널리 알려진 바와 같이 미국의 시작은 1607년 잉글랜드계 영국인이 버지니아에 제임스타운을 건설하면서 비롯되었다. 이어서 1700년대 중반까지 스코트랜드계 아일랜드인(Scots-Irish)과 독일인이 이민하였고 흑인노예도 이 시기에 미국에 들어왔다. 그러나 이 시기의 이민은 유럽 국가들이 해외 영토에 자국민을 보낸 식민(植民)의 성격이 강했고 숫자도 많지 않았다.

대규모의 이민은 미국 독립 이후부터 이루어졌다. 독립국가 미국은 발전을 거듭하였고 인구도 이에 따라 크게 늘어났다. 1800년 미국 인구는 530만 명이었는데 반세기만에 2,300만 명으로 급증하였다. 특히 1820~1890년 이른바 구 이민(Old Immigrants) 시대에는 영국, 독일, 아일랜드, 스칸디나비아 반도에서 많은 이민사가 유입되었다. 아일랜드에서는 대기근과 가톨릭교에 대한 박해를 피해 다양한 계층의 사람들이 미국으로 왔다. 소수의 중국인 이민자도 있었지만 이 기간 이민자의 다수가 영국, 아일랜드, 독일 출신이어서 비교적 동질적이었다.

신이민(New Immigrants) 시대(1890~1924)는 미국의 신개척지가 점차 고갈되어 북서유럽출신의 이민이 줄고 대신 남유럽과 동유럽에서 새로운 이민이 유입된 시기이다. 이 시기에는 주로 이탈리아, 폴란드, 헝가리, 러시아, 체코, 그리스 등지에서 뉴욕으로 온 이민자가 많았다. 이들 다수는 저학력이었고, 가난했으며, 종교적으로 다양했고, 정치적으로 본국에서 소외된 자들이었다(Duncan, 2005, 67). 이들 신이민자들은 미국 땅에서도 구이민자들로부터 차별받았는데 특히 중국, 일본 등 아시아계 이민자와 유태인, 이탈리아인이 차별과 배척의 대상이 되곤 했다.

1891년에는 미국 최초의 이민법이 제정되었고 이민국이 설립되었다. 당시 이민법은 특별히 미국 국가에 위해를 끼칠 수 있는 사람을 배제하는 것 외에는 크게 배타적인 성격을 갖지 않았다. 남북전쟁 이후에는 재건과 산업화를 위해 더 많은 이민자가 유입되었다(최성수, 2006, 212). 1900년대에 들어 다양한 국가에서 많은 이민자가 들어오면서 WASP 중심의 사회적 동질성이 훼손된다는 불만과 우려가 나오기 시작했다. 특히 구이민자들은 신이민자가 표를 팔아 정치를 타락시키고, 자신들의 일자리를 빼앗는다고 비난하였다. 이들은 가톨릭교의 영향력이 점차 커지고 신이민자가 정치적으로 성장할 것을 우려해 이민을 제한할 것을 주장하였다. 토착주의자들[13]은 이민자 집단의 범죄율이 높다든지 우생학적으로 내국인보다 정신질환에 더 많이 걸린다는 식의 연구들을 통해 자신들의 주장을 정당화하고자 했다.

---

13 토착주의(Nativism)는 미국의 백인 문화를 보호한다는 의미로 백인 토착주의(White Nativism)를 줄인 말이라고 할 수 있다. 이에 대한 자세한 설명은 이 책의 Part 8을 참조할 것.

결국 이러한 시도들은 1924년 이민법 개정으로 이어졌는데 주요 내용을 보면 북서유럽인을 제외한 다른 나라의 이민을 사실상 금지하는 것이나 다름없었다. 즉 1924년 이민법은 국가가 이민을 정책으로 '사용'하게된 시작이라고 할 수 있다. 핵심적인 내용은 이민 쿼터 시스템이었는데이는 매년 출신국가별로 이민자 수를 제한하는 것으로 대량이민의 유입을 억제하고 특정 국가의 이민을 제한하려는 국가의 의도가 반영된 것이었다(최성수, 2006, 213). 개정 이민법으로 북유럽과 서유럽출신의 미국이민은 유리해졌으나 총이민은 오히려 줄어들었다. 이후 대공황, 제2차세계대전, 냉전을 거치면서 1970년대까지 미국으로의 국제이민은 크게 위축되었다. <표 2-1>에서처럼 미국의 외국인, 즉, 이민자 인구는 1930년을기점으로 숫자가 감소하였을 뿐만 아니라 전체 인구에서 차지하는 비중도 줄어들었다.

표 2-1. 미국의 외국인 인구(1850~2008)

연도	인구(명)	총인구대비율(%)
1850	2,244,602	9.7
1860	4,138,697	13.2
1870	5,567,229	14.4
1880	6,679,943	13.3
1890	9,249,547	14.8
1900	10,341,276	13.6
1910	13,515,886	14.7
1920	13,920,692	13.2
1930	14,204,149	11.6
1940	11,594,896	8.8
1950	10,347,395	6.9
1960	9,738,091	5.4
1970	9,619,302	4.7
1980	14,079,906	6.2
1990	19,767,316	7.9

| 2000 | 31,107,889 | 11.1 |
| 2008 | 37,960,935 | 12.5 |

자료: Gibson 1999; U.S. Census Bureau, 2000 Decennial Census, 2008 American Community Survey.

미국으로의 이민이 획기적인 변화를 맞게 된 것은 1965년 이민국적법의 제정이다. 1965년 이민법은 쿼터제를 철폐하고 이민자 총수를 32만 명으로 확대하고 출신국에 상관없이 가족 재결합과 신청자의 개인 자격을 기준으로 이민 허용 여부를 정하였다. 이로써 미국 이민은 큰 변화를 맞이했는데 특히 유럽일변도에서 벗어나 아시아와 라틴아메리카 출신 이민이 많아져 출신국 별 이민유입이 다양화되었다. 1965년 미국 이민정책의 변화는 전후 미국 자본주의가 황금기를 맞이하여 더 많은 노동력을 필요로 했고 또 이민자가 출신국적 때문에 차별받아서는 안 된다는 UN을 중심으로 한 국제적 인권 운동의 확산과 이에 대한 국내 여론의 호응 때문이었다(최성수, 2006, 214~215).

앞의 표에서처럼 1970년을 최저점으로 하여 이후 미국 내 이민자 인구는 회복되기 시작했다. 1980년대부터는 숫자뿐만 아니라 총인구대비 비중도 다시 늘어났다. 이 중 라틴아메리카 출신의 인구증가는 놀랄 만하다. 라틴아메리카 이민자는 1970년에서 2000년 사이 매 10년 마다 두 배씩(180만 → 440만 → 840만 → 1,600만) 늘어났다.

그러나 미국 내 이민자 인구의 증가는 한편으로 미등록 이민의 증가 때문이었다. 따라서 오늘날 미국 이민정책은 밀입국과 불법체류를 어떻게 통제할 것인가를 최우선 과제로 하고 있다. 특히 1986년 이민법은 불법체류자에 대한 통제와 방지에 그 초점을 맞추었다. 따라서 1965년까지 미국의 이민정책은 주로 합법이민을 어떻게 조절하고 관리할 것인가가 주목표였지만 1986년 이민법 이후에는 주로 미등록 이민을 어떻게 통제할 것인가에 정책의 초점을 맞추고 있다고 할 수 있다.

Ⅱ. 라틴아메리카계 이민의 역사

1. 이민의 시작(미국-멕시코 전쟁에서 브라세로 프로그램까지)

라틴아메리카인, 특히 멕시코인의 미국 이민은 전쟁으로 시작되었다. 1848년 미국-멕시코 전쟁에서 미국이 승리하여 멕시코 북부는 미국의 영토가 되었다. 따라서 그곳에 살던 멕시코인은 미국인이 될 것을 강요받았고, 그래서 이들은 최초의 라티노가 되는 운명을 피할 수 없었다.[14] 이후 멕시코인의 미국이주는 1880년대 철도건설이 확대되면서 활발해졌고 1910년 멕시코 혁명과 1920년대 말 '가톨릭교도의 반란' 등 정치적 격변기에도 그 수는 계속 늘어났다. <표 2-2>에서처럼 멕시코인의 미국 이민은 1890~1910~1930년 매 20년 각 3배씩 늘어났다. 멕시코 노동자들은 시카고 등 도시의 공장에도 있었지만 대부분은 남서부의 농장에서 일했다.

---

14 과달루페 이달고 조약에서는 미국 시민권과 멕시코 국적을 선택할 수 있도록 하고 있었지만 이는 명목상의 선택권에 불과하였다. 이에 대한 자세한 설명은 이 책의 Part 9의 내용을 참조할 것.

표 2-2. 미국의 멕시코 출생 인구(1850~2008)

(단위: 천 명)

연도	1850	1870	1890	1910	1930	1950	1970	1980	1990	2000	2008
인구	13	42	78	222	641	454	760	2,199	4,500	9,752	12,671

자료: Mexican Immigrants in the United States, 2008, Pew Hispanic Center, 2009.

19세기 말부터 20세기 초까지 멕시코에서 국경을 넘어 미국으로 간(또는 왕래하는) 이민 규모는 정확히 알 수 없다. 20세기 초까지 양국의 국경선은 지도상에서만 유효했기 때문에 국경을 오가는 것은 거의 통제되지 않았다. 1920년대 국경경비대가 조직되었지만 오늘날처럼 국경에서 출입국을 통제한 것은 제2차 세계대전 이후의 일이었다. 1920년대 50만~100만 명의 멕시코인이 국경을 건넜다. 이들은 로스앤젤레스, 엘파소, 샌안토니오, 덴버 등에 바리오(Barrio)라 부르는 집단 거주촌을 세웠다. 이들은 농장, 가게, 공장, 광산 등에서 일자리를 찾았다. 그러나 대공황이 발발하자 대부분의 멕시코 노동자는 일자리를 잃었다. 이에 맞서 캘리포니아에서는 농장 노동자들이 조직적인 저항을 벌이기도 했지만 그들의 시도는 농장주와 공공기관의 탄압으로 성과를 거두지 못했다. 결국 이들은 도시로 나가 빈민층이 되든지 아니면 멕시코로 강제 출국당하였다(김연진, 2008, 104; 엘렌 브링클리, 2005c, 70: 114). 대공황과 그 여파로 1930년 640만이던 멕시코 이민자는 1950년 450만으로 오히려 줄어들었다.

공식적인 멕시코인의 미국이주가 재개된 것은 제2차 세계대전 이후 '브라세로 프로그램(Bracero Program)'[15]에 의해서였다. 제2차 세계대전으로 미국 내 노동력이 부족해지자 1942년 4월 미이민귀화국(INS)은 농장주들의 요구에 따라 멕시코 노동력 수입의 필요성을 인정하고 멕시코 정부와 이민노동자 협상을 시작하였다. 협상 초기 멕시코 정부는 미국의 요구에 응하지

---

15 'bracero'란 'brazo'(팔, 즉 노동)에서 파생된 말로 어원적으로는 '일급 막노동꾼'을 의미하나 멕시코에서 '일시 이주 노동자'를 지칭한다.

않았다. 미국 경제가 나빠지면 제일 먼저 멕시코 노동자들을 되돌려 보낼 것이 뻔하고, 멕시코인에 대한 차별이 여전히 심각한데다, 멕시코에서도 산업화를 위해 어느 정도의 노동력이 필요했기 때문이었다. 그러나 다른 한편으로 멕시코 정부는 미국과 이민노동협정을 맺게 되면 멕시코 노동자들이 보내는 송금이 국가 경제에 도움이 될 것이고 또 나중에 이들이 미국에서 돌아오면 자국 경제, 특히 농업 발전에 기여할 것이라는 계산도 하고 있었다. 또 연합국의 일원인 멕시코가 세계대전의 와중에 미국의 요청을 계속 거부하기도 곤란한 상황이었다. 결국 멕시코 정부는 1942년 7월 23일 일종의 일시농업이민협정이라고 할 수 있는 브라세로 프로그램을 체결하였다. 여기에는 차별 금지, 적절한 노동조건, 미국인과 동일한 임금 보장 등이 명시되어 있었다.[16]

처음에는 노동자 모집과 계약을 위한 사무소가 멕시코시티에만 개설되었지만 지원자가 많아 1944년에는 과달라하라와 이라뿌아또(Irapuato)에도 이민 센터가 설립되었다. 그러나 미국의 요구에도 불구하고 국경 지역엔 사무소를 설치하지 않았다. 이유는 멕시코 북부의 면화농업에도 노동력이 많이 필요했기 때문이었다. 멕시코 정부는 북부 대신 중부 지역의 실업자들을 보내길 원했다(Verea, 1982, 24).

1946년 브라세로 프로그램이 만료되었다. 이 프로그램으로 양국 간 이해가 증진되었고, 귀국한 노동자들이 멕시코 농업 발전에 기여했고, 본국 송금

---

16 이 협정의 주요 내용을 살펴보면(Verea, 1982, 24):
- 멕시코 노동자들은 부족한 노동력을 보충해주는 것이지 미국 노동자를 대체하는 것이 아니다.
- 미국군에 징집되지 않으며 계약 당사자는 미국정부이다.
- 미국 내에서 멕시코 노동자들은 차별대우를 받지 않는다.
- 멕시코 노동자들에게 왕복 교통 경비 지급을 보증한다.
- 계약은 고용주-노동자 간 서면 계약에 기초해 이루어진다.
- 멕시코 노동자의 노동은 농업에 한정된다.
- 멕시코 노동자는 자신들이 원하는 곳에서 쇼핑할 수 있다.
- 숙소와 위생설비는 적절해야 한다.
- 급료의 10%를 공제하여 고용주가 멕시코 귀국 시 돌려준다.
- 멕시코 노동자는 최소한 계약기간의 3/4 이상 노동해야 한다.
- 급료는 노동 지역의 일반적 수준이어야 하며 시간당 최소 30센트 이하여서는 안 된다.

은 멕시코 경제에 실질적인 도움이 되었다. 또 이들을 통해 미국 문화가 멕시코 사회에 소개되기도 했다. 양국은 1948년부터 1951년까지 2차 브라세로 프로그램에 합의하였다. 이번에는 노동자가 직접 농장주와 계약을 맺는 형태였다. 노동자 모집과 왕복 여비, 경비의 지급은 미국 정부가 아닌 민간 기업이 담당하였다. 시간당 최저임금이나 노동자에 대한 부당행위 해결 방안이 포함되지 않은 대신 멕시코 영사와 미국 노동부 관계자의 노동현장 공동 검열이 합의되었다. 이번에도 멕시코 정부는 국경지역에 모집 사무소 설립을 허가하지 않았다(Verea, 1982, 27).

그러나 협정의 이행이 순조로운 것만은 아니었다. 1948년 10월 텍사스 농장주들은 면화수확 100파운드 당 2.5달러의 임금을 일방적으로 결정했는데 멕시코 정부는 최저 3달러를 주장하면서 이에 맞섰다. 협상이 결렬되면서 농장주들은 수확기를 놓쳐 농사를 망칠 수 있다고 미국 정부를 압박하였고 결국 미국 정부는 엘파소 인근 국경을 일방적으로 개방하여 멕시코 노동자들을 받아들였다. 이에 대해 멕시코 정부도 국경을 폐쇄하여 멕시코 노동자의 월경을 차단하는 사건이 벌어졌다. 이른바 '엘파소 사건(El Paso Incident)'은 이후 미국 정부가 위법성을 인정하고 재발방지를 약속하여 일단락되었다(Nova, 1988, 105).

브라세로 프로그램으로 합법 이민이 확대되었지만 미등록 이민이 사라진 것은 아니었다. 따라서 1949년 8월 양국은 '웻백(wetbacks, 직역하면 '젖은 등'인데 리오그란데 강을 몰래 건너다 등까지 젖는 사람이란 말로 멕시코 밀입국자를 비하하는 표현)'을 '말려주는(drying out, 합법화) 정책'에 합의하였다. 주 내용은 8월 1일 이전에 밀입국한 멕시코 노동자들에게 입국허가카드를 줘서 멕시코로 돌려보냈다가 재입국시켜 이들을 합법화하는 것이었다. 이로 인해 약 8만7천명의 멕시코인들이 일자리를 얻었고 미국은 추가의 노동력을 확보할 수 있었다(Nova, 1988, 104; Verea, 1982, 28).

2차 브라세로 프로그램의 종료가 다가오자 미국, 특히 기업(즉 농장주)들은 이 프로그램의 갱신을 요구하였다. 처음 멕시코 정부의 입장은 유보적이었다. 왜냐면 노동 계약의 내용이 일방적이고, 국경지역의 숙련노동력의 유출이 심하고, 노동자 가족들이 미국으로 이주해버리는 경우가 많아져 본국 송금이 다소 줄었기 때문이었다. 또 미국 내에서도 미국 농업노동자 노조처럼 이 프로그램을 반대하는 여론도 만만치 않았다. 따라서 협정의 갱신은 불투명했다. 그러나 1950년 한국전쟁의 발발은 이런 상황을 일거에 반전시켰다. 전쟁으로 미국 국내의 노동력 수급 문제는 더 중요해졌고, 또 멕시코에게도 브라세로 프로그램은 그래도 실보다 득이 많았다. 따라서 양국 정부는 같은 해 1951년 8월 새로운 브라세로 협정에 합의하였다.[17]

1950년대 중반부터 미국 내의 실업과 고용문제를 외국인, 특히 멕시코 노동자와 연관시키는 반이민 정서가 확산되었고, 이에 미국 정부도 멕시코 이민에 이중적인 입장을 취했다. 1954년 미국 정부는 애리조나, 캘리포니아, 텍사스 등에서 불법이민자를 체포하고 추방하는 이른바 '웹백 작전(Operation Wetback)'을 시행하였다. 비록 이 작전이 불법 이민자를 대상으로 한다곤 하였지만 그 피해자의 대부분 멕시코인이었고, 이 중에는 멕시코계 미국 시민권자도 포함되어 있었을 정도로 강압적이고 공격적이었다.

1963년 미국 의회에서 브라세로 프로그램을 정한 미공법 78호의 연장이 부결되었다. 이에 따라 브라세로 프로그램은 1964년 공식적으로 종료되었다.[18] 이 프로그램으로 인해 1964년까지 총 458만 명의 멕시코인이 노동력

---

17 주요 내용은, 협정은 1964년까지 유효하며, 고용은 농업 부문에 한하며, 모든 차별은 금지되며, 임금 결정권은 미국 노동청이 가지며, 노동 계약기간의 3/4은 준수되어야 하며, 왕복 교통비를 지급하며, 멕시코 노동자를 구사대로 고용할 수 없으며, 미국 사회보장 혜택을 받지 못한다는 것이다. 그러나 1954년 5월 양국 정부의 협의 결과 "멕시코 노동자들에 대한 임금을 결정하는 권한은 미국 노동청이 갖고 멕시코 정부는 재고를 요청할 권리를 갖는다. 양국 간 이견이 있을 때도 노동자 모집은 중단되지 않는다. 멕시코 노동자들은 고용과 실업보험의 권리를 갖는다. 기피 고용주에 대한 블랙리스트 작성은 멕시코가 일방적으로 하지 않고 양국이 공동으로 한다. 고용주는 전액이 아니라 제공된 노동에 비례하여 교통비와 여비를 지급한다. 모집센터는 두랑고, 이라뿌아또, 과달라하라 외에 몬테레이와 치와와에도 둔다."라는 내용으로 오히려 멕시코에 불리하게 개정되었다(Verea. 1982, 30: 31).

을 제공하였고 절정기였던 1956년에는 약 44만 명이 미국에 입국하였다 (Nova, 1988, 97). 따라서 브라세로 프로그램은 향후 양국에게 중요한 전기가 되었는데 우선 이 프로그램으로 멕시코가 국제분업체제를 통해 미국 경제 발전에 참여했다는 점을 언급할 만하다. 이뿐만 아니라 브라세로 프로그램 은 이후에 전개될 멕시코인의 미국 이민에 중요한 경험과 교훈을 제공한 계기가 되었다는 점에서 중요한 의미를 갖는다고 할 수 있다.

2. 이민의 다양화(1965~1985)

공교롭게도 첫 번째 라티노, 즉 멕시코계 라티노가 1848년 전쟁의 결과물 이었던 것처럼 두 번째 라티노도 전쟁 때문에 생겼다. 1898년 미국－스페인 전쟁에서 미국이 승리함에 따라 당시 스페인 식민지였던 푸에르토리코, 괌, 필리핀, 쿠바가 독립을 이루었다. 그러나 승전국은 앞의 세 나라를 미국령으 로 하였고 쿠바를 반식민지화하였다. 이 때문에 이 지역의 사람들은 멕시코 인에 이어 새로운 라티노가 되는 운명을 맞게 되었다.

맨 먼저 미국에 온 것은 푸에르토리코 사람들이었다. 1917년 존스법(Jones Act)이 발표되어 푸에르토리코인은 미국시민이 되었고 이 법에 의해 1915년 부터 1930년 사이 약 5만 명의 푸에르토리코인이 미국으로 이주하였다. 제2 차 세계대전 이후에는 두 번째 이민 물결이 일었는데 당시 미국 경제는 전 후 호황기였던 반면에 푸에르토리코는 경제난을 겪고 있었다. 따라서 많은 이민자가 미국으로 이주했는데 1940년부터 1960년까지 그 숫자는 약 8만에 이르렀다. 일부는 농촌지역으로 이주하여 농장노동자가 되었지만 대부분은

---

18 미공법 78호가 종료된 것은 미국 농업노동자의 노조화 운동이 활성화된 결과였다. 특히 AFL-CIO(American Federation of Labor and Congress of Industrial Organization, 미국노동총연맹산업별 조합회의)가 이 문제에 적극적으로 개입하였다. 또 농산물 수확과정이 기계화되어 노동력 수요가 줄어든 것과 미국의 사회복지제도 변화도 프로그램 종결의 배경이 되었다.

뉴욕에 정착하였다. 따라서 이른바 스패니쉬 할렘(Spanish Harlem)이라고 불리는 뉴욕의 푸에르토리코 게토가 크게 확대되었다(김연진, 2006, 240).

1960년대 라티노 물결은 쿠바계가 주도하였다. 1961년 카스트로의 쿠바 혁명이 성공하자 사회주의 정권에 반대하는 많은 쿠바인이 미국으로 망명하였다. 쿠바혁명 이후 1980년대 중반까지 약 50만 명의 쿠바인이 미국에 정착하였다. 이들 중 다수는 플로리다 남부에 정착하였고 마이애미는 아바나 다음으로 지구상에서 쿠바인이 가장 많이 사는 도시가 되었고 이후 '남미의 수도'로 발전하였다. 1960년대 쿠바 출신 이민자는 카스트로에 반대하는 정치적 이민자로 백인과 중산층이 많았다. 그러나 1970년대 중반 이후 미국에 온 쿠바 이민자는 카스트로에 반대하였지만 경제적인 이유로 미국에 온 경우가 많았다. 이들은 혼혈인이 많았고 빈곤층 출신도 다수였다. 이들 보트 피플들은 1960년대 쿠바계 이민보다 미국 사회에 적응하는데 상대적으로 더 많은 어려움을 겪었다(김연진, 2006, 248, 250). 특히 1980년 1만 명 이상의 쿠바인들이 미국으로 왔는데, 이들은 하바나 인근의 마리엘(Mariel) 항구를 통해 미국에 왔기 때문에 '마리엘리토스(Marielitos)'라고 불렀다. 따라서 쿠바 이민자는 <표 2-3>에 나와 있는 것처럼 1960년 8만 명에서 1970년 44만 명, 1980년 61만 명으로 크게 늘어났다.

표 2-3. 미국의 라틴아메리카 출생인구(1960~1990)

지역·국가	1960	1970	1980	1990
카리브	193,922	675,108	1,258,363	1,938,348
쿠바	79,150	439,048	607,814	736,971
도미니카(공)	11,883	61,228	169,147	347,858
아이티	4,816	28,026	92,395	225,393
자메이카	24,759	68,576	196,811	334,140
트리니닷-토바고	-	20,673	65,907	115,710
기타 카리브	73,314	57,557	126,289	178,276
중앙아메리카·멕시코	624,851	873,624	2,553,113	5,431,992
멕시코	575,902	759,711	2,199,221	4,298,014

벨리즈	2,780	8,860	14,436	29,957
코스타리카	5,425	16,691	29,639	43,530
엘살바도르	6,310	15,717	94,447	465,433
과테말라	5,381	17,356	63,073	225,739
온두라스	6,503	19,118	39,154	108,923
니라카과	9,474	16,125	44,166	168,659
파나마	13,076	20,046	60,740	85,737
기타 중앙아메리카	-	-	8,237	6,000
남아메리카	89,536	255,238	561,011	1,037,497
아르헨티나	16,579	44,803	68,887	92,563
볼리비아	2,168	6,872	14,468	31,303
브라질	13,988	27,069	40,919	82,489
칠레	6,259	15,393	35,127	55,681
콜롬비아	12,582	63,538	143,508	286,124
에콰도르	7,670	36,663	86,128	143,314
가이아나	-	-	48,608	120,698
파라과이	595	-	2,858	6,057
페루	7,102	21,663	55,496	144,199
수리남	-	-	1,433	2,860
우루과이	1,170	5,092	13,278	20,766
베네수엘라	6,851	11,348	33,281	42,119
기타 남아메리카	14,572	22,797	17,020	9,324
계	908,309	1,803,970	4,372,487	8,407,837

자료: Gibson, 1999.

1970년대 라틴아메리카인의 국제 이민은 혼란스러운 라틴아메리카의 정치 현실을 반영하는 것이었다. 칠레에서 1970년 서반구 최초로 선거를 통해 아옌데의 사회주의 정권이 수립되었다. 그러나 1973년 군부 쿠데타로 인해 아옌데 정권이 붕괴되었고 이후 군사독재에 반대하는 정치적 난민이 미국으로 들어왔다. 또 아르헨티나의 군부 독재와 10년 이상 계속된 콜롬비아 내전 역시 정치적 난민을 만들어냈다. 이들은 중산층 출신이 많았고 주로 미동부에 정착하였다. 또 이 시기는 중앙아메리카에서 정부군과 좌익 반군 간의 내전이 가장 격화되었던 때이기도 했다. 1979년 니카라과에서 산디니

스타 반군이 소모사정권을 몰아내고 혁명을 성공시키자 이에 반대하는 사람들이 미국으로 이주하였다. 1980년대 들어서는 엘살바도르와 과테말라에서 내전을 피해 많은 사람들이 미국으로 들어왔다. 합법적인 이민자도 있었지만 이들 중 상당수는 미등록 이민자였다(Acuña, 2003, 76~77).

브라세로 프로그램의 경험은 멕시코인에게 미국 이민을 '친숙한' 것으로 만들었다. 이 프로그램으로 1942년부터 1968년까지 매년 20만 명 이상의 멕시코인이 미국을 경험하였다. 따라서 당시 20~30세였던 멕시코 농촌의 젊은이, 특히 미국과 가까운 멕시코 북부의 농민은 거의 한 번 정도는 미국에서 노동을 한 경험을 가졌다(Verduzco, 2000, 17). 따라서 이들에게 합법이건 불법이건 국경을 넘는 것은 그리 낯선 것이 아니었다. 또 브라세로 프로그램이 끝나고도 돌아오지 않고 불법 체류자 신분으로 미국에 남는 경우도 많았다. 게다가 브라세로 프로그램 기간 동안 멕시코와 미국을 연결하는 일종의 이민 네트워크는 더욱 공고해졌고 이를 통해 멕시코인의 미국 이민은 더욱 수월해졌다. 따라서 미국에 거주하는 멕시코 이민자는 1960년 60만, 1970년 76만에서 1980년 220만, 1990년 430만으로 급증하였다(Pew Hispanic Center, Mexican Immigrants in the United States, 2008: 2009). 다음의 <표 2-4>처럼 멕시코 이민자가 전체 외국인에서 차지하는 비중도 계속 높아졌다. 1960년 미국에 거주하는 출신국별 외국인은 이탈리아, 독일, 캐나다, 영국 등 유럽계가 다수였으나 1970년에는 멕시코 이민자가 많아지기 시작하여 1980년에는 전체 외국인의 16%를 차지하여 미국에서 가장 큰 외국인 그룹이 되었고 이는 오늘날까지 계속되고 있다. 이전과 마찬가지로 이들의 주요 일자리는 농장이었고 일리노이 등 일부를 제외하고 대부분은 남서부에 머물렀다.

표 2-4. 미국 내 출신국별 이민자 순위(1960~1980)

연도	이민자 순위
1960	이탈리아(13%) → 독일(10%) → 캐나다(10%) → 영국(9%) → 폴란드(8%) → 소련(7%) → 멕시코(6%)
1970	이탈리아(10%) → 독일(9%) → 캐나다(8%) → 멕시코(8%) → 영국(7%)
1980	멕시코(16%) → 독일(6%) → 캐나다(6%) → 이탈리아(6%) → 영국(5%)

자료: Gibson 1999.

3. 1980년대 이후의 이민

<표 2-5>에서처럼 1970년대부터 미국에서 라틴아메리카 출신 인구는 크게 늘어나기 시작했다. 특히 1980년부터 2000년까지 라틴아메리카에서 오는 이민자는 440만 명에서 1,600만 명으로 4배 증가하였고 총 외국인에서 차지하는 비중은 31%에서 52%로 늘어났다. 멕시코 이민자 인구도 1980년부터 2000년까지 20년 사이 4배 이상으로 늘어났고 총외국인에서 차지하는 비중도 크게 증가하여 단일 국가 출신으로는 미국에서 가장 규모가 큰 이민자 그룹이 되었다. 2008년 현재 미국의 외국인 인구는 멕시코(30%)가 가장 많고 다음으로는 필리핀, 인도, 중국이 4%, 베트남, 엘살바도르, 한국, 쿠바가 3%, 캐나다와 도미니카공화국이 2% 순이다(U. S. Census Bureau, 2008, American Community Survey).

표 2-5. 라틴아메리카 출생인구(1970~2008)

(단위: 천 명)

구분	1970	1980	1990	2000	2008
라틴아메리카 태생 외국인 (총외국인대비율 %)	1,804 (18.7)	4,372 (31.0)	8,408 (42.5)	16,087 (51.7)	20,150 (53.1)
멕시코 출생 외국인 (총외국인대비율 %)	760 (7.9)	2,199 (15.6)	4,300 (21.7)	9,180 (29.6)	11,400 (30.1)

자료: U.S. Census Bureau, Decennial Census 2000, Summary File3, Table QT-P15. "Region and Country or Area of Birth of the Foreign-Born Population"; US Census Bureau, 2008; American Community Surveys, Table B05006 "Place of Birth for the Foreign-Born Population"; Mexican Immigrants in the United States, 2008; Pew Hispanic Center, 2009.

아래의 표처럼 미국 이민의 추세를 국가별로 살펴보면, 라틴아메리카 모든 나라에서 미국으로의 이민은 증가하였는데, 특히 멕시코·과테말라·엘살바도르·아이티·도미니카공화국 등이 이민자 인구뿐만 아니라 라틴아메리카 이민자 대비율에서도 미국으로의 이민이 크게 증가한 나라들이다.

표 2-6. 출신국가별 라틴아메리카 이민자 추이(1970~2000)

구분	1970		1980		1990		2000	
	인구수	비율	인구수	비율	인구수	비율	인구수	비율
라틴아메리카	1,725,408	100	4,383,000	100	8,370,802	100	15,939,770	100
콜롬비아	63,538	3.7	143,508	3.3	286,124	3.4	509,870	3.2
에콰도르	36,663	2.1	86,128	2.0	143,314	1.7	298,625	1.9
페루	21,663	1.3	55,496	1.3	144,199	1.7	278,185	1.7
엘살바도르	15,717	0.9	94,447	2.2	465,433	5.6	817,335	5.1
과테말라	17,356	1.0	63,073	1.4	225,739	2.7	480,665	3.0
멕시코	759,711	44.0	2,199,221	50.2	4,298,014	51.3	9,177,485	57.6
쿠바	439,048	25.4	607,814	13.9	736,971	8.8	872,715	5.5
아이티	28,026	1.6	92,395	2.1	225,393	2.7	419,315	2.6
자메이카	68,576	4.0	196,811	4.5	334,140	4.0	553,825	3.5
도미니카(공)	61,228	3.5	169,147	3.9	347,858	4.2	687,675	4.3

자료: Centro Latinoamericano y Caribeño de Demografía(CELADE), División de Población de la CEPAL, Proyecto Investigación de la Migración Internacional en Latinoamérica(IMILA), División de Población de Naciones Unidas.

라틴아메리카 이민자의 급격한 증가, 특히 국경을 맞대고 있는 멕시코의 '조용한 침공'은 인종적 경계심과 반이민 정서를 불러왔다. 이에 따라 1980년대, 특히 1986년의 '이민개혁통제법(Immigration Reform and Control Act: IRCA)'과 이후 미국의 이민 정책은 라틴아메리카 출신이 다수인 미등록 이민에 어떻게 대처할 것인가에 그 초점이 맞춰졌다. 즉, 라틴아메리카인의 불법입국을 사전에 차단하고 비합법적으로 체류하고 있는 라틴아메리카 노동자를 통제하는 것이 정책의 주요 목표가 되었다.

1986년 IRCA의 주요 내용은 1982년 이전에 입국하여 현재 실질적으로 노동하고 있는 불법체류자를 사면하는 것과 미등록 이민자를 알고도 고용한 고용주에 벌금을 부과하는 것이었다. 또 국경의 밀입국 단속을 강화하기 위한 특별 예산의 배정도 포함되어 있었다. 1986년 이민법은 11월 승인되었는데 이 법에 따라 이듬해 5월부터 거의 300만 명에 이르는 미등록 이민자가 합법화되었다. 그러나 IRCA는 불법입국자를 줄이는 데는 큰 효과를 거두지 못했다. 아래의 표에서처럼 미등록 이민자는 1980년대 말 일시적으로 감소하다 1990년대 들어 이전 수준을 회복하다 이후에는 오히려 더 큰 폭으로 증가하였다. 이것은 많은 단기 체류자들이 향후의 사면조치를 기대하여 불법체류자로 미국에 남았기 때문이었다(피터 스미스, 2010, 364~365; Passel 2007, 19).

표 2-7. 미국 내 미등록 이민자 인구 추정(1980~2008)

(단위: 백만)

연도	1980	1982	1986	1989	1992	1996	2000	2006	2008
인구	3.0	3.3	4.0	2.5	3.9	5.0	8.4	11.5	11.9

자료: Jeffrey Passel, Unauthorized Migrants in the United States: Estimates, Methods, and Characteristics, OECD SOCIAL, EMPLOYMENT AND MIGRATION WORKING PAPERS, 2007, 12(http://www.oecd.org/ dataoecd/41/25/39264671.pdf)

이후에도 일련의 이민법 개정이 이루어졌다. 1990년 부시대통령은 '1990년 이민법(Immigration Act for 1990)'을 통해 이민 쿼터를 27만에서 70만으로 확대하고 노동기술자와 투자이민을 확대하는 이민정책을 시행하였다. 미등록 이민이 계속 늘어나자 1996년 클린턴 대통령은 '불법이민 개혁 및 이민자 책임 법(the Illegal Immigration Reform and Immigration Responsibility Act for 1996)'을 발표하였다. 주요 내용은 미등록 이민자의 취업을 엄격히 관리하고, 이민자가 범죄를 저지를 경우 처벌을 강화하고, 공적 혜택을 받기 위해서는 체류자격 증명을 제출하는 것을 의무화하는 것이었다(최성수, 2006, 221). 이처럼 1986년 이후 미국의 이민정책은 빈번하게 개정되었다. 그러나 이러한 미국 정부의 거듭되는 '노력'은 정부의 이민 정책이 미등록 이민자 유입을 제대로 통제하지 못하였음을 역설적으로 보여주는 것이기도 하였다.

미국의 이민정책이 사회 안보를 넘어 국가 안보의 차원에서 재검토된 것은 9·11사태 때문이었다. 2000년 대선에서 부시 후보는 멕시코 문제, 특히 이민 문제의 근본적 해결을 공약으로 내걸었다. 대통령에 당선된 후 부시와 멕시코의 폭스 대통령은 이민법 개혁, 특히 멕시코계 불법 체류자를 합법화시키는 방안을 논의하였다. 그러나 이 논의는 9·11 사태로 전면 백지화되었고 이후 미국의 이민정책은 외국인의 입국을 어떻게 하면 가장 효율적으로 억제할 것인가로 선회하였다. 비자처리는 지연되거나 중단되었고, 미래의 테러를 막기 위해 입국 검사가 강화되었다. 비록 여야 간의 이견으로 상원에서 부결되었지만 2007년 부시 정부는 '국경보호, 대테러, 불법이민 통제법(The Border Protection, Anti-terrorism and Illegal Immigration Control Act 2005)'를 제출하였다.

최근 미국의 이민법 논의에서 가장 쟁점이 되는 것은 미등록 이민자 사면(amnesty)에 관한 것이다. 사면에 반대하는 보수 세력은 사면을 최대한 억제해야 미등록 이민자가 관용적인 기대를 하지 않을 것이라고 주장하는 반면 친이민단체는 사면을 반대하는 것은 미국의 다문화주의 정체성을 부정하는 것이라고 반론한다.

오바마 정부는 2009년 12월 '포괄적이민개혁법안(Comprehensive Immigration Reform for America's Security and Prosperity Act)'을 발표하였다. 이 안은 당초 예상을 훨씬 뛰어넘는 전면적인 불법체류자 사면안과 가족초청 이민을 대폭 확대하는 내용을 담았다. 또 미등록 이민 방지를 위한 특별 비자를 신설하는 파격적인 비자개혁안과 지역경찰의 이민법 집행참여 프로그램의 폐지를 명문화하는 등 전례 없이 전향적인 내용의 이민개혁안으로 평가되었다. 이에 따르면 2009년 12월 15일 당시 미국에 체류 중인 미등록 이민자는 일단 사면대상에 포함되며 수수료와 벌금을 납부하면 6년 유효의 조건부 비이민 비자를 발급받는다. 미등록 이민 방지를 위해 현재 미등록 이민자 인구의 5% 이상을 차지하는 국가의 국민들을 상대로 매년 10만 명분의 쿼터를 할당해 추첨방식으로 3년 유효의 특별비자(PUM)를 발급하며, 미국에서 이공계 학위를 받은 외국인과 외국인 간호사는 쿼터 제한 없이 취업이민을 신청할 수 있다. 또 부모와 함께 16세 이전에 미국에 입국한 미등록 이민자에게 교육의 기회와 법적 지위를 획득할 기회를 주자는 드림법안(The Development, Relief and Education for Alien Minors(DREAM) Act)도 포함되어 있다. 또 이 조항에 해당되는 청소년이 대학에 입학하면 'in state(거주민) 학비'를 적용받게 된다.[19] 현재의 E-Verify를 폐지하고 새로운 전자노동자격확인시스템을 구축해 모든 고용주가 직원 신규 채용 시 의무적으로 이 시스템을 사용해야만 하며 이를 어기면 처벌을 받게 되어 있다. 이외에 입국 및 세관 검사 강화를 위해 담당 인원을 대폭 늘리며 출입국 포트의 장비와 인프라를 현대화하는 내용도 포함되어 있다(미주한국일보, 2009. 12. 17).

오바마 정부의 이민법 개혁은 미등록 이민자 문제의 현실적인 해결책을 모색하고 라티노를 포함한 이민자의 표심을 얻기 위해서 추진되었으나 공화당과 보수파를 중심으로 한 반대 여론이 거세어 성사되지 못하고 있다. 대신 오바마 정부는 드림법안의 통과에 주력하였으나 이 역시 2010년 12월 상원에서 전체회의 상정에 필요한 60표에 미치지 못해(55표) 부결되어 있는 상태이다.

---

19 현재 미국의 일부 주에서 미등록 이민자 대학생은 out-of-state 학비를 내야 한다. 따라서 많은 학생들이 성적은 우수하지만 학비가 없어 대학 진학을 포기한다.

03

라틴아메리카
국제 이민의
세계적 성격

I. 라틴아메리카 국제이민의 현황[20)

　오늘날 지구촌에서 진행되는 국제 이민의 가장 두드러진 성격은 그 어느 때보다도 다양한 인종과 문화를 가진 사람들이 이민 흐름에 참여하고 있다는 사실이다. 이전보다 훨씬 더 다양한 출신 배경을 가진 사람들이 태어난 곳을 떠나 다른 나라로 이주한다. 이와 함께 여성 이민자의 숫자가 계속 늘어나고 있는 것도 새로운 현상 중의 하나이며 일반적으로 '불법이민자'로 불리는 미등록 또는 비합법적 상태의 이민자의 증가도 중요한 특징 중의 하나이다. 또 일시 이민과 순환 이민과 같은 새로운 패턴의 이민들이 늘어나는 것도 오늘날 국제 이민의 중요한 특징이라고 할 수 있다.

　이러한 국제이민의 경향은 라틴아메리카에서도 잘 나타난다. 이민자의 숫자가 늘어나는 것뿐만 아니라 이민자의 출신국도 더 다양해지고 있다. 또 여성 이민자의 증가도 두드러지는데 남성 대비 비율이 1960년 44.2%, 1980년 48.1%, 2010년 50.1%로 여성의 이민이 계속 증가해왔다(Organización Internacional, 2010, 154~161). 또 미국에 거주하는 라틴아메리카 출신의 미

---

20 이 글은 저자의 '라틴아메리카와 이민: 국제이민의 특성과 추세를 중심으로(강석영 외, 2007, 159~171)' '중남미의 이민(박윤주 외, 2012, 134~173)'을 편집·수정한 것임.

등록 이민자 이슈는 이미 널리 알려진 문제이다.

인구학적으로노 라틴아메리카는 국제 이민의 세계적 경향을 가장 잘 보여주는 지역이다. 현재 지구상에서 이민자가 가장 많은 나라는 미국인데 그 숫자는 약 4,280만 명에 달한다. 다음으로는 러시아(1,200만 명), 독일 (1,100만 명), 사우디아라비아, 캐나다, 프랑스, 영국, 스페인 순이다. 반면 나가는 이민자가 가장 많은 나라는 러시아(1,200만 명)이며 다음으로는 멕시코(1,000만 명), 인도(900만 명), 방글라데시, 우크라이나, 중국, 영국 순이다(Organización Internacional, 2010, 119~121).[21] 출이민과 입이민을 인구학적으로 비교해 볼 때 현재 국제 이민의 방향은 저개발국가에서 서구 국가로 향하고 있다고 할 수 있다. 라틴아메리카의 아메리칸 드림을 생각할 때 라틴아메리카는 이러한 국제 이민의 세계적 특성과 가장 일치하는 지역이다.

표 3-1. 라틴아메리카 이민 현황(2000)

(단위: 천 명)

구분	총인구	이입민*		이출민	
		인구	총인구대비율	인구	총인구대비율
라틴아메리카 전체	**523,463**	**6,001**	**1.1**	**21,381**	**4.1**
라틴아메리카	511,681	5,148	1.0	19,549	3.8
아르헨티나	36,784	1,531	4.2	507	1.4
볼리비아	8,428	95	1.1	346	4.1
브라질	174,719	683	0.4	730	0.4
칠레	15,398	195	1.3	453	2.9
콜롬비아	42,321	66	0.2	1,441	3.4
코스타리카	3,925	296	7.5	86	2.2
쿠바	11,199	82	0.7	973	8.7
에콰도르	12,299	104	0.8	585	4.8

---

21 러시아의 경우는 예외적이라고 할 수 있다. 러시아는 나가는 이민과 들어오는 이민 모두 많은 나라인데 이는 유럽으로 나가는 이민이 많고 또 구소련이었던 우크라이나, 카자흐스탄 등에서 오는 이민과 가는 이민이 많기 때문이다(INFORME SOBRE LAS MIGRACIONES EN EL MUNDO, 2010, 185~186).

엘살바도르	6,276	19	0.3	911	14.5
과테말라	11,225	49	0.4	532	4.7
아이티	8,357	26	0.3	534	6.4
온두라스	6,485	27	0.4	304	4.7
멕시코	98,881	519	0.5	9,277	9.4
니카라과	4,957	20	0.4	477	9.6
파나마	2,948	86	2.9	124	4.2
파라과이	5,496	171	3.1	368	6.7
페루	25,939	23	0.1	634	2.4
도미니카공화국	8,396	96	1.1	782	9.3
우루과이	3,337	46	1.4	278	8.3
베네수엘라	24,311	1,014	4.2	207	0.9
카리브	11,782	853	7.2	1,832	15.5
안틸라스(네덜란드령)	215	55	25.6	118	54.9
바하마	303	30	9.9	28	9.2
바베이도스	267	25	9.4	68	25.5
벨리즈	240	17	7.1	43	17.9
도미니카	78	4	5.1	8	10.3
그레나다	81	8	9.9	56	69.1
과달루프	428	83	19.4	2	0.5
과아나(프랑스령)	164	…	…	1	0.6
가이아나	759	2	0.3	311	41.0
자메이카	2,580	13	0.5	680	26.4
마르티니크	386	54	14.0	1	0.3
푸에르토리코	3,816	383	10.0	6	0.2
산타 루시아	146	8	5.5	22	15.1
수리남	425	6	1.4	186	43.8
트리니닷토바고	1,289	41	3.2	203	15.7
기타	605	124	20.5	99	16.4

자료: Calvelo, 2011, 101.
* Colombia, El Salvador, Nicaragua, Perú, Uruguay 이민자 숫자는 1990년 통계임.

<표 3-1>에서처럼, 라틴아메리카에서 나가는 이민자는 2,100만 명이지만 들어오는 이민자는 600만 명이다. 카리브 일부, 아르헨티나, 베네수엘라, 코

스타리카 등을 제외한 라틴아메리카 모든 국가에서 출이민이 압도적으로 많음을 알 수 있다.

국가별로 살펴보면 멕시코, 콜롬비아, 쿠바, 엘살바도르, 도미니카공화국 순으로 이출민이 많다. 멕시코의 해외거주 이민자는 이미 천만 명을 넘어섰는데 이는 총인구의 1/10에 해당하는 규모이다. 멕시코에서 미국으로 향하는 이민 유형은 세계에서 가장 큰 이민 흐름이라고 할 수 있다. 인구대비 이민자 비율을 보면, 인구가 적은 카리브 국가들은 대체적으로 높은 편이며 라틴아메리카 국가 중에서는 엘살바도르, 니카라과, 멕시코, 도미니카공화국, 쿠바 순으로 이민자 비율이 높다. 따라서 인구학적으로 멕시코, 쿠바, 엘살바도르 등의 국가는 나가는 이민자 인구가 많을 뿐 아니라 전체 인구에서 차지하는 비중도 매우 높아 이들 나라에서 이민자는 본국에 중요한 영향을 미치는 존재라고 할 수 있다.

Ⅱ. 라틴아메리카의
출이민과 입이민

표 3-2. 라틴아메리카의 주요 입이민국

(단위: 천 명)

순위	국가	2010년	2000년
1	아르헨티나	1,449	1,540
2	베네수엘라	1,007	1,015
3	멕시코	726	520
4	브라질	688	684
5	코스타리카	489	310
6	도미니카공화국	434	355
7	에콰도르	394	101
8	푸에르토리코	324	355
9	칠레	320	177
10	파라과이	161	175

자료: INFORME SOBRE LAS MIGRACIONES EN EL MUNDO, 2010, 158.

<표 3-2>가 보여주는 것처럼 라틴아메리카에서 외국인이 많은 나라는

아르헨티나, 베네수엘라, 멕시코, 브라질, 코스타리카, 도미니카공화국[22] 등

22 도미니카 공화국의 국제이민은 푸에르토리코, 도미니카 공화국, 아이티 삼국간의 릴레이 이민
(relay migration. chain migration이라고도 함)으로 설명되기도 한다. 제2차 세계대전 이후 푸에르
토리코에서 미국으로의 이민이 증가하여 1970년경 푸에르토리코 인구의 35%가 미국에 거주하

의 국가이다. 이들 나라들에는 전 세계에서 이민자가 오지만 주로 인접한 라틴아메리카 국가에서 많은 사람들이 유입된다. 라틴아메리카의 전통적인 수민국(受民國)인 아르헨티나와 베네수엘라는 이전보다 이민자 유입이 줄어들었지만 대신 멕시코, 코스타리카, 에콰도르, 칠레는 이민자 유입이 계속 늘어나는 나라들이다.

표 3-3. 라틴아메리카의 주요 출이민국(2000)

순위	국가	비율(%)
1	미국	68
2	아르헨티나	4
3	스페인	3
4	베네수엘라	3
5	캐나다	2
6	독일	2
7	영국	1
8	네덜란드	1
9	코스타리카	1
10	일본	1
11	기타	14
계		100

자료: INFORME SOBRE LAS MIGRACIONES EN EL MUNDO, 2010, 160.

반면 라틴아메리카 사람들이 가장 선호하는 이민 국가는 미국이다. <표 3-3>에서처럼 라틴아메리카 출신 이민자 10명 중 7명은 미국으로 가며 다음으로는 아르헨티나, 스페인, 베네수엘라, 캐나다, 독일 순이다. 2008년 현재 미국에 거주하는 외국 이민자는 약 4,300만 명이다. 이 중 라틴아메리카 출

게 되었다. 이후 이 비율은 40%까지 늘어났는데 이에 따라 푸에르토리코 경제, 특히 사탕수수 농업에 필요한 노동력이 부족하여 이 자리를 이웃한 도미니카 공화국 이민자가 채우게 되었다. 마찬가지로 수년 후 도미니카 공화국의 부족한 노동력은 아이티에서 새로운 이민자가 들어와 대체하게 되었다. 2002년 통계에 따르면 도미니카 공화국 총 외국인 96,229명 중 61,862명이 아이티 출신이다. 이로써 삼국 간에는 노동력의 수급에 기초한 인구 이동이 릴레이 형태로 나타나게 되었다(Durand, 2011, 77~88; Centro Latinoamericano y Caribeño de Demografía, 2006, 162).

신은 53%를 차지하고 있다. 살펴본 바와 같이 단일 국가로는 멕시코 출신 이민자가 가장 많아 미국 전체 이민자의 30% 정도이다. 아르헨티나와 베네수엘라는 라틴아메리카의 전통적인 수민국이며 스페인, 독일, 영국도 라틴아메리카 사람들이 선호하는 이민국이다. 이 외 캐나다, 코스타리카, 일본에도 라틴아메리카 이민자가 많은데 최근 라틴아메리카계 이민이 급증한 캐나다에는 주로 카리브의 영어권 국가에서 온 이민자가 많다.

표 3-4. 라틴아메리카인의 미국 이민 동인

이민 이유	남성이민자	여성이민자	합법이민자	미등록 이민자
본국의 문제	22.5	17.0	5.7	25.8
미국의 기회	22.5	17.0	17.1	21.6
이민 네트워크	18.8	3.8	11.4	13.4
본국의 폭력, 사회 불안	1.3	5.7	2.9	3.1
가족관계	20.0	24.5	37.1	16.6
기타	15.0	32.1	25.7	19.6

자료: Massey, 2009, 21.

국제 이민의 동기와 원인은 다양하고 복잡하다. 경제위기나 실업 등의 경제적 요인도 있고 치안불안이나 내란 등 정치적 이유도 있으며 교육, 개인적 선택, 가족 재결합, 종교 등 사회문화적 요인도 있다. 또 그 동인이 본국(push factor)에 있는지 아니면 이민국(pull factor)에 있는지에 따라 이민의 유형을 구분하기도 한다. 라틴아메리카에서 미국으로의 국제 이민도 마찬가지이다. <표 3-4>처럼 라틴아메리카 사람들은 본국의 문제(주로 경제적 어려움), 미국의 기회(주로 일자리), 가족관계(가족 초청이나 가족 재결합), 이민 네트워크, 본국의 폭력과 사회 불안 등 다양한 이유로 미국으로 이주한다.

미국 이민의 동인에서 몇 가지 주목해야 할 성격들을 보면, 우선 최근 증가하는 미등록 이민자에게는 본국의 문제가 가장 중요한 이민 동기라는 점이다. 이러한 사실은 미등록 이민자 중 다수가 멕시코 출신임을 고려하면 멕시코의 경제 위기와 개선되지 않은 사회 양극화와 깊은 연관이 있다고 볼 수 있다. 또 라틴아메리카인의 미국 이민에서는 이른바 '이민네트워크'가 중요한 역할을 하는 것으로 나타났다. 이민을 희망하는 사람은 향우회나 교민회와 같은 비공식적이고 사적인 네트워크를 통해 미국에 정착한 이민자로부터 이민에 대한 정보와 도움을 얻는다.

표 3-5. 라틴아메리카 이민자의 경제적 성공에 대한 인식

구분		남성	여성	1세대	2세대	합법	불법
성공 기회	미국이 큼	76.9	85.3	74.8	93.8	87.7	79.6
	모국이 큼	5.5	2.9	5.4	2.1	1.8	5.1
	동등함	11.0	5.9	11.7	2.1	3.5	12.2
	무응답	6.6	5.9	8.1	2.1	7.0	3.1
불평등 정도	미국이 큼	30.8	39.7	30.6	43.8	33.3	36.8
	모국이 큼	37.4	32.4	36.9	31.3	29.8	38.8
	동등함	24.2	20.6	24.3	18.8	26.3	21.4
	무응답	7.4	7.7	8.1	5.3	10.5	3.1

자료: Massey, 2009, 22.

이민국에서의 성공, 특히 경제적 성공에 대한 라틴아메리카 이민자의 인식 정도를 보면, 라틴아메리카인의 미국 이민의 동인을 더욱 명확하게 확인할 수 있다. 조사 결과에 따르면, 미국에 있는 라틴아메리카 이민자는 본국보다 미국에서 경제적 성공을 얻을 기회가 훨씬 더 많다고 생각한다. 이민 자격과 구분에 따라 약간의 차이를 보이지만, 대부분의 라틴아메리카 이민자와 그 후손들은 라틴아메리카와 미국 모두에서 경제적 불평등이 존재하지만 라틴아메리카보다 미국에서 경제적으로 성공할 기회가 더 많다고 인식하고 있다. 따라서 "미국으로 이민하면 경제적으로 성공할 가능성이 높다"는 기대와 희망이 미국 이민을 추동하는 주요 요인임을 확인할 수 있다.

Ⅲ. 라틴아메리카 주요국의 국제 이민

라틴아메리카 국제이민에서 가장 먼저 언급할 국가는 멕시코이다. 멕시코는 라틴아메리카 최대의 이민국이다. 알려진 바와 같이 멕시코는 주변의 라틴아메리카 국가에서 많은 이민을 받는 나라이지만 또 나가는 이민이 많은 나라이기도 하다. 라틴아메리카에서 온 이민자의 대부분과 많은 멕시코인이 아메리칸 드림을 쫓아 미국으로 이주하기 때문이다. 그래서 멕시코는 나가는 이민이 들어오는 이민보다 더 많다.

반면 남아메리카의 이민 중심국인 아르헨티나는 들어오는 이민이 많다. 아르헨티나는 역사적으로 유럽과 주변국에서 많은 이민을 받아들인 국가였는데 최근 경제가 회복되면서 다시 남아메리카 국가들로부터 이민자 유입이 증가하고 있는 전형적인 수민국이다.

칠레와 코스타리카는 라틴아메리카 역내 이민의 신흥 중심국이다. 먼저 칠레는 남아메리카 국제이민의 새로운 중심국이 될 가능성이 높은 나라이다. 칠레는 전체적으로 나가는 이민이 많은 나라이지만 최근에는 입이민이 빠르게 증가하고 있다. 임금 수준이 높고 고용 기회가 많은 것뿐만 아니라 정치·사회적으로도 안정되어 있기 때문에 주변국에서 지속적으로 이민이 유입되고 있다. 또 군정 기간 칠레를 떠났던 사람들의 역이민도 늘고 있는 상황이다. 특히 인접국인 페루인의 이민이 최근 수년간 많이 증가하여 칠레 사회의 새로운 이슈가 되고 있다.

코스타리카는 미주대륙에서는 미국, 캐나다에 이어 세 번째로 많은 외국인(관광객 포함)을 받아들이는 나라이다. 코스타리카 전체 인구 430만 명 중 외국인은 무려 42만 명이나 된다. 코스타리카에 외국 이민자가 많은 것은 이 나라의 정치·사회적 조건 때문이다. 코스타리카는 다른 중앙아메리카 국가에 비해 인구나 국토는 크지 않지만 일인당 생산이 중앙아메리카에서 가장 높으며 빈곤인구 비율도 가장 낮다. 또 중앙아메리카에서 가장 높은 경제성장을 거듭하고 있고 라틴아메리카에서 유일하게 스위스처럼 군대를 보유하지 않은 나라이다. 전통적인 미국의 우방국으로 미국의 영향을 많이 받아 서구식 민주주의를 해오고 있다. 이러한 정치·사회적 안정과 지속적인 경제 발전으로 인해 코스타리카는 라틴아메리카 이민자가 선호하는 국가이다. 특히 코스타리카에는 인접한 니카라과 이민자가 매우 많다 (임상래, 2005).

브라질은 국제이민의 측면에서 라틴아메리카에서 예외적인 나라이다. 앞에서 살펴본 바와 같이 브라질은 다른 라틴아메리카 국가와는 다르게 입이민과 출이민이 균형을 이루는 국가이다. 또 브라질의 출이민은 독특한 성격을 갖는다. 나가는 이민이건 들어오는 이민이건 라틴아메리카 국제이민의 대부분은 주로 미국을 포함한 아메리카 역내에서 이루어지는데 브라질은 역외로 가는 이민이 더 많은 드문 경우의 국가이다. 해외로 나가는 브라질 이민자 중 약 20%는 일본으로 가는데 이로써 브라질인은 일본에서 세 번째로 큰 이민자 그룹을 형성하고 있다. 일본 거주 이민자의 대부분은 일본계 브라질인의 후손들인데 일본 정부는 이들에게 비자와 임금 면에서 우선적인 대우를 해주었기 때문이다(INFORME SOBRE LAS

MIGRACIONES EN EL MUNDO 2010, 160~161).

　이처럼 라틴아메리카의 국제이민은 국가별로 다양한 성격을 보이지만, 공통적으로 나타나는 점은 그 어느 때보다 더 역동적인 이민흐름이 역내와 역외의 방향으로 전개되고 있다는 것이다.

04

라티노의
인구학적 특성

Ⅰ. 라티노 인구

1. 인구 변화 추이

　라티노의 가장 큰 인구학적 특징은 지속적인 증가세이다. 2010년 통계[23]에 의하면, 현재 미국에 거주하는 라티노 총인구는 약 5,100만 명이다. 인구 그룹별로는 백인이 전체인구의 64%로 가장 많고, 라티노는 16.4%로 그 다음이다. 미국사람 6명 중 한 명이 라티노이다. 2000년 비교할 때 라티노 인구는 인구 숫자뿐만 아니라 총인구 대비율에서 모든 인구 그룹 중 가장 크게 늘어났다. <표 4-1>에서처럼 백인 인구는 인구 숫자뿐만 아니라 비중도 줄어들었고 흑인이나 아시아계 미국인은 증가했지만 라티노의 증가 규모와 비율에 많이 미치지 못했다. 살펴본 바와 같이 라틴아메리카에서 미국으로 새로운 이민자가 계속 유입되고 미국에서 태어나는 라티노가 계속 증가하기 때문에 2050년 라티노 인구는 1억 명을 넘어 미국 인구의 1/4에 달할 것으로 예상되고 있다.

---

23 미국 인구센서스는 법적 지위는 판별하지 않고 현재의 거주 사실을 기준으로 하는 것이기 때문에 미등록 이민자도 조사대상에 포함된다.

표 4-1. 인종·출신별 미국 인구(2000, 2010)

구분	2010 인구	2000 인구	2010 비율(%)	2000 비율(%)
백인	196,931,448	194,527,123	63.7	69.1
라티노	50,729,570	35,204,480	16.4	12.5
미국 태생	31,912,465	21,072,230	10.3	7.5
라틴아메리카 태생	18,817,105	14,132,250	6.1	5.0
흑인	37,936,978	33,706,554	12.3	12.0
아시아계	14,558,242	10,088,521	4.7	3.6
기타	9,193,451	7,895,228	3.0	2.8
계	309,349,689	281,421,906	100.0	100.0

자료: Population, by Race and Ethnicity: 2000 and 2010, Statistical Portrait of Hispanics in the United States, 2010, Pew Hispanic Center, 2012.

라티노는 인구학적으로 가장 젊은 인구이다. 2008년 기준 인구 그룹별 평균 연령을 보면, 백인이 41세로 가장 높고 다음으로는 아시아계(36세), 흑인(32세), 라티노(27세)이다. 이처럼 라티노는 미국에서 가장 젊은 인구로 늙어가는 미국을 '회춘'시키고 있다.

표 4-2. 미국 인종별 평균연령(2008)

구분	남성	여성	평균
라티노	27	27	27
백인	39	42	41
흑인	30	34	32
아시아계	35	37	36
평균	35	38	36

자료: Median Age in Years, by Sex, Race and Ethnicity, Statistical Portrait of Hispanics in the United States, 2008, Pew Hispanic Center, 2010.

2. 지역별 분포

사회·인구학적으로 라티노는 일정 지역에 집중 거주하는 패턴을 보인다. 주별 라티노 인구를 보면, 캘리포니아(1,340만 명), 텍사스(1,000만 명), 플로리다(380만 명), 뉴욕(320만 명), 애리조나(200만 명) 순으로 많으며 주인구에서 차지하는 비율은 뉴멕시코, 캘리포니아, 텍사스, 애리조나, 네바다순으로 높다. 특히 역사적으로 멕시코와 관계가 많았던 뉴멕시코 주는 인구두 명 중 거의 한 명이 라티노이며 캘리포니아, 텍사스, 애리조나 등 멕시코와 국경을 접하는 주에서도 인구의 30% 이상이 라티노이다.

표 4-3. 라티노 인구 상위 10개주(2008)

순위	주	인구(명)	주	비율(%)
1	캘리포니아	13,434,896	뉴멕시코	45.1
2	텍사스	9,915,582	캘리포니아	36.6
3	플로리다	3,846,267	텍사스	36.2
4	뉴욕	3,232,360	애리조나	30.2
5	애리조나	1,964,625	네바다	25.9
6	일리노이	1,961,843	플로리다	21.0
7	뉴저지	1,424,069	콜로라도	20.1
8	콜로라도	993,198	뉴욕	16.6
9	뉴멕시코	895,150	뉴저지	16.4
10	조지아	780,408	일리노이	15.2

자료: Hispanic Population by State, Statistical Portrait of Hispanics in the United States, 2008, Pew Hispanic Center, 2010.

라티노 거주 지역을 출신국별로 나누어 살펴보면 약간의 차이가 있다. 멕시코계 라티노는 캘리포니아, 텍사스, 애리조나, 일리노이 순으로 많지만, 푸에르토리코계는 뉴욕, 플로리다, 뉴저지, 펜실베이니아 순이며, 쿠바 사람들은 플로리다, 캘리포니아, 뉴저지, 뉴욕 순으로 많이 산다.

도시별 분포를 보면, 라티노 인구는 뉴욕(230만 명), 로스앤젤레스(180만 명)[24], 휴스턴(92만 명), 샌안토니오(84만 명), 시카고(78만 명), 피닉스(59만 명), 엘파소(52만 명), 댈러스(51만 명), 산디에고(37만 명) 순으로 많다. 로스앤젤레스의 라티노 대부분은 한국인 등 아시아계가 주인인 노동집약적 공장에서 일을 한다. 뉴욕 시에는 전통적으로 푸에르토리코 출신이 많았지만 현재는 멕시코와 다른 라틴아메리카 이민자가 증가하고 있다. 10만 명 이상 도시 중 라티노 인구가 차지하는 비율이 높은 곳은 East L. A 97%, 라레이도(Laredo) 95.6%, 하이얼리어(Hialeah) 94.7%, 브라운즈빌(Brownsville) 93.2%, 맥알렌(McAllen) 84.6%, 엘파소 80.7% 등이다(The Hispanic Population, 2010; U.S. Census Bureau, 2011. 11). 이 중 라레이도, 브라운즈빌, 맥알렌, 엘파소는 국경 도시들이며 이들 국경도시에는 라티노, 특히 멕시코계의 비율이 매우 높다. 따라서 이들 도시들은 가히 라티노와 치카노의 '특구'라도 할 만하다.

라티노가 모여 사는 것, 특히 특정 지역에 집중 거주하는 패턴은 미국 사회 동화에 영향을 준다. 다양한 민족 집단과 어울리면 어울릴수록, 또 많은 지역에 분산되어 살면 살수록, 소통을 위해 영어를 더 빨리 배우게 되며 내국인의 문화에 더 빨리 동화된다. 그러나 라티노는 특정지역에 모여 살기 때문에 그들의 언어, 습관, 원칙을 유지하게 되고, 따라서 미국 사회에 동화되는 속도가 느린 편이다(새뮤얼 헌팅턴, 2004, 240~241).

최근 라티노 인구 변화에서 두드러지는 특징은 그간 라티노 인구가 적었던 지역에서도 증가세가 두르러진다는 점이다. 2000~2010년 사이 미국의 모든 주에서 라티노 인구는 늘어났고 사우스캐롤라이나 등 일부 주에서는 배 이상 늘어났다. 따라서 미국에서 라티노 인구는 점점 더 많아지고 있을

---

24 Los Angeles, Orange, Ventura, San Bernardino, Riverside 5개의 카운티를 묶어서 '광역 L. A'(Greater L. A)라고 부른다. San Bernardino와 Riverside 카운티는 로스앤젤레스 중심에서 200km가 떨어져 있지만 이 두 카운티의 대부분의 인구는 L. A와 오렌지카운티 접경지역에 살고 있다. 이 모두를 합친 넓은 의미의 로스앤젤레스에 사는 라티노 인구는 약 500 만에 달해 라틴아메리카의 '또 다른 수도'이며 이들 라티노의 다수가 멕시코계이기 때문에 멕시코의 '제2의 수도'이기도 하다.

뿐 아니라 지역적으로도 점점 더 넓어지고 있다.

라티노는 가구 구성에서도 '모여 산다'. 라티노의 다인가구(3인 이상) 구성 비율은 72%인데 이는 미국 내에서 가장 높은 수준이다. 반면 2인가구의 비율은 가장 낮다. 따라서 라티노는 미국 내에서 가장 큰 가족을 이루며 사는 인구 그룹이라고 할 수 있다.

표 4-4. 인종별 세대원 구성(2008)

구분	2인 가구	3~4인 가구	5인 이상 가구	계
라티노	27.3	46.3	26.3	100.0
백인	50.6	39.1	10.3	100.0
흑인	40.0	45.2	14.8	100.0
아시아계	31.2	51.0	17.7	100.0
기타	39.3	43.4	17.3	100.0
계	45.4	41.3	13.3	100.0

자료: Heads of Households, by Family size, Race and Ethnicity, Statistical Portrait of Hispanics in the United States, 2008, Pew Hispanic Center, 2010.

3. 사회 지표들

라티노 인구가 수적으로 많아졌음에도 불구하고 아직 그들은 소득, 교육, 보건 등에서 보면 여전히 사회적 약자이며 '이등시민(second-class citizen)'이다.

우선 라티노의 교육 수준은 백인뿐만 아니라 미국 평균에도 미치지 못한다. <표 4-5>에서처럼 특히 초등교육을 이수하지 못한 비율은 가장 높으며 대학졸업의 고학력 비율도 가장 낮다. 대학재학률도 다른 인종 그룹과 비교할 때 거의 최저 수준이다.

표 4-5. 미국 인종별 학력수준(2008)

구분	9학년 이하	9~12학년	고졸	대재	대졸	계
라티노	23.5	15.7	26.0	21.9	12.9	100.0
백인	3.2	6.7	29.3	30.0	30.7	100.0
흑인	5.6	13.5	31.6	31.8	17.5	100.0
아시아계	8.7	6.1	15.8	19.4	50.0	100.0
기타	5.4	10.1	27.5	35.1	21.9	100.0
미국 평균	6.4	8.7	28.5	28.8	27.6	100.0

자료: Educational Attainment, by Race and Ethnicity, Statistical Portrait of Hispanics in the United States, 2008; Pew Hispanic Center, 2010.

마찬가지로 16~24세 라티노의 학업 중퇴율은 백인, 흑인, 아시아계 등 미국 내 인종 그룹 중 최고로 높은 수준이다. <표 4-6>에서처럼 같은 라티노라도 라틴아메리카 태생의 학업포기가 미국 태생보다 훨씬 높으며 남성이 여성보다 높다. 또 미국에서 태어난 라티노의 학업 중단도 백인보다 높고 흑인과 비슷한 수준이다. 교육 포기는 문맹 → 저소득 → 실업가능성 → 사회복지의존 → 범죄율로 이어질 가능성이 높기 때문에 해결해야 할 시급한 문제 중 하나라고 할 수 있다. 학업을 포기하는 이유로는 빈곤, 언어소통 문제, 문화적 장벽 등을 들 수 있다.

표 4-6. 16~24세 인종별 학업포기율(2007)

외국 태생						미국 태생					
라티노		백인		흑인		라티노		백인		흑인	
남성	여성	남성	여성	남성	여성	남성	여성	남성	여성	남성	여성
39	28	6	4	9	7	13	10	7	5	14	9

자료: Sáenz, 2011, 53.

라틴아메리카 이민자는 다른 국가 출신 이민자와 비교할 때 전반적으로 고학력자 비율이 낮은 편이나 일부 국가들, 특히 아이티, 자메이카 출신 이

민자의 고학력자 비율은 높다. 그러나 고학력 이민자라 하더라도 미국에서
학력에 걸 맞는 좋은 일자리를 얻는 비율이 낮다. 최근에는 미국에서 학위
를 받은 라틴아메리카 출신 고학력자들이 고국으로 돌아가지 않고 미국에
남는 경우가 늘어나고 있다. 따라서 라틴아메리카 입장에서 '두뇌 유출'은
점점 더 심각한 국가적 문제가 되고 있다(Özden, 2007).

교육뿐만 아니라, 라티노의 가계소득과 가처분소득 수준도 백인뿐만 아
니라 미국 평균에도 크게 미치지 못한다. 빈곤의 정도도 백인의 2배가 넘으
며 특히 의료 보험 미가입율은 백인의 3 배이며, 미국 평균치의 2배가 넘는
심각한 수준이다.

표 4-7. 각종 사회 지수(2008년)

구분	가처분소득평균($)	가계소득평균($)	빈곤율	의료보험미가입률
라티노	21,488	41,041	19.5	31.7
백인	31,570	56,826	8.2	10.7
미국 평균	29,533	51,938	11.8	15.4

자료: Median Personal Earnings, by Race and Ethnicity, Median Household Income by Race and
Ethnicity, Poverty, by Race and Ethnicity, Persons Without Health Insurance, by Age, Race and
Ethnicity, Statistical Portrait of Hispanics in the United States, 2008; Pew Hispanic Center, 2010.

4. 국가별·성별 구성

2010년 라티노 인구의 출신국별 분포를 보면, 멕시코 출신이 압도적으로
많은데 그 숫자는 3,200만 명에 육박한다. 이는 전체 라티노의 63%에 해당하
는 수치이다. 즉, 미국에 있는 라티노 3명 중 2명은 멕시코 출신인 셈이다.
<표 4-8>에서처럼 멕시코계 다음으로는 미국의 자치주인 푸에르토리코출
신과 쿠바 혁명 이후 많은 이민자가 온 쿠바출신이 많다. 이어서 엘살바도
르, 도미니카공화국, 과테말라 출신 순으로 많다.

표 4-8. 라티노 출신국별 구성(2010)

구분	멕시코	푸에르토리코	쿠바	엘살바도르	도미니카공화국	과테말라
인구(천 명)	31,798	4,624	1,785	1,649	1,415	1,044
라티노대비율(%)	63.0	9.2	3.5	3.3	2.8	2.1

자료: The Hispanic Population: 2010; U.S. Census Bureau, 2011, 3.

미국 총인구에서는 여성(1억 5,420만 명)이 남성(1억 4,990만 명)보다 많지만 라티노 인구는 아직 남성(2,400만 명)이 여성(2,260만 명)보다 많다. 남성이 많은 이유는 젊은 남성이 먼저 이민을 떠나는 라틴아메리카 노동이민의 특성 때문이라고 할 수 있다. 그러나 최근 여성이민이 점차 많아지고 있어 향후 남녀 구성비에서 균형을 이룰 가능성이 있다.

표 4-9. 라티노 인구 성별 구성(2008)

(단위: 천 명)

남성	여성	계
24,214	22,608	46,822

자료: Hispanos de Origen Mexicano En los Estados Unidos, 2008, Pew Hispanic Center, 2010.

Ⅱ. 치카노 인구의 특징

　살펴본 바와 같이 치카노는 라티노 중 가장 큰 인구 그룹이다. 라티노 총인구의 2/3이며 미국 총인구의 1/10에 이른다. 이뿐만 아니라 치카노 인구의 변화를 통시적으로 보면, 다음 표에서 확인할 수 있는 것처럼 20세기 이후 치카노 인구가 계속 증가해 왔다는 사실을 알 수 있다. 특히 1970년대 이후 멕시코인의 이민이 급증하면서 치카노 인구는 크게 확대되었다. 이에 따라 치카노의 출생지별 인구 구성도 크게 변하였다. 미국에서 태어난 치카노의 비율이 1940년대 이후 80% 이상이었으나 멕시코에서 오는 이민자가 증가하면서 1980년대부터 미국 태생 치카노 비율이 감소하기 시작하여 현재는 60% 정도이다. 따라서 멕시코 출생 치카노와 미국 출생 치카노 모두 증가하고 있으며 이 중 멕시코 출생 인구의 증가 비율이 조금 더 높다고 할 수 있다.

표 4-10. 치카노 인구 추이(1900~2007)

(단위: 천 명)

연도	멕시코 출생		미국 출생		총계	
	인구	비율(%)	인구	비율(%)	인구	비율(%)
1900	103	22.2	360	77.8	463	100
1910	222	30.9	496	69.1	718	100
1920	480	39.7	730	60.3	1,210	100
1930	640	37.0	1,089	63.0	1,729	100
1940	377	19.8	1,527	80.2	1,904	100
1950	451	17.5	2,122	82.5	2,573	100
1960	576	15.7	3,095	84.3	3,671	100
1970	788	14.5	4,634	85.5	5,422	100
1980	2,199	24.2	6,872	75.8	9,071	100
1990	4,447	31.6	9,647	68.4	14,094	100
2000	8,072	37.8	14,428	62.2	22,500	100
2002	9,900	37.3	15,983	62.7	25,883	100
2004	10,740	38.1	16,641	61.9	27,381	100
2006	11,132	38.0	18,175	62.0	29,307	100
2007	11,812	39.0	18,454	61.0	30,266	100

자료: Vázquez Rodolfo, Corona, Estimación de la población de origen mexicano que reside en Estados Unidos, El Colegio de la Frontera Norte, 1992 ; CONAPO 자료.

치카노 인구의 증가는 다른 인구 그룹과 비교할 때 더 두드러진다. 치카노가 라티노 인구에서 차지하는 비중은 1990년 60%에서 2008년 66%로 늘었고 미국 인구에 대비하면 5.4%에서 10.1%로 거의 두 배로 커졌다. 이는 치카노 인구가 다른 인구 그룹보다 더 빠르게 증가하였다는 것을 보여주는 것이다.

표 4-11. 치카노 인구 추이(1990~2008)

구분	1990	2000	2006	2008
인구(천 명)	13,496	20,641	28,396	30,747
라티노인구대비율(%)	60.4	59.8	64.1	65.6
미국인구대비율(%)	5.4	7.3	9.5	10.1

자료: U.S. Census Bureau, American Factfinder; Pew Hispanic Center, Detailed Hispanic Origin, 2005, 2008; Hispanos de Origen Mexicano En los Estados Unidos, 2008: 2010.

<표 4-12>처럼 2008년 기준 1,900만 명의 치카노(63%)가 미국 출생(2, 3세대)이고 나머지 1,100만 명(27%)은 멕시코 출생이다.[25] 그러나 시민권을 가진 치카노는 2,200만 명(71%)이며 나머지 9,000만 명(29%)은 미국 국적을 가지고 있지 않다. 이는 멕시코에서 태어난 치카노 중 일부가 미국 시민권을 취득하였기 때문이다.

미국 인구의 평균적 특징과 비교할 때 치카노 인구는 대조적이고 차별적인 성격을 갖는 면이 많다. 성별 구성을 보면, 미국 평균은 여성 인구가 많으나 치카노 인구는 남성이 더 많다. 치카노의 평균 연령은 미국인 평균보다 훨씬 젊으며 인구 대비 출산 여성 비율(2.2%)도 미국 평균(1.4%)보다 훨씬 높아 미국의 노화를 저지하는 인구층이라고 할 수 있다. 기타, 치카노의 학력, 소득, 취업 등 다양한 사회 지표들이 미국 평균은 물론이고 라티노에도 미치지 못해 사회·경제적으로 가장 낙후된 인구 그룹 중 하나라고 할 수 있다.

표 4-12. 인구적 특징(2008)

(단위: 천 명)

구분		미국	치카노	라티노
인구		304,060	30,747	46,822
출생지	미국	266,044	19,375	28,985
	외국	38,016	11,372	17,837
시민권	시민권자	282,374	21,873	34,097
	비시민권자	21,686	8,873	12,726
평균연령(세)		36	25	27
성별	남성	149,863	16,169	24,214
	여성	154,196	14,578	22,608
출산여성(최근 1년)		4,354	668	936
재학생(5~16세)		52,068	7,399	10,497
대졸이상학력		55,356	1,436	3,302

25 이 통계는 <표 4-10>의 것과 차이가 있다. 2007년과 2008년의 통계 차이 때문이기도 하며 '일러두기'에서 밝힌 이유 때문이기도 하다.

건강보험미가입자	46,729	10,689	14,852
자가주택보유율(%)	66.6	50.5	49.1
16세 이상 개인소득평균($)	29,533	20,368	21,488
가구당평균인원(명)	2.6	3.7	3.5
실업률(%)	6.4	7.4	7.5

자료: Hispanos de Origen Mexicano En los Estados Unidos, 2008; Pew Hispanic Center, 2010.

사회인구학적으로 멕시코 출신 이민자의 가장 두드러진 성격중의 하나
는 특정 지역에 집중적으로 거주한다는 점이다. 1848년부터 멕시코 이민은
주로 캘리포니아, 텍사스, 애리조나 등 멕시코와 가까운 남서부 국경 지역에
많았고 최근에는 일리노이(시카고) 등에도 많이 거주한다. 멕시코에서 오는
이민자들이 이 지역으로 집중되기 때문에 치카노 인구 역시 이 지역에 많다.
<표 4-13>처럼 현재 치카노 총인구는 거의 3,200만 명에 육박하는데 이들은
캘리포니아, 텍사스, 애리조나, 일리노이, 콜로라도 순으로 많으며, 이 중
캘리포니아와 텍사스에 사는 치카노를 합치면 전체 치카노의 61%에 이른
다. 1990년대 중반부터 치카노의 남서부 집중이 상대적으로 감소하고 아이
다호, 아이오와, 조지아, 네브래스카, 미네소타 등 이른바 '비전통적 지역
(nontraditional destinations)'으로의 이주가 늘어났다. 1990년부터 2000년까지
멕시코 이민자의 증가율은 유타 645%, 조지아 800%였고 아칸소와 미네소타
는 1,000%가 넘었다. 이는 최근 치카노 인구 변화 중 가장 두드러진 성격이
라고 할 수 있다.

표 4-13. 치카노 인구 상위 5개주(2010년)

(단위: 천 명)

미국 전체	캘리포니아	텍사스	애리조나	일리노이	콜로라도
31,798	11,423	7,951	1,658	1,602	757

자료: The Hispanic Population: 2010, U.S. Census Bureau, 2011, 8.

이른바 '라티노의 멕시코화 또는 치카노화'는 인구에 머물지 않고 점점 다른 분야로까지 확대되고 있다. 뉴욕의 경우는 이를 잘 보여준다. 뉴욕에 사는 라티노는 푸에르토리코, 도미니카공화국, 멕시코 출신 순으로 많다. 그러나 최근 멕시코계의 유입이 늘어나면서 이들의 영향력은 다른 라티노 그룹을 능가하고 있다. 출신국이 어디건 간에 뉴욕의 라티노가 가장 좋아하는 음악은 랜초 뮤직(música ranchera, 멕시코식 악단인 마리아치가 주로 연주하는 멕시코의 대중음악)이며 멕시코를 빼고 가장 맛있는 몰레(mole, 고추, 카카오, 아몬드, 토마토 등으로 만든 멕시코 전통 소스) 요리를 먹을 수 있는 곳도 뉴욕이 되었다. 또 뉴욕의 스팽글리쉬에서 멕시코 스페인어의 영향이 점점 더 두드러진다. 이처럼 '미국의 라티노화'와 함께 '라티노의 치카노화'는 미국 이민 지형도에서 가장 주목할 만한 특징이라고 할 수 있다.

05

미국의 멕시코 이민자

Ⅰ. 멕시코 이민정책의 역사

멕시코 이민정책의 역사는 멕시코혁명을 기점으로 대별할 수 있다. 왜냐면 멕시코 혁명을 전후로 외국 이민자에 대한 멕시코 정부의 정책이 크게 구분되기 때문이다.

스페인으로부터 독립 직후 멕시코 국가의 주요 목표 중의 하나는 인구가 희박한 해안지방과 북부지역을 식민화하는 것이었다. 그러나 인구와 재정의 부족으로 식민화는 외국 이민에 의존할 수밖에 없었고, 따라서 외국 이민자에게 일정 기간 세금을 면제해주고 개간지를 무상으로 제공하는 식의 특혜적인 정책을 시행하였다. 이교도 이민에 대한 가톨릭교회의 반대가 있긴 했지만 이민을 통한 식민이 시급했기 때문에 외국 이민자에 대한 우호적인 실용 정책은 차질 없이 추진되었다. 멕시코 정부가 시행한 이민정책의 최초 수혜자는 텍사스 식민을 위해 이 지역에 온 스티븐 오스틴 등의 개신교도들이었다. 이로써 텍사스의 식민 이민은 실제 어느 정도 성공을 거두었다. 그러나 이 성공은 곧 멕시코에게 재앙이 되었다. 얼마 되지 않아 텍사스에는 멕시코인과는 언어, 종교, 인종이 다른 앵글로계 이민자가 더 많아졌고 이어서 텍사스는 독립을 선언하여 미국과 멕시코 간에 전쟁이 발발하였다. 이 전쟁에서 패한 멕시코는 북부의 광대한 영토를 상실하게 되었다.

외국 이민자를 받아들이는 정책은 19세기 후반까지 계속되었는데, 그 주된 목표는 외국 이민을 통해 빈 땅을 식민화하는 것이었지만 다른 한편으로는 당시 멕시코 엘리트들이 아르헨티나나 미국과 같이 멕시코를 백인화하고자 하는 의도도 숨어 있었다. 그러나 이 정책은 실효성이 떨어졌다. 왜냐면 대부분의 백인들은 농촌이 아닌 도시에 정착하였고 대신 '질이 떨어진다'고 여겨진 중국인과 과테말라인만이 농촌과 변경 지역에 유입되었기 때문이다. 아르헨티나나 미국같이 '하얀' 나라가 되길 원했지만 이미 20세기 초 멕시코는 희던 검던 들어오는 이민보다 나가는 이민이 훨씬 많은 나라가 되어 있었다. 1910년 멕시코에 있는 외국인 이민자는 11만이었지만 미국에 있는 멕시코인은 이미 22만을 기록하였다(Martínez Pizarro(ed.), 2011, 211).

1910년 발발한 멕시코 혁명은 인구정책의 일대 전환을 가져왔다. 멕시코는 이제 국가 발전을 외국 이민에 기대하는 대신 국내 인구의 확대를 통해 이루고자 했다. 외국인의 입이민은 제한되었고 대신 동화가 쉬운 라틴아메리카 이민자를 선호하였다. 1940년대부터 1950년대까지 대서양 횡단 이민자는 줄었지만 출산의 증가로 국내인구가 크게 늘어났다.

외국인 이민은 감소했지만 망명자, 소수자, 추방자 등 정치적 이유로 멕시코로 오는 이민자는 계속 유지되었다. 20세기 초 몰몬교(Mormon)와 메노파(Mennonite)교인이 미국에서 왔고 1939년 스페인 내전이 발발하여 많은 스페인사람들이 입국하였다. 또 제2차 세계대전 이후 유럽에서 이민자가 왔고 최근까지 라틴아메리카 각국, 특히 코노 수르(Cono Sur, Southern Cone, 남아메리카 남부 지역)의 정치적 불안으로 난민과 망명자가 멕시코에 들어왔다. 이들은 수적으로 많지 않지만 멕시코의 경제·문화·과학 발전에 크게 기여하였다. 당시 멕시코 정부가 망명이나 난민을 인정하는 기준은 개인적인 연줄이나 시혜의 수준에서 주관적으로 결정되었다(Martínez Pizarro, 2011, 212).

큰 규모는 아니었지만 중앙아메리카에서 멕시코 남부로의 이민도 멕시코 이민사에서 중요한 의미를 갖는 이민이었다. 양국 간의 이주와 왕래는 이미 오래전부터 있어왔지만 특히 1900년대 초반 멕시코의 커피 농업이 발전하면서 과테말라에서 치아빠스의 소꼬누스꼬(Soconusco)로 많은 이주 노동자들이 들어왔다. 국경이 있긴 했지만 이들은 같은 종족으로 이전부터 자유롭게 왕래하며 살아왔기 때문에 국경당국도 이들의 '불법'입국을 크게 문제시하지 않았다. 1980년대 과테말라 내전으로 멕시코로 오는 이민은 크게 증가하였고 1990년대 내전이 종전된 이후 과테말라로 돌아간 사람도 있지만 대다수는 그대로 멕시코에 남았다. 이들은 이전에 수용되었던 지역에 정착하여 주민이 되었다(Martínez Pizarro(ed.), 2011, 213). 그러나 최근의 과테말라 이민은 대부분 통과이민이다. 특히 1980년대 이후 중앙아메리카 국가에 대한 미국 정부의 비자 발급이 엄격해지면서 과테말라 등 중앙아메리카에서 멕시코를 통한 밀입국은 더 증가하였다.

멕시코인의 해외 이민에 대한 국가의 정책은 미약하고 무관심한 편이다. 멕시코에서 해외로 나가는 이민은 국가의 정책이나 목표와는 무관하게 거의 전적으로 개인의 결정에 의해 이루어져 왔다. 전통적으로 멕시코 정부의 공식적인 이민정책은 예외적인 일부를 제외하곤 '무정책의 정책(política de no tener política)'이었다고 할 수 있다.

카르데나스 정부하에서 대규모의 토지개혁이 단행되었는데 주목적은 소수가 독점하고 있는 토지를 농민들에게 돌려주어 농업 발전을 꾀하고 국내의 식민화를 촉진하기 위한 것이었다. 그러나 부차적으로는 미국으로의 이민을 억제하고 귀국을 유도하는 목적도 가지고 있었다. 그러나 그 효과가 충분하지 않아 미국 이민을 국내로 되돌리는 데 성공하지 못했다.

이처럼 멕시코의 정부 정책에서 이민은 중심적 의제로 취급되지 않았다. 그러나 브라세로 정책은 멕시코 정부가 이민을 국가 차원에서 다루었던 예외적인 경우였다고 할 수 있다. 그러나 이 프로그램이 종료되고 멕시코의 이민 정책은 다시 이전으로 회귀하는 모습을 보였다. 따라서 1960년대 중반부터 약 20년 동안 멕시코 정부의 국제 이민에 대한 기본적 입장은 크게 두 가지로 대별하여 이해할 수 있는데, ① 자국과 미국 간 임금과 발전의 격차로 인해 멕시코에서 미국으로 이민이 발생하는 것은 불가피하며, ② 따라서 이민 흐름을 중단시키거나 통제하려는 시도는 무의미하다는 것이었다. 따라서 멕시코 국가의 이민정책은 다시 '무정책의 정책'이 되었다(Alba, 2009, 26).

1986년 IRCA 이민개혁법이 시행되어 멕시코 이민자에 대한 대규모 사면이 있었지만 멕시코 정부의 이민 정책의 기조는 그대로 유지되었다. 여전히 이민 문제는 멕시코 정부의 중요 사안이 아니었다. 이런 상황에서 1994년 북미자유무역협정이 체결되었다. 이 협정의 핵심 사안은 아니었지만 멕시코 입장에서 자유무역과 이민은 중요한 '접점'을 가지고 있었다. 자유무역협정의 발효로 모두가 기대했던 내용 중 하나는 일자리가 늘어나고 임금이 올라서 미국으로의 이민이 줄어들 것으로 예상하였기 때문이었다. 그러나 기대했던 변화는 나타나지 않았다. 1990년대 멕시코 정부의 이민에 관한 정책은 영사 기능을 강화하여 이민자를 보호하고 그들이 멕시코 국적을 포기하지 않도록 격려하는 정도가 주된 내용이었다(Alba, 2009, 27).

이처럼 브라세로 프로그램이 종료된 후 멕시코 정부의 이민에 대한 전반적인 정책은 무정책의 정책이었다. 이민관련 문제에 대한 언급과 조치를 최소화하는 것이 목표였으면 목표였다. 멕시코 정부가 실제로 제일 우려한 것은 미국에 있는 이민자가 대거 멕시코로 돌아오는 사태와 이들이 보내는 송금이 줄어드는 것뿐이었다. 자유무역 협상에서도 이민문제는 심도 있게 다뤄지지 않았고 국경의 범죄 문제, 이민 공무원의 부패, 송금회사의 폭리 등도 중요하게 논의되지 않았다.

그러나 2000년부터 멕시코 정부는 이민문제에 대해 조금 더 적극적인 입장을 보이고 있다. 80년 만의 정권교체에 성공한 국민행동당(PAN)의 폭스 정부는 ① 불법이민자의 합법화, ② 일시노동프로그램의 도입, ③ 멕시코에 대한 이민비자 확대, ④ 국경 검문의 공동 시행 등을 골자로 하는 이민 외교를 전개하였고 미국 역시 라티노 표를 의식해 이를 긍정적으로 검토하였다 (Martínez Pizarro, 2011, 217). 그러나 이 모든 시도는 무위로 끝나고 말았다. 폭스와 부시 이 두 카우보이 대통령의 노력은 9·11 사태로 순식간에 없었던 일이 되어 버리고 말았다.

오늘날 멕시코 정부의 이민정책의 우선적 목표는 미국 이민법 개정을 통해 멕시코인의 일시이민과 영구이민이 정규적이고 합법적으로 이루어질 수 있는 규정을 확보하는 것이다. 그리고 다음으로는 멕시코 미등록 이민자의 귀국이 강제적이지 않고 순차적인 방법으로 이루어지도록 하는 것이다. 왜냐면, 만약 그들이 일시에 멕시코로 추방된다면 멕시코의 정치건 경제건 그들을 흡수할 여력이 없기 때문이다. 마지막으로 중요한 목표는 멕시코 사회에 팽배한 이민 정서를 누그러뜨리는 것이다(Alba, 2009, 31). 현재 멕시코 정부는 미등록 이민자의 사면을 골자로 하는 오바마 정부의 이민법 개혁이 통과되길 기대하고 있다. 이와 함께 애리조나 등 미국의 다수의 주에서 일고 있는 반이민법[26] 제정 움직임에도 관심을 가지고 있다. 그러나 멕시코 정부의 최대 현안은 나라 밖보다는 국내의 공안 문제이다. 특히 일부 지역에서는 조직범죄와 마약문제로 인해 국가의 공권력이 거의 작동되지 않는 치안 부재의 상황이 벌어지고 있다. 따라서 현재 멕시코에서 이민자 문제는 또 다시 정부 정책 리스트 순위에서 뒤로 밀려나 있는 형국이라고 할 수 있다.

---

26 미국 역사상 가장 강력한 반이민법으로 평가 받고 있는 애리조나 주의 'Support Our law Enforcement and Safe Neighborhoods Act'로 알려진 'SB1070법'은 불법 체류를 '범죄'로 규정하고 경찰의 검문과 체포 권한을 대폭 강화시키는 것을 중요 내용으로 하고 있다.

II. 멕시코 이민자의
성격과 조건

　현재 미국에 거주하는 멕시코 사람은 1,200만 명이며 이는 멕시코 총인구
의 10%를 넘는 수치이다. <표 5-1>에서처럼 멕시코에서 미국으로 가는 인
구는 멕시코 인구와 대비할 때 계속 증가해왔다. 1970년 멕시코 인구 대비
1.6%였던 이민자 인구는 2000년에는 8.7%로 커졌고 현재는 10%를 넘어섰다.

표 5-1. 미국 내 멕시코 태생 인구(1970, 1990, 2000)

구분	1970	1990	2000
인구(단위: 천 명)	760	4,766	8,527
멕시코인구대비율	1.6	5.9	8.7

자료: Mexican Ministry of Foreign Affairs-U. S. Commission on Immigration Reform Washington, D.
　　C. Mexico-United States Binational Migration Study. Migration between Mexico and the United
　　States. Austin, U. S. 1998. U. S. Department of Commerce. Bureau of the Census. Census 2000.

　이민자 인구의 출신을 주별로 살펴보면, <표 5-2>에서처럼 미국으로 간
이민자가 가장 많은 주는 할리스꼬(140만 명), 미초아깐(100만 명), 과나후아
또(90만 명) 순이며 주 인구 대비하여 그 비율이 높은 곳은 사까떼까스, 미초
아깐, 두랑고, 할리스꼬 등이다. 특히 사까떼까스 주에서는 전체 인구 3명

중 한 명이, 미초아깐에서는 4명 중 한 명이 미국으로 이주하였다.

지역적으로 멕시코 중북부에 위치한 꼴리마, 두랑고, 과나후아또, 할리스꼬, 미초아깐, 나야릿, 산루이스뽀또시, 사까떼까스 주는 이전부터 미국으로 이민이 많은 전통적 이민 지역이었다. 그러나 최근에는 이들 지역 외에 베라끄루스, 뜨락스깔라 등 새로운 지역에서도 미국 이민이 증가하고 있어 이제 미국으로의 이민은 특정지역에 한정되는 것이 아니라 멕시코 전역에서 나타나는 현상이라고 할 수 있다.

표 5-2. 미국 이민자 인구 상위 10개주(2005)

순위	인구(천 명)		주 인구 대비율		연평균증가율 (1990~2005)	
	주	인구수	주	비율	주	비율(%)
1	할리스꼬	1,415	사까떼까스	35.9	베라끄루스	12.4
2	미초아깐	1,062	미초아깐	25.1	뜨락스깔라	11.5
3	과나후아또	926	두랑고	24.7	이달고	10.7
4	멕시코 주	656	할리스꼬	20.8	뿌에블라	8.2
5	바하깔리포르니아	576	바하깔리포르니아	19.6	치아빠스	7.5
6	치와와	523	나야릿	18.4	오아하까	7.1
7	사까떼까스	509	과나후아또	18.3	멕시코 주	6.5
8	멕시코시티	445	꼴리마	16.8	게레로	6.4
9	게레로	409	산루이스뽀또시	16.3	모렐로스	6.2
10	산루이스뽀또시	394	치와와	15.2	따바스꼬	5.4

자료: Aguayo Quezada, 2007, 268.

미국으로 누가? 왜? 어떻게? 떠나는가에 대한 대답은 멕시코 이민자의 사회적 성격을 이해하는 데 도움이 된다.

도시와 농촌 간에 또는 국가 간에 나타나는 인구 이동의 요인은 매우 다양하고 복잡하지만 이를 크게 나누어보면 배출요인과 흡입요인으로 요약할 수 있다.

배출요인을 살펴보면, 대부분 부정적인 요인들이다. 이 중 가장 강력한 요인은 바로 안전과 인권 문제이다. 라틴아메리카의 경우 오랜 내전을 겪고 있는 콜롬비아에서 최근까지 인권침해 및 안전상의 이유로 대규모 이주가 발생하였다. 두 번째로는 과다인구를 들 수 있다. 한 지역의 인구밀도가 높으면 그곳의 삶의 조건이 나빠져 인구밀도가 낮은 지역으로 이주가 일어나는 경향이 있다. 대표적인 예로는 엘살바도르 국민들의 온두라스 이주를 들 수 있다. 세 번째 배출요인은 경쟁배타(competitive exclusion)이다. 경쟁하는 두 종(種) 중 중장기적으로 경쟁에서 도태된 종은 사라진다는 이론에 기반하여 이를 노동시장에 대입하여 보면 같은 일자리를 두고 경쟁하는 인구군 중 경쟁에서 도태된 인구군은 다른 지역으로 이주할 수밖에 없다. 최근 라틴아메리카에 생겨난 일자리는 제조업의 단순노동직으로 주로 저학력 여성을 선호한다. 따라서 이 일자리를 놓고 여성노동자들과 경쟁하던 저학력의 남성들은 노동시장에서 배제되고 결국 일자리를 찾아 다른 지역으로 이주하는 결과를 낳았다. 가장 대표적인 배출요인은 경제적인 어려움이다. 한 지역의 경기가 나쁠 때 그 지역에 사는 주민들은 경기가 상대적으로 좋은 지역으로 이주한다. 도시화를 설명하기에 가장 적합한 요인이라고 할 수 있다. 대부분의 라틴아메리카 도시들이 경제적인 원인으로 인해 농촌을 떠나온 주민들의 유입으로 인해 거대한 도시로 성장하였다(박윤주, 2011, 188~189).

경기침체가 주요한 배출요인이라면 경제의 호황은 주요 흡입요인이다. 주변 지역 혹은 주변국에 비하여 경제 발전이 빠르게 진행되는 경우 주변 지역 및 주변국에서 이주민이 유입되는 경험을 하게 된다. 라틴아메리카에서 진행된 도시화는 산업화와 함께 성장하는 도시 지역에 대거 이주민들이 유입되면서 생겨난 현상이다. 이뿐만 아니라 라틴아메리카 지역 내에서도 경제가 불안하거나 취약한 국가에서 상대적으로 경제가 발전된 국가로 인구가 유입되는 현상을 자주 볼 수 있다. 대표적인 예로 니카라과에서 코스타리카로 이주하는 것과 볼리비아 및 페루에서 이웃국가인 칠레, 아르헨티나, 브라질로 이주하는 예를 볼 수 있다. 두 번째 흡입요인은 세계화이다. 세계화로 인하여 이제 거주지를 옮긴다는 것이 전처럼 어려운 일이 아니며, 특히 국가를 넘어 거주지를 옮기는 것조차 손쉽게 가능한 시대가 왔다. 각종 교통수단의 발달로 이주 자체가 쉬워졌을 뿐 아니라 세계화로 인하여 이주 후 겪어야 하는 문화·사회적 어려움도 상당히 완화되었다. 멕시코에서 미국으로 이주하는 이주민들의 경우 이미 미국의 각 지역에 형성된 멕시코계 이민자 공동체로부터 많은 정보와 도움을 받는다. 이뿐만 아니라 세계의 문화가 하나로 동질화되어가는 문화의 세계화 경향은 거주지의 변경을 상대적으로 수월한 일로 만들고 있다(박윤주, 2011, 190).

라틴아메리카의 경우 자연재해도 중요한 배출요인중 하나이다. 1998년 허리케인 미치(Mitch)와 2001년 지진은 내전과 함께 중앙아메리카에서 출이민이 증가하게 만든 요인이었다. 또 자연재해는 해외에 나가있는 자국민의 귀국에도 영향을 미친다. 미국정부는 당시 미국에 체류하던 수만 명의 중앙아메리카 출신 이민자들에게 체류기간을 연장해주는 조치를 취한바 있다(O'Neil, 2005, 18). 이외에도 사회·문화적 조건에 따라 이민이 일어나기도 한다. 예를 들어 더 좋은 교육 기회를 갖기 위해 우리나라에서 미국으로 이민을 떠나는 것도 이에 해당된다고 할 수 있다.

이러한 다양한 동인에도 국가 간 이민의 첫 번째 요인은 경제적 조건에 따른 것이다. 멕시코인의 미국 이민도 경제적 조건에 의한 것이 가장 크다.[27] 출신 지역별로 약간의 차이가 있지만, 멕시코 이민자의 대부분(10명 중 8명)은 일자리를 찾아 미국으로 간다(Zúniga Herrer, 2005, 40). 1990년대 들어서

---

27 멕시코에서 미국으로의 이민에서 멕시코 측 요인이 우선인지 미국 측 요인이 더 중요한 지에 대한 일치된 의견은 없다. 연구자에 따라 멕시코의 조건을 강조하기도 하며 반대로 멕시코 이민의 증감이 멕시코의 실업보다 미국의 일자리 수요에 더 영향을 받는다고 주장하는 연구도 있다 (Lorey, 1999, 164).

멕시코인의 이주 패턴은 국내이주에서 국제이주로 바뀌기 시작했다. 가난한 농민들은 고용기회가 충분하지 않은 국내 도시 대신 일자리 기회가 많고 급료 수준이 높은 미국으로 가는 것을 선택했다. 특히 1994년 북미자유무역협정으로 농촌의 빈곤이 심화되면서 더 많은 농민들이 미국으로 이주하였다. 신자유주의는 전반적인 빈곤 문제뿐만 아니라 농촌의 경작지 부족, 농산물 가격 하락, 고용기회의 부족 등의 문제를 전혀 해결하지 못하였다.

그러나 이것 외에도 그간 잘 알려지지 않은 사회적 변화들도 이민을 자극했음을 알 수 있다. 우선 이주가 농촌에 기반을 둔 가부장제의 억압으로부터 탈출구를 제공한다는 사실을 간과해선 안 된다. 특히 여성들은 이주를 통해 시가족에서 독립적인 '신자유주의적 가구'를 구성하고자 한다. 또 오늘날 라틴아메리카 사람들의 삶에서 기본적으로 필요한 것이 과거와는 달라졌고 이러한 것들에 대한 필요와 욕구가 이민의 원인이 되기도 한다. 예를 들어, 예전 같으면 사치품이었을 것이 오늘날에는 필수품으로 간주되는 식이다. 이민자가 본국에 보내주는 송금은 집을 고치거나, 토지와 농기구를 구입하거나, 자동차나 트럭을 사서 새로운 사업을 하는데 우선적으로 사용되었다. 그러나 최근에는 TV, 컴퓨터, 무선전화, 핸드폰, DVD 플레이와 같은 '사치품'들을 구입하는데 송금을 사용한다(에릭 허쉬버그, 2008, 299~300). 따라서 이러한 생활 패턴의 변화가 이민을 추동시키는 요인에 어느 정도 영향을 주었음을 확인할 수 있다.

앞에서 살펴본 바와 같이 이민의 가장 일반적인 동인은 경제적인 것이다. 그러나 그렇다 하더라도 떠나는 사람이 결코 마을에서 가장 가난한 사람은 아니다. 왜냐면 멕시코에서 미국까지 가는 최소한의 경비를 마련할 수 있어야 하기 때문이다. 아무리 최소로 잡더라도 결코 만만한 액수가 아니기 때문이다. 또 떠나는 사람이 일반적으로 마을에 남아 있는 사람보다 교양, 교육, 기술훈련 측면에서 수준이 더 높은 경우가 많다(에릭 허쉬버그, 2008,

301). 따라서 미국으로 가는 사람이 가장 가난하고 가장 무식한 것은 결코 아님을 기억할 필요가 있다.

이주 경비의 조달은 다양한 방법을 통해서 이루어진다. 가장 흔한 방법은 가족으로부터 후원받는 경우이다. 따라서 이민자는 미국에서 성공하여 가족을 부양해야 할 책임을 갖게 된다. 가족의 '대표선수'가 되는 운명을 피하지 못하게 되는 것이다. 대부업자로부터 가족의 재산이나 수확물을 담보로 돈을 빌리기도 한다. 또는 이미 미국에 정착한 친척으로부터 도움을 받는 경우도 있다. 도착한 다음에는 생활비와 구직 비용을 갚기 위해 임금을 가불받기도 한다.

이민 비용을 자신이나 친인척의 힘만으로 해결하지 못하면 때때로 지역 유지의 도움을 받기도 한다. 이 경우 지역의 유력인사는 여비를 대주는 대신 선거에서 이민자 가족들의 표를 '예매'하는 기회를 갖게 된다. 교회의 성직자가 이민 경비를 도와주는 경우도 있다. 이민자들이 보내주는 송금은 종교 집회를 열고 성당을 보수하는 등 교회재정을 충당하는 주요 재원이기 때문이다. 반면 이러한 일련의 이민 네트워크는 이주자뿐만 아니라 미국의 고용주에게도 중요한 이익을 제공한다. 왜냐면 네트워크는 아주 효율적이고 훌륭한 구인 수단이기 때문이다(에릭 허쉬버그, 2008, 302).

이처럼 멕시코에서 미국으로의 이민은 주로 경제적 동인으로 일어나지만 그 방법이나 과정은 다양하고 복합적인 양태를 보인다고 할 수 있다.

Ⅲ. 멕시코계 이민의 미래

알려진 바와 같이 멕시코인의 미국 이민의 가장 큰 특징은 이민자 수가 계속 증가해 왔다는 사실이다. 특히 1970년대 이후 멕시코인의 미국 이민은 큰 폭으로 확대되어 왔는데 이러한 추세는 지금도 계속되고 있다. <표 5-3>이 보여주는 것처럼 멕시코에서 미국으로의 이민은 1970~1980년 사이 3배가 늘어났고 이후 1980~2000년 사이에는 매 10년간 2배씩 커졌다.

표 5-3. 미국의 멕시코 출생인구(1850~2008)

(단위: 천 명)

1850	1870	1890	1910	1930	1950	1970	1980	1990	2000	2008
13	42	78	222	641	454	760	2,199	4,500	9,752	12,671

자료: Mexican Immigrants in the United States, 2008; Pew Hispanic Center, 2009.

2000년 발표된 한 연구는 멕시코 사회의 구조 변화가 진행되어 농촌의 이민 네트워크가 약화되고, 멕시코 국내의 제조업이 성장하여 농촌의 노동 인구를 흡수하고, 경제가 어느 정도 성장하여 임금과 일자리 상황이 나아져서 멕시코인의 미국 이민은 줄어들 것이라고 전망하였다(Tuirán(coord.),

2000, 90). 그러나 오늘날 멕시코의 이민 현실은 과거의 이러한 전망이 단지 '희망'이었다는 것을 보여준다.[28] <표 5-3>에서처럼 2000년 이후 증가세는 이전보다는 둔화되었지만 2008년 기준 미국 이민은 2000년 대비 여전히 증가세임을 알 수 있다.

불법 이민의 증가와 이에 따른 이민 패턴의 변화도 최근 더 두드러진다. 여러 통계들은 이를 분명하게 보여주고 있다. 1993년부터 2004년의 조사 연구에 따르면, 이 기간 멕시코인의 미국 입국은 합법 입국자는 감소하고 대신 불법 입국이 크게 늘었다. 특히 2000년대 이후 불법입국이 크게 증가하였음을 알 수 있다.

표 5-4. 멕시코 이민자 미국 입국 자격

구분	1993~1997	1998~2001	2001~2004
합법	52.4	37.1	23.0
불법	47.6	62.9	77.0

자료: Zúñiga Herrer, 2005, 32.

이와 병행하여 나타난 변화상은 이민의 비용과 위험이 크게 증가했다는 것이다. 미국 이민정책에서 국경 경비의 중요성이 강조되어 순찰과 단속이 강화되었지만 애초 목표였던 미등록 이민 차단 효과는 크지 않았고 오히려 멕시코인에게 이민의 비용과 위험을 상승시키는 결과를 낳았다. 국경 여러 지역에 대한 조사에 따르면(Zúñiga Herrer, 2005, 34~35), 미국 국경의 경비가 강화됨에 따라 멕시코에서 미국으로의 입국 루트가 단속을 피하기 위해 점점 더 위험하고 낯선 곳으로 이동하게 되었다. 따라서 국경 사정에 '정통한'

---

28 최근 Pew Hispanic Center는 미국으로의 이민이 둔화되고 동시에 멕시코로의 역이민이 증가하여 멕시코에서 미국으로 오는 순이민이 2007년을 기점으로 정체 내지 감소했다고 발표했는데 그 이유로는 위에서 언급한 것들이 아닌 미국의 경기 침체, 반이민법과 반이민주의의 확산, 국경경비의 강화, 멕시코 인구의 증가세 둔화 등을 꼽았다(Net Migration from Mexico Falls to Zero-and Perhaps Less, Pew Hispanic Center, 2012).

이른바 '뽀예로'[29]라고 하는 이민 브로커를 통하는 경우가 이전보다 더 증가하였다. 즉, 국경 경비가 삼엄해지면서 밀입국 브로커에 대한 의존이 더 커지게 되었다. 연구에 의하면, 뽀예로에게 돈을 주고 미국에 온 비율이 1993 ~1997년 15%였으나 2001~2004년 41%로 크게 늘어난 것으로 나타났다. 이처럼 국경 경비의 강화는 이민 비용과 위험을 증가시키는 인과 관계에 있다고 할 수 있다.

또 다른 변화는 순환이민에서 영구이민으로의 전환이다. 농번기에 미국으로 가서 수확기가 끝나면 멕시코로 돌아오는 식의 계절노동에 기초한 순환이민은 멕시코 이민의 중요 패턴이었다. 그러나 최근 기회와 비용 측면에서 이러한 순환이민이 점점 더 힘들어지면서 장기간 체류하거나 아예 미국에 머무는 경우가 많아지고 있다. 따라서 멕시코 이민자 중 이민 경험이 적은 사람들의 비율이 점점 더 많아지고 있다(Zúñiga Herrer, 2005, 36). 즉, 미국과 멕시코를 왔다갔다 하는 순환이민은 줄고 대신 한 번 가면 돌아오지 않고 그대로 머무는 영구이민이 많아지고 있다.

생존을 위해 국경을 넘는 것은 막을 수 없다. 따라서 불법이건 합법이건 멕시코에서 미국으로의 이민은 앞으로도 계속될 것이다. 멕시코에 만연한 빈곤과 불평등을 생각하고, 지구상에서 가장 부유한 나라가 이웃에 있다는 사실을 고려한다면 철책만으로 국경을 지키는 것은 한계가 있을 수밖에 없다. 국경을 넘다가 죽을지도 모른다 하더라도 "그 죽음의 무서움보다 배고픔이 더 강할 때(cuando el hambre es más fuerte que el miedo de morir)" 그것이 아무리 불법이라도 이민은 결코 막을 수 없다. 게다가 일할 사람이 있는 멕시코와 일자리가 있는 미국이 국경을 맞대고 있는 한 멕시코에서 미국으로의 사람의 이동은 계속될 수밖에 없다.

---

29 '뽀예로(pollero)'란 스페인어로 닭장수란 뜻인데, 이민자들을 닭에 비유하여 붙여진 이름이다. 또 닭이 병아리를 이끌고 가는 것처럼 이들을 인솔하여 국경을 넘는다는 의미도 있다.

또 양국의 경제통합이 구조적으로 계속되고 있고, 이민자 네트워크가 이민을 '도와주고',[30] 또 이들이 멕시코로 계속 달러를 보내는 한 북으로 향하는 이민 흐름을 완전히 차단하는 것은 불가능하다. 이전의 이민법뿐만 아니라 지금의 국경 봉쇄도 이민 흐름을 인위적으로 완전히 통제하지 못하고 있다. 미국과 멕시코가 지금처럼 있는 한 이민은 지속될 것이다.

---

30 미국의 멕시코 이민자 단체나 조직은 멕시코에서 미국으로의 이민 흐름에 큰 영향을 미친다. 연구에 따르면, 이민자 향우회가 어느 정도의 응집력이 있는지 그리고 새로운 이민자에게 얼마만큼의 지원을 제공하는지가 이민의 결정에 큰 영향을 미친다는 것이 밝혀졌다(Merino, 2002, 2: 3). 즉, 이민자 네트워크가 잘 조직되면 될수록 이민 흐름은 더 활발해지며, 따라서 불법이건 합법이건 이민을 인위적으로 제한하는 것은 더 힘들어진다.

06

다문화주의와
라티노

I. 미국의 다문화주의

　동화(同化, assimilation)[31]는 말 그대로 '같아지고 비슷해지는 것'이다. 사회
학적으로 동화는 개인이나 집단이 다른 전통을 갖고 있는 사회의 지배적인
문화에 통합되는 과정을 의미하는데 대개 이주자나 고립된 소수집단이 이
런 과정을 거치게 된다. 이들은 더 큰 문화에 접촉하고 참여하면서 새로운
문화를 받아들이고, 점차 자신들이 과거에 가졌던 문화적 특성들을 잃게
되어 다른 사회구성원들과 비슷해지게 된다. 따라서 공동의 영토에 살지만
다양한 인종적 배경과 문화적 유산을 가진 사람들이 적어도 국가의 존재를
유지할 수 있는 정도의 문화적 결속을 이루는 과정을 뜻하기도 한다. 미국
의 경우에는 다양한 문화와 배경을 가진 이민자가 WASP(White Anglo Saxon
Protestant) 지배문화와 비슷하게 되어가는 과정이라고 정의하기도 한다(민
경희, 2008, 196; 브리태니커 백과사전).

　미국의 경우, 동화는 인종 간의 차이를 무시하며 미국화를 위해 모국의

---

31 문화변용(Acculturation)은 서로 다른 둘 이상의 문화가 직접적으로 접촉한 결과 그 한쪽 또는
　쌍방이 원래의 문화 형태에 변화를 일으키는 현상으로 문화의 접촉변화라고도 한다. 따라서 동
　화는 문화변형이 일방의 방향과 조건으로만 나타난 것이라고 할 수 있다. 주로 문화인류학적
　의미로 많이 쓰인다. 융합(Amalgamation)은 생물학상의 혼혈(混血)을 뜻하며 미국 흑인과 백인
　과의 혼혈을 주로 의미한다. 미국 흑인과 같이 다른 인종과의 혼혈 없이 동화가 이루어지기도
　한다. 귀화(naturalization)는 동화의 정치 또는 법률적 측면으로 국적을 얻는 것을 의미한다.

문화적 관례를 망각할 것을 요구한다. 원주민인 인디언[32]을 포함하여 미국에 온 이민자가 받아들여야 하는 동화는 '미국화'였다. "이제는 미국인답다"라고 인정되기 전까지 이민자는 위협적이거나 이질적인 존재로 취급받았고, 따라서 동화에 대한 이민자의 태도는 순응적이어야 한다고 여겼다.

동화로서의 미국화의 가장 고전적인 이데올로기는 앵글로 일치주의(Anglo Conformity)이다. 미국에 오는 이민자는 미국을 건국한 WASP 문화에 적응해야 한다는 것이다. 이 믿음은 영어와 영국인 중심의 문화가 미국의 표준적인 삶의 양식이 되는 것이 바람직하다는 인식에서 출발하였다. 이들에게 미국화는 미국의 관습과 생활양식을 따르는 문화 변용일 뿐만 아니라 모국의 정체성과 관계를 버리고 WASP 전통으로 흡수되는 동화를 의미했다. 일부 미국인은 이민자가 많아지면서 미국 사회가 문화적·종교적·인종적으로 위협받고 있다고 생각하고 문화적 통합을 위한 토착주의(nativism) 운동을 전개했는데, 따라서 이 토착주의는 대규모 이민으로부터 미국을 보호하자는 미국인의 반응인 셈이었다(민경희, 2008, 98: 103). "미국인이 된다는 것은 백인처럼 되는 것"이며 여기서 백인은 WASP을 기준으로 하는 것이었다.

용광로이론(The Melting Pot)은 1893년 프레더릭 잭슨 터너(Frederick Jackson Turner)가 쓴『미국 역사에서 개척지의 중요성』이란 책에서 논문의 주제가 되었다. 터너에 따르면 서부로 몰려든 다양한 사람들이 서부개척의 용광로에서 미국화되었고 자유롭게 혼합된 인종으로 동화되었다고 주장하였다(민경희, 2008, 108). 용광로의 비유는 여러 가지 광물질이 용광로에서 하나로 녹여지듯 다양한 국적의 이민자들을 미국적인 가치와 문화 속에 통합·흡수하려는 정책을 상징하는 표현이었다.

---

32 인디언을 미국의 생활방식으로 체계적으로 교육하고 문명화시켜야 한다는 것이 인디언 보호구역(Indian Reservation)의 초기 목적이었다. 심지어 인디언들은 광인이나 범죄자와 동일시하여 보호구역은 일종의 정신병원이나 감옥으로 상상하기도 했다. 따라서 보호구역은 '엄격한 교화훈련'의 장소로 인식되었다(Neil Campbell, 2002, 105).

1910년대 루즈벨트 대통령은 이민자의 미국화를 주장하면서 미국은 단일의 문화를 가지고 있다고 강조하면서 이민자는 미국을 "사랑하던지 아니면 떠나야 한다(Love it or Leave it)"고 하기까지 했다.

이처럼 대략 1950년대까지 미국은 모든 사람이 백인화되고 미국화되어 사는 용광로 같은 사회였다. 즉 미국 동전에 새겨진 '다수에서 하나로(E Pluribus Unum)'의 동화주의는 20세기 중반까지 미국에서 이민자의 동화와 적응에 관한 지배적인 이데올로기였다고 할 수 있다.

그러나 지금은 각양의 사람과 문화가 버무려져 있는 '샐러드 그릇(Salad bowl)'이 '용광로'를 대신해가고 있고 있다. 다문화주의[33]는 다수의 지배문화를 강요하는 동화나 용광로를 부정하고 대신 샐러드 요리나 '모자이크 사회(Mosaic society)'가 되어야 한다고 주장한다. 샐러드 요리는 갖가지 야채와 과일이 제 특성을 유지한 채 소스에 버무려져 단일한 맛을 낸다. 모자이크 역시 마찬가지이다. 여러 가지 색깔의 돌이나 타일을 조각조각 붙여 만든 모자이크는 가까이에서 보면 개별 조각들의 각자 다른 색과 재질이 눈에 들어오지만 거리를 두고 보면 전체의 조화와 통일성이 드러난다. 이런 샐러드나 모자이크처럼 다양한 인종, 언어, 역사, 문화를 가진 사람들이 각자의 특성과 가치를 존중받으면서 고유의 정체성을 잃지 않은 채 조화롭게 살아가는 미국이 되어야 한다는 것이다.

역사적으로 다문화주의는 문화적 다원주의(Cultural Pluralism)의 산물이었다. 미국화가 보수적이고 강압적인 방향으로 진행되면서 이에 맞서 문화적 다원주의가 새로운 대안으로 제안되었다. 1910년대 호레이스 캘런(Horace Kallen)과 랜돌프 본(Randolph Bourne)과 같은 연구자들은 다양한 문화·민

---

[33] 다문화에 대한 담론은 실은 미국보다 캐나다에서 먼저 시작되었다. 1970, 1980년대 다문화주의란 말이 들어간 책은 대개 캐나다나 호주에서 간행되었는데, 이는 캐나다가 이미 오래전부터 두 개의 주류 문화·언어 문제를 다루어왔고, 또 기타 소수 이민자들도 제3의 사회세력으로 격상시켜 캐나다의 다문화주의를 향유하게 만들 필요성을 일찍이 인식하였기 때문이다. 이후 1980년대 미국에서도 multiethnic, cultural pluralism, intercultural, cross cultural이란 개념들이 등장하기 시작했다(네이션 글레이저, 2009, 34).

족적 배경을 가진 집단이 자신들의 모습을 실현하며 살아가는 가운데 조화를 이루어야 하며, 미국사회가 이민자의 다양한 문화를 지워나가는 것이 아니라 그것을 자원으로 활용하는 것이 미국에 도움이 될 것이라고 주장하였다. 즉 이민자의 문화는 나름의 장점이 있고 이것은 미국의 형성에 기여하며 세계주의적 문화를 가진 초국가적 미국의 건설에 도움이 된다는 것이었다. 이는 문화적 다원성을 인정하는 동시에 지배적 문화의 존재를 받아들이는 것이다. 사상사적으로 다원주의는 다문화주의의 기원이라 할 수 있지만 당시 미국 사회는 이런 주장에 호응하지 않았다. 또 이민자들도 자신의 문화를 유지하는 것 보다 빨리 미국 사회에 동화되는 것이 더 중요하다고 여겼다(최재인, 2009, 81).

1990년대 이후 다문화주의는 남녀 양성, 모든 계급, 인종적·민족적 집단의 역사를 통합한다는 의미에서의 다문화주의이다. 따라서 다문화주의는 주류와는 다른 인종·젠더·문화를 미국의 일부로 인정하고 이들을 더 포용해내는 정책으로 실제화되었다. 특히 다문화주의는 학생들에게 문화적 다원성을 자유로운 사회의 규범으로 인식하도록 하는 교육 원리로서 받아들였다. 1990년대 다문화주의는 두 가지 형태로 분화되었다. 하나는 다원주의적 접근(pluralist approach)으로 미국의 공통적인 문화에 대해 폭넓은 이해를 추구하고 다양한 민족·인종·문화적 집단이 미국문화를 변화시키는 데 공헌한다는 시각이다. 유럽중심주의를 반대하는 것은 특히 비유럽계 청소년에게 자긍심을 고취시키고 학업과 직업에서 성공을 거두도록 하는 데 목적을 두었다. 반대로 특수주의적 접근(particularist approach)은 자민족중심주의를 강조하며 분리주의적 성향을 띤다. 유럽 중심적인 미국문화에서 자민족(특히 흑인) 중심적 교육이 이루어져야 소수자가 자긍심을 갖고 학업적 성취를 얻을 수 있다는 이론이라고 할 수 있다. 예를 들어, 흑인 학생들에게 이름을 아프리카식으로 짓게 하고 유럽식 의상을 거부하고 아프리카 전통을 사랑할 것을 제안하는 식이다(민경희 2008, 150, 151).

또 다문화주의 옹호자들은 미국은 노예제도, 인종차별, 멕시코 영토의 절반과 푸에르토리코의 합병과 같은 미국 역사의 이면을 가르쳐야 한다고 믿는다. 그렇게 하더라도 흑인이나 라티노가 미국을 배신하고 비애국적인 방향으로 나갈 확률은 스위스의 로만쉬(Romansch)나 러시아의 체첸인(Chechens)과도 비교할 수 없을 정도로 매우 낮다고 생각한다(네이션 글레이저 2009, 87).

미국 국민 대부분은 다문화주의에 대한 찬반을 떠나 미국이 다문화사회임에 이의를 제기하지 않는다. 그러나 이들 중 일부는 다문화주의를 너무 강조하면 다양한 문화적 배경을 가진 이민자들을 공통된 문화와 충성심을 지닌 하나의 미국 시민으로 통합시키는 것이 불가능하기 때문에 다문화주의에 반대한다. 또 정치적 분열, 문화적 마찰, 인종 – 민족 간 갈등의 심화 가능성을 경계하기도 한다(네이션 글레이저 2009, 83, 109). 또 이들은 미국의 다문화주의는 과거 교과서 속에서 칭송되었던 '올드 아메리카', 즉 전통적인 미국에 아직도 많은 사람들이 애착을 가지고 있음을 명심해야 한다고 주장한다. 반다문화주의를 '사회 안보'와 연결시키는 설명도 있다. 일부 연구자는 이민이 야기할 수 있는 위협을 이른바 '사회적 안보'라는 개념으로 설명한다. 국가안보가 국가의 영토와 주권을 지키는 것인 반면 사회 안보는 국가의 정체성, 즉 한 사회의 구성원이 갖는 문화, 제도, 그리고 삶의 방식을 유지하는 능력이라는 것이다. 이들에 의하면, 현재 미국은 전반적으로 사회 안보의 위기 상황에 있으며, 따라서 미국은 더 적극적인 미국화 프로그램을 취해야 한다는 것이다.

다문화주의에 대한 찬반의 신념이 공존하는 지금 다문화주의를 성패를 단정하긴 힘들다. 그러나 지금 미국에서는, 헌팅턴 같은 사람들이 '한탄'한 것처럼, 이민자의 미국화를 위한 어떠한 정책도 미국답지 못한 것이라고 여겨지고 있으며, 이민자는 영어를 '두 번째 언어'로 배울 수도 있게 되었으며, 많은 단체들은 이민자의 집단 정체성을 유지하고, 집단 의식화를 촉진하고, 집단 권리를 주장하고 있다. 이런 면에서 오늘날 미국은 영어 공용어의 강조나 반이민주의와 같은 반다문화 운동의 건재에도 불구하고 미국 역사상 그 어느 때보다도 다양성을 인정하는 사회로 나아가고 있다고 할 수 있다.

II. 라티노의 정체성과 비동화

표 6-1. 라티노 선호 정체성

(단위: %)

구분	출신국 (라틴아메리카)	히스패닉/라티노	미국인(American)	미응답
라티노 전체	51	24	21	4
라티노 1세대	62	28	8	2
라티노 2세대	43	18	35	4
라티노 3세대 이상	28	21	48	3

자료: When Label Don't Fit: Hispanics and Their Views of Identity, Pew Hispanic Center, 2012, 12.

출신에 따른 정체성 인식을 살펴보면, 라티노 내에서도 태어난 곳에 따라 뚜렷한 차이를 보이는 것을 알 수 있다. 관련 연구에 따르면 라틴아메리카에서 태어나 미국으로 이민 온 사람들은 다수가 자신을 라틴아메리카 출신이라고 여기지만 미국에서 태어난 2, 3세들은 스스로를 미국인으로 생각하는 경우도 많다. <표 6-1>이 보여 주는 것처럼 라티노 전체를 보면, 본인 또는 부모의 고향을 자신의 정체성으로 여기는 사람이 51%로 나타났고 라티노/히스패닉이라고 답한 사람은 24%이고 미국인이라고 여기는 사람은

21%인 것으로 나타났다. 즉 라티노는 자신을 라틴아메리카 출신이라고 인정하는 경우가 가장 많지만 라티노나 미국인으로 인식하는 경우도 있어 출신지에 따른 정체성이 비교적 다양함을 알 수 있다. 아울러 표에서처럼 세대가 흐름에 따라 출신 정체성은 라틴아메리카에서 미국인으로 옮겨 가는 것으로 나타났다.

이와 함께 최근 많은 라티노가 본국과 이민국 모두에서 동시에 정체성을 갖는 양태를 보이는 것도 주목할 만하다. 과거 미국에 온 이민자들은 완전히 미국인으로 동화되든지 아니면 몸은 미국에 있지만 맘은 고국에 있는 체류자가 되든지 해야 했다. 그러나 오늘날의 변화된 환경은 새로운 정체성의 가능성을 제공해준다. 이른바 이중정체성(double identity, divided identity)[34]을 갖고 사는 것이 가능해 졌기 때문이다. 헌팅턴은 이를 '앰퍼샌드(ampersand, 기호 '&' 의미함)'라 하였다. 이중적 거주, 이중적 충성심, 이중적 시민권, 이중적 연결 모두가 가능해졌는데 이는 교통과 통신의 발달에 기인한바 크다. 아울러 미국 사회도 변하여 이제는 더 이상 완전한 동화와 헌신만을 요구하지도 않는다. 즉 미국화되어야 한다는 압력도 이전보다 줄어들었고 이민자들이 고국의 문화적 정체성을 가지고 있을 때 받았던 차별과 불이익도 이제는 많이 없어졌다. 따라서 이들은 미국의 성공, 기회, 자유를 고국의 문화, 언어, 전통, 가족, 사회적 연결망과 결합시킬 수 있게 되었다(새뮤엘 헌팅턴, 2004, 239).

---

34 이중 정체성은 디아스포라와 다른 점이 있다. 디아스포라는 초국가적인 민족 또는 문화공동체로 이민국보다는 출신국에 정체성을 갖는다. 디아스포라의 중심적 정체성은 고국이기 때문에 유대인, 아일랜드인, 팔레스타인, 쿠르드족, 체첸인, 시아파처럼 고국이 국가로 존재하지 않으면 국가를 만드는 것이 이들의 지상목표가 된다. 따라서 디아스포라는 하나의 초국가적 정체성을 갖지만 이중 정체성은 두 개의 국가 정체성을 갖는다는 점에서 차이가 있다(새뮤엘 헌팅턴, 2004, 340).

사진 6-1. 멕시코와 미국의 여권. 치카노의 국적은 어디인가?

이중 정체성을 갖는 미국인 중 라틴아메리카 출신이 많다. 여러 이유가 있지만, 첫 번째는 지리적으로 가깝기 때문이다. 그래서 이들은 두 언어, 두 고향, 두 개의 충성심을 갖는다. 라티노의 정체성은 성모에게 기도하고, 죽은 자의 소리를 듣지만 동시에 CNN을 청취하고 이번 달에 낼 주택 할부금을 걱정한다. 고향의 시장 선거에 달러를 보내 후원하지만 동시에 미국 시민으로 선거에 참여한다. 대부분의 라틴아메리카국가들은 이중국적을 허용하고 있어서 이들이 출신국과 이민국 양국에 걸쳐 사는 데 문제는 거의 없다.

고국의 모든 일에 직접 참여하는 것도 점점 더 가능해지고 있다. 아직 절차상의 문제점이 많지만 브라질, 멕시코, 콜롬비아 등 라틴아메리카 국가는 재외국민에게도 투표권을 부여하고 있다. 멕시코는 1996년 헌법을 개정하여 해외동포에게 투표권을 부여하였고, 2005년에는 의회에서 부재자투표 조항이 통과되었다. 이제 미국에 사는 멕시코 유권자들은 미국에서 배운 정치로 멕시코 정치를 변화시킬 수 있다. 2003년 사까떼까스 주정부는 사

까떼까스 출신 부모에게서 태어난 멕시코계 미국인에게 주정부 공직 피선
거권을 인정하는 법을 통과시켰다. 미초아깐 주에서는 2004년 11월 캘리포
니아 대학교(California State University Fresno) 치카노-중남미학과 교수인
헤수스 마르띠네스 살다냐(Jesús Martínez Saldaña)가 주 의회의 비례 대표
로 당선되기도 하였다(Dear, 2005, 301~318).

치카노에게 할로윈 데이와 사자(死者)의 날[35]은 모두 중요한 축일이다.
이는 멕시코와 미국을 동시에 모두 인정하는 양시(兩是)의 이중 정체성이
다. 그러나 반대의 경우도 찾아볼 수 있다. 파추코(pachucos)는 미국 남서부
에 사는 멕시코계 젊은이를 의미하는데 이들은 독특한 복장, 행동, 언어를
사용한다. 이들은 주트 수트(zoot suit) 복장을 하기 때문에 'zoot-suiters'라고
도 한다. 그들은 멕시코 정체성을 고집하지도 않지만 그렇다고 미국사회에
동화되는 것도 거부한다. 따라서 이들은 그들의 부모로부터는 멕시코의 문
화와 다른 스타일의 복장과 영어를 하기 때문에 비난받고 반면 미국인에게
는 충분한 미국인이 아니기 때문에 불안하고 위험한 존재로 대접받는다.
따라서 이들은 어느 것도 아닌, 양비(兩非)의 정체성으로 여겨진다.

양국적성의 문제는 비교적 최근의 일이지만 이것으로 인해 아메리카 대
륙에서 미국 시민권의 의미가 달라지고 있다는 점은 주목할 만하다. 시민권
은 배타성을 가지며, 그래서 비시민과 시민은 시민권으로 구분된다. 그러나
라티노가 늘어나고 이들의 양국적성이 점차 더 두드러져 나타나는 현실은
새로운 성격의 시민권과 정체성의 출현을 제시한다.

특히 라티노의 정체성과 집단적 성격을 이해하는 데 있어 멕시코 이민
자의 비동화 수준은 이들이 라티노 전체에서 차지하는 인구적 중요성을
고려할 때 매우 중요한 요소라고 할 수 있다. 기실 멕시코 이민자의 미국

---

35 멕시코 사람들은 11월 1일과 2일 사자의 날(또는 죽은 자의 날, día de los muertos)에 죽음을
  경외하는 마음으로 조상을 기리는 다양한 예식을 갖는다. '멕시코판 할로윈'이라고 할 수 있는
  사자의 날은 오늘날 멕시코 전역, 중미 일부 국가, 멕시코 이민이 많은 미국에서 폭넓게 행해지
  는데 2003년 유네스코 세계문화유산으로 인정되었다.

사회의 동화 정도를 일괄하여 얘기하기는 쉽지 않다. 나이, 가족, 성, 교육 정도, 영어구사 능력 등 다양한 변수가 있고 합법이냐 불법이냐 하는 체류 자격도 동화 수준과 관련이 있다. 그럼에도 불구하고 전반적으로 멕시코 이민자는 다른 이민자 그룹보다 미국 사회의 동화 정도가 낮은 편이라고 할 수 있다.[36]

멕시코 이민자를 포함한 라티노는 일반적으로 미국의 제도와 사회시스템에 신뢰를 가지고 있다. 다수는 미국이 자신에게 경제적인 기회를 줄 것이라 믿으며 자식들은 자신들보다 더 좋은 직업, 더 나은 수입을 얻을 것이라고 확신한다. 그러나 이와 동시에 그들은 도덕적 가치는 모국이 미국사회보다 더 높다고 여기는 편이다. 그들은 고국의 가족과 더 결속되어 있으며 자식은 결혼 전까지 부모와 함께 살아야 하며 늙어서는 양로원보다 가족과 함께 사는 것이 좋다고 믿으며 또 실제 그렇게 살고 있다.

미국에서 일반적으로 이민 3세대가 되면 영어를 유창하게 말하는 반면 모국어는 잘 구사하지 못한다. 그러나 라티노는 그렇지 않다. 라티노는 스페인어의 중요성을 강조하기 때문에 영어 환경에서 자란 2, 3세대라도 스페인어를 구사하는 데 거의 문제가 없다. 특히 멕시코 이민이 모여 있는 멕시코와의 국경 도시에서는 2, 3세대는 오히려 영어를 잘 구사하지 못하는 경우도 많다. 이처럼 멕시코 이민의 언어적 비동화는 국경 지역과 같은 특정 지역에서 더욱 두드러지게 나타난다.

멕시코 이민자는 교육에서도 동화도가 낮다. 치카노에 대한 연구에서 살펴본 바와 같이 재학률, 진학률, 고학력자 비율 등 멕시코 이민자의 교육 수준은 백인뿐만 아니라 라티노 평균보다 낮은 편이다. 마찬가지로 직업과 소득도 미국 평균과 차이가 있다. 전문직, 관리직, 자영업, 사업가 비율은

36 최근 멕시코에서 오는 젊은 이민자는 이전의 이민자보다 그리고 다른 국가의 이민자보다 미국 사회 동화가 더 빠르다는 주장도 있다(Lorey, 1999, 164).

낮은 편이며 빈곤율과 복지의존율 또한 높다.

　귀화는 정치적 동화의 수준을 가늠하는 중요한 지표인데 멕시코 이민은 이 역시 다른 이민 집단보다 낮은 편이다. 귀화율이 낮은 가장 큰 이유는 불법체류가 많기 때문이다. 같은 이유로 시민권자 규모도 다른 이민자 집단과 비교할 때 낮다. 결혼에서도 동화의 정도는 낮다. 멕시코 이민자는 다른 인종이나 민족과의 결혼보다 서로 간의 내혼이 많다. 일반적으로 숫자가 많고 지리적으로 모여 사는 이민자 그룹은 집단 내에서 배우자를 선택할 가능성이 높은데 멕시코 이민은 이에 해당하는 전형적인 경우이다(새뮤엘 헌팅턴, 2004, 294: 296).

　헌팅턴을 위시한 반이민론자들의 이러한 주장은 멕시코 이민은 미국 문화에 쉽게 동화되지 않아 미국을 두 언어, 두 문화로 나누고 결국 두 나라로 만들 것이라는 자신의 논리를 뒷받침하기 위한 것이지만 멕시코 이민의 고유한 성격을 보여주는 역설이기도 하다.

표 6-2. 라티노 종교 현황

국가	가톨릭	개신교	무교	기타
라티노(2006)	67.6	19.6	8.9	3.6
미국 평균(2005)	25.0	50.0	8.0	17.0

자료: Holland, Clifton(comp.), TABLE OF STATISTICS ON RELIGIOUS AFFILIATION IN THE AMERICAS AND THE IBERIAN PENINSULA.

　멕시코 이민자의 비동화는 종교와도 관련이 있다. 가용한 통계에 의하면, 미국은 개신교의 나라이지만 라티노는 가톨릭을 믿는다. 즉, 멕시코 이민자의 대다수는 미국에 살더라도 멕시코에서와 마찬가지로 가톨릭을 중심적인 믿음 체계로 가지고 있다. 따라서 이들은 가톨릭의 의례와 의식이 중심이 되는 일상과 문화 속에서 살아가기 때문에 미국 문화와 종교로 동화되는 것이 낮다고 할 수 있다.

특히 멕시코 이민자는 다른 이민자 그룹과 비교할 때 혼자 오건 가족과 함께 오건 모국에 대한 연대가 강한 편이다. 특히 친지에게 달러를 송금하고 은퇴 후 고향으로 귀국하는 것 같이 고국의 일에 참여하고 관여하는 경향이 강하다(Chavez, 2000, 265). 본국과의 연대뿐만 아니라 멕시코 이민자는 라티노 중에서 자기들끼리 가장 지속적이고 강력한 공동체적 연대를 유지하는 사람들이다. 멕시코인들은 출신지와 고향을 중심으로 향우회와 같은 다양한 동포조직을 구성하며, 그것을 중심으로 상호 이해를 높이며 살아간다.

멕시코 이민자의 동화의 정도는 지역에 따라 차이가 있다. 예를 들어, 로스앤젤레스의 멕시코 이민자는 국경도시의 이민자보다 앵글로 문화에 더 동화되어 있는 편이다. 이런 지역적 차이에도 불구하고 남서부에서 멕시코적인 전통은 지역의 가장 중요한 가치로 인정받고 있다.

이처럼 미국에 있는 멕시코 이민자는 비동화 수준이 높고 본국과 본국 문화에 대한 연대감이 다른 이민자 그룹보다 더 높은 편이다. 이에 대해서는 여러 이유가 있지만 그중 멕시코와 미국이 국경을 접하고 있다는 사실과 멕시코의 강력한 문화적 힘과 전통을 들 수 있다. 또 최근 미국으로의 일시 이민이나 순환이민이 줄어들긴 했지만 멕시코 이민자는 다른 이민자 그룹과 비교할 때 언젠가는 멕시코로 돌아간다는 의식이 강한 편이다. 따라서 멕시코 이민자는 미국에 사는 동안에도 멕시코에 대한 일체감과 연대의식을 유지한다. 또 이들은 미국에 살더라도 가족이나 지인들과 함께 대가족을 이루어 사는 경우가 많다. 따라서 멕시코의 문화와 전통과 격리되지 않아 모국에 대한 충성도과 귀속감을 더 밀도 있게 유지한다고 볼 수 있다.

Ⅲ. 치카노 정체성

1. 치카노 운동

개인이나 집단의 정체성을 정의하는 것은 간단하지 않다. lo mexicano, mexicanidad, mexicanity, mexicanness 등 다양하게 표현되는 멕시코의 정체성 또는 멕시코성도 마찬가지이다. 멕시코 사람들만이 가지고 있는 본질적인 성질 또는 일체감이라고 할 수 있는 멕시코 정체성은 민족주의적인 관점에서 종교적인 개념까지 매우 광범위하고 다의적이다. 인종적·문화적·혼혈성을 의미하기도 하며 때로는 디에고 리베라나 프리다 칼로에서 찾아볼 수 있는 멕시코 문화를 숭상하는 예술적 멕시코성으로 이해되기도 한다. 또 때로는 멕시코의 남성다움을 뜻하기도 한다. 멕시코 사람이면서 멕시코에 살지 않는 사람들의 경우(특히 미국의 멕시코 이민자)에서 멕시코 정체성은 좁은 의미로 치카노의 전통이나 민속의 중요한 부분을 지칭하기도 하지만, 멕시코 이민자와 이민국 사회 간의 관계를 설명하기 위해서 치카노 정체성의 중요 부분으로 정의되기도 한다(Castro, 2001, 156).

치카노 운동(Chicano movement)은 치카노들이 자신들의 정체성과 일체감을 회복하고 이를 높이고자 했던 집단적인 움직임이었다. 따라서 치카노 운동은 미국-멕시코 국경이 새롭게 정해진 1848년에 시작되었다고 할 수 있다. 새 국경은 이전의 멕시코 땅을 미국으로 만들었고, 따라서 그곳에 살았던 멕시코인은 치카노가 되었고 이후 이들은 차별과 인종주의의 대상이 되었다.

미국-멕시코 전쟁 후 이들에게는 시민권이 부여되긴 하였지만 그렇다고 이들이 진정한 미국 시민이 된 것은 아니었다. 왜냐면 이러한 법적 정의에도 불구하고 남서부의 치카노는 '영구적 외국인'으로 인종 격리의 대상이 되었다. 치카노의 시민권과 재산권은 완전하게 보호되지 않았다. 당시 미국 사회는 비백인을 완전한 미국시민으로 간주하지 않았다. 이전까지는 백인과 흑인에게만 출생 시민권이 인정되다가 1940년이 되어서야 모든 인종에게 출생 시민권이 부여되었다는 사실은 이를 반증한다(김연진, 2012, 47: 48).

이에 맞서 치카노는 저항 운동을 벌이기 시작했다. 특히 20세기 초 치카노는 차별에 항의하기 위해 조직화 운동을 펼쳤는데 그중 가장 대표적인 것은 1929년 텍사스의 코퍼스크리스티(Corpus Christi)에서 조직되어 현재까지 활발한 활동을 하고 있는 라티노시민연맹(LULAC: League of United Latin American Citizens)이었다. 또 1930년대부터 남서부의 치카노 지식인들은 미술이나 문학 작품을 통해 치카노의 문화적 정체성을 회복하기 위해 문화운동을 전개하였다.

치카노 운동이 절정에 이른 것은 1960년대였다. 치카노들은 1940년대부터 미국인으로 자신들의 지위를 개선하기 위해 치카노 시민권 운동(Chicano Civil Rights Movement)을 전개했는데 그 활동이 미국 사회에서 나름의 영향력을 갖게 된 것은 1960년대 들어서였다. 이 시기 치카노 운동을 조망하는 대부분의 연구들은 이때가 미국 역사상 인권운동이 가장 활발했던 시기였다는 사실에 주목한다. 실제로 1960년대 미국은 소수민족운동, 여성운동, 반

사진 6-2. 텍사스 차미살 국립 기념지 공원(Chamizal National Memorial)의 벽화. 치
카노 운동의 아이콘인 차베스 등 멕시코의 역사와 정신을 상징하는 다
양한 인물이 그려져 있다.

전운동 등 기성세대에 대한 반문화 정서가 지배적인 분위기였다. 특히 마틴
루터 킹 목사가 대도시를 중심으로 이끌었던 흑인 민권 운동은 당시 사회적
으로 큰 반향을 불러일으켰다. 따라서 이 시기 치카노 운동은 부분적으로
이런 외래적 여건에 힘입어 성장하였다고 할 수 있다.

그러나 1960년대 치카노 운동은 이미 내생적인 동력을 가지고 있었다.
마시엘(David Maciel)에 의하면 당시 치카노는 중요한 두 가지 변화를 맞고
있었다. 하나는 인구의 증가였다. 치카노 인구는 브라세로 프로그램의 시행
으로 크게 늘었는데 1942년에서 1968년까지 매년 20만 명 이상의 멕시코
노동자가 이 프로그램에 의해 미국에 입국하였다. 따라서 치카노 운동에
참여하는 사람도 늘어나게 되었는데 이것은 치카노 운동이 외형적으로 성

장할 수 있는 토대가 되었다. 또 다른 변화는 치카노의 정치의식이 고조되었다는 것이다. 2등 시민으로서의 자신들의 사회－경제적 조건을 깨닫게 되면서 치카노는 집단적인 사회 인식을 갖게 되었다. 국제적으로는 쿠바 혁명의 성공,[37] 아프리카 국가들의 독립, 베트남 전쟁 등이 치카노 운동의 정치적 인식을 더 확대하였고 이러한 변화는 치카노 운동의 민족주의적 성격의 강화로 이어졌다(Maciel, 1989, 132~133). 이런 맥락에서 치카노 운동은 이전보다 더 정치적이고 인종적이고 민족주의적인 성격을 갖게 되었다.

치카노 운동은 각기 다른 방식들의 여러 흐름들로 구성되었다. 이 시기 치카노 운동에서 가장 중심적인 역할을 했던 계층은 학생과 노동자였는데 이들 중 두드러진 인물은 농장노동자 출신의 세사르 차베스(César Chávez Estrada, 그는 '시저'보다 '세사르'로 불리기 원했다)였다. 차베스는 캘리포니아의 농장노동자를 조직화하여 농장노동자연합(United Farm Workers)을 설립하였다. 1965년 차베스를 중심으로 한 농장노동자 연합은 노동 조건의 향상을 요구하며 대농장에 맞서 파업투쟁을 벌였다. 이전의 치카노 지도자들은 급진적이거나 지나치게 이상주의적인 요구를 내세운 면이 있었으나 차베스의 리더십은 온건하고 현실적이었다. 그래서 그는 라티노뿐만 아니라 백인 그룹에서도 비교적 폭넓은 지지를 받았다. 그는 독실한 가톨릭신자로서 비폭력을 강조하였다. 결국 언론과 국민들에게 호응을 얻어내는 데 성공하였고 대중적 압력과 불매운동 전략으로 농장주에 대한 투쟁에서 승리하였다(김연진, 2006, 247).

---

37 쿠바 혁명이 아메리카 대륙에서 갖는 현대사적 의미와 비중을 생각할 때 당대 치카노 운동과의 관계를 언급할 필요가 있다. 특히 학생들이 주도했던 치카노 운동은 1968운동에 힘입은 바 큰데 이 운동에 큰 영향을 준 것 중의 하나는 쿠바혁명이었다. 일련의 치카노 청년 리더들은 실제로 쿠바를 방문하여 쿠바의 혁명체제에서 치카노 운동의 새로운 영감을 받았다. 그래서 이들은 치카노 운동의 방향을 국제적인 반제국주의투쟁의 연장으로 이해하고자 했다. 물론 이들의 생각은 치카노 운동 내에서 크게 받아들여지지 않았다. 왜냐면 당시 치카노 운동이 치카노를 민족주의적 정체성으로 이해하여 다른 인종이나 국민과의 연대를 꾀하지 않았기 때문이다. 그럼에도 쿠바 혁명은 치카노 학생 운동에 어느 정도 영향을 주었고 이는 향후 치카노 운동의 방향과 성격을 이해하는 데 중요하다고 할 수 있다(김유석, 2009).

특히 마하트마 간디와 마틴 루터 킹의 투쟁에 감명을 받은 차베스는 이들을 조직 활동을 모범으로 삼았고, 경건한 가톨릭 신자로서 초월적인 존재의 위엄과 영감에 의지하는 종교적 신념, 그리고 비폭력 노선과 인권 존중의 정신에 기반을 두어 농업노동자 파업을 지도하였다. 차베스의 이러한 종교성은 냉전적인 '색깔 공세'로부터 자신과 농장노동자 운동을 보호하는 데 큰 도움이 되었다. 실제로 반대파가 차베스와 치카노 활동가들을 공산주의자로 매도하는 선전을 펼쳤을 때 차베스의 종교적 신념과 가톨릭과 개신교의 후원은 이들을 무력화시키는 데 든든한 버팀목이 되었다(박구병, 2011a, 187~188). 차베스의 승리는 도시와 농촌의 치카노 운동에 불을 붙였고 차베스는 민권 운동과 치카노 운동의 지도자로 부각되었다.

비슷한 시기에 좀 더 급진적인 투쟁도 전개되었다. 레이에스 로페즈(Reies Lopez Tijerina)는 전국토지회복동맹(Federal Land Grant Alliance)을 조직하여 식민시대 스페인 왕실로부터 공여 받은 뉴멕시코 주의 토지를 회복하여 자유도시국가를 세울 것을 주장하였다. 이들은 법원이 자신들의 요구를 받아들이지 않자 '일상적 정치'를 거부하고 무단으로 토지를 점령하기도 하였다. 이후 이들은 이중언어 교육, 민권, 경제적 동등성 등을 요구하는 투쟁을 전개하여 치카노 운동의 범위를 확대하는 데 일조하였다(김덕호, 2001, 288).

1960년대 치카노 운동을 이해하는 데 있어 치카노 민족주의(Chicano nationalism)는 매우 중요하다. 이전의 치카노 운동은 멕시칸아메리칸(mexicanamerican) 운동이었다고 할 수 있다. 특히 1930~1960년 기간은 미국에서 태어난 멕시코인들이 자신들의 권리와 의무를 인식하는 시기였다. 이들은 자신들의 인종적 전통성은 중시하면서도 이민자 의식과는 단절하고자 했다. 따라서 운동의 목표는 백인주류사회로의 동화나 통합, 시민권 향상 등에 집중되었다. 그러나 멕시칸아메리칸 운동은 큰 성과를 거두지 못했다. 멕시칸아메리칸은 여전히 하부적·착취적 상황에서 벗어나지 못했다. 따라서 1960년대 치카노 운동은 인권 운동의 성격을 넘어 더 급진적인 성격을 갖게 되었다 (García, 1985, 222~223). 그래서 이들은 잃어버린 고향 아즈틀란과 치카노민족주의를 통해 새로운 정체성과 뿌리를 찾고자 했다.

이를 가장 잘 표현한 것은 로돌포 '코르키' 곤살레스(Rodolfo 'Corky' Gonzales)의 사상이었다. 한때 민주당 열성 당원이었던 그는 결국 미국 정치제도가 치카노를 배제하고 있다는 것을 깨닫고 치카노 운동에 전념하였다. 그는 1969년 콜로라도 덴버에서 열린 치카노 청년 해방회의(Chicano Youth Liberation Conference)의 개최를 주도하였다. 이 회의에서 치카노의 자결과 치카노 민족주의를 제창한 '아즈틀란의 정신적 플랜(The Spiritual Plan of Aztlan)'이 채택되었다. 플랜은 멕시코의 문화적 유산과 스페인어에 대한 자부심을 높이는 것을 주요 목표로 내세웠고 치카노 문화유산의 중심으로 아즈틀란을 강조하였다. 따라서 치카노 운동은 미국 남서부의 어딘가에 존재했을 것이라는 아즈텍의 기원지인 아즈틀란을 치카노 운동의 '배꼽'으로 선언하였다. 따라서 그는 서구 침략자에게 빼앗긴 아즈틀란을 회복하기 위해 '정의를 위한 십자군(Crusade for Justice)'을 조직하여 아즈틀란에 라티노의 독립 국가를 건설해야 한다고 주장하였다. 이후 그는 다양한 저술활동을 통해 민족주의로 치카노를 하나로 묶고 정치, 경제, 문화 등 다양한 층위에서 미국의 지배문화와 차별되는 치카노 민족의 새로운 사회를 구상하였다(Maciel, 1989, 135; 이성훈, 2006, 169).

치카노 문화 운동은 치카노 운동의 정신적 동력이기도 했다. 1930년대부터 치카노 지식인들은 남서부 지역을 중심으로 일종의 문화 정체성 운동을 전개했는데 여기에는 주로 좌파 성향의 지식인과 문인들의 참여가 많았다. 특히 문학 작품을 통해 치카노와 라티노의 정체성을 주장하는 일종의 치카노 참여문학이 발전하였고 1960년대 후반부터는 대학가를 중심으로 다양한 잡지와 저널들이 나타나면서 치카노 문학 운동은 더 확산되었다. 치카노 문학가들은 콜럼버스 이전의 원주민 세계를 응시하였고 이 세계의 상징으로 아즈틀란에 시선을 두었고 메스티소를 바라보았다. 이것은 순혈주의에 사로잡힌 앵글로 아메리카와 대치되고 구별되는 개념이었다(최낙원, 2007). 대표적인 작가로는 아즈틀란 정신의 수호자였던 로돌포 곤살레스와 루이스 미겔 발데스(Luis Miguel Valdez) 등을 꼽을 수 있다. 로돌포 곤살레스는 문학가로도 뛰어난 자질을 가지고 있어서 그의 시집 『나는 호아킨이다』(Yo soy Joaquin/I am Joaquin)는 치카노 문학의 미래를 보여준 작품으로 평가받고 있다. 또 훗날 영화감독으로 더 유명해진 루이스 발데스는 젊은 시절 쿠바혁명에 이끌려 치카노운동과 제3세계운동을 동일시하여 1960~1970년대 급진적인 정치 글을 많이 발표하였다. 농장노동자와 치카노의 고단한 삶을 담아내는 연극을 만들고 공연하기도 했다. 치카노 참여문학 운동은 1970년대 후반까지 지속되었지만 1980년대 이후에는 보다 개인적인 주제가 많이 다루어졌고 이후에는 페미니즘 경향의 작품도 많이 나왔다(전기순, 2003, 288~289; 김유석, 2009, 166~171).

이처럼 치카노 운동이 추구했던 것은 그들 자신을 찾는 것이었다. 따라서 치카노 운동은 외부로 다양성을 표출하는 것을 모색하는 동시에 스스로의 정체성과 인종적 자부심을 안으로 확인하고 다지는 운동이었다.

2. 치카노의 또 다른 이름들 : 포초, 라사, 촐로, 파추코[38]

이름은 다른 것과 구별하여 그 사물의 본성을 드러내기 위한 것이다. 이런 면에서 치카노를 부르는 다양한 이름들은 그들의 정체성을 반영할 뿐만 아니라 그 정체성의 성격을 가늠하게 해준다. 실제로 치카노라는 호칭 외에

---

38 치카노를 지칭하는 다양한 명칭들에 대한 내용은 "Castro 2001, 55, 178, 179, 190, 200, 228"을 편역하였음.

포초, 라사, 촐로, 파추코 등 미국에 사는 멕시코 이민자나 그 후손을 부르는 명칭은 매우 다양하다.

포초(pocho)는 완전하지 않은 멕시코인(half mexicans)을 의미하는데 이 말은 치카노의 정체성을 잘 보여준다. 이 명칭은 치카노가 가진 미국과 멕시코의 양국적인 성격을 의미하기도 하지만 멕시코의 입장에서 볼 때 '미국에서 온 촌스런 놈'이란 뜻을 가지고 있기도 하다. 따라서 멕시코에서는 미국에서 성장한 멕시코인을 의미하는 말이지만 스페인어를 잘 하지 못하는 멕시코인이라는 부정적인 뉘앙스를 담고 있다. 때로는 치카노가 스스로를 차별과 모순적인 상황에서 생활하는 사람이라는 뜻으로 희화하거나 자조하는 말로 쓰기도 한다. 미국 남서부를 포초의 땅이란 의미로 'pocholand' 또는 'pocholandia'라고도 하며 스페인어를 잘 구사하지 못하는 치카노가 하는 스페인어를 'pocho spanish'라고도 한다.

스페인어 라사(la raza)의 사전적 의미는 '인종(people 또는 race)'이다. 미국에서는 치카노를 지칭하는 말로 쓰이지만 때로는 스페인인과 원주민의 혼혈인 메스티소를 뜻하기도 한다. 더 큰 의미로는 미국의 라티노 전체를 의미하기도 한다. 이 말의 사용은 1925년 호세 바스콘셀로스(José Vasconcelos)가 쓴 '우주적 인종(Raza Cósmica)'에서 출발하였다. 그는 멕시코 혁명 후 멕시코의 미래를 혼혈성과 연관 지어 멕시코의 정체성을 혼혈에서 찾으려 했다. 따라서 라사는 멕시코 혼혈의 역사와 문화를 인정하는 말이라고 할 수 있다. 치카노는 자신들이 미국의 문화와 유산과는 다른 사람임을 자각하면서 스스로를 새로운 인종, 즉 혼혈인으로 주목하여 이 말을 사용하였다. 그러면서 이 라사를 중심으로 새롭고 정치적인 단합을 강조하였다. 따라서 1972년 최초의 라티노 정당의 이름도 La Raza Unida Party(연합라사당)로 이름하였고 10월 12일 콜럼버스 데이를 라티노 유산의 재탄생과 라티노 문화의 시작이라는 의미에서 '라사의 날(Día de la Raza)'이라고 한다.

파추코(pachuco)는 미국 문화와 멕시코계 미국 문화에서 떨어져 나온 도시의 하부문화를 구성하는 멕시코인 또는 치카노를 가리키는 개념이다. 1920년대 국경 지역, 특히 국경을 맞대고 있는 후아레스와 엘파소 지역에서 시작된 말로, 그 어원에 대해서는 여러 가지 버전이 있다. '엘파소로 간 사람'이라는 의미에서 El Paso(paso는 통과 또는 통과지점이란 뜻임. 영어로는 pass)에서 정관사 'El'을 빼고 'Paso'에 사물이나 사람을 의미하는 접미어 '-co'를 붙여 'pachuco'라고 했다는 주장도 있고 멕시코 중부의 이달고 주의 Pachuca 지방과 관련이 있는 말이라는 설도 있다. 줄여서 'chuco'라고도 하는데 이들은 특유의 행동, 복장, 말씨로 구분된다. 남자들은 1940년대 유행했던 주트 수트(zoot suits, 어깨는 넓고 허리는 좁은 긴 상의와 통이 좁은 바지를 입는 스타일)를 입으며, 기름을 바른 머리는 길고, 바지와 벨트에 체인으로 장식하기도 한다. 여자들은 꽉 조이는 짧은 스커트에 머리는 길고 높게 장식하고, 화장은 진하게 하는 스타일이다. 엘파소의 치카노 중 1940년대 다시 로스앤젤레스로 이주한 청소년이 많았다. 이들 중 일부는 갱이 되기도 했는데 이들이 고향인 엘파소에 일종의 파추코 스타일을 퍼트려 남서부에서 그 유행이 확산되었다. 특히 로스앤젤레스와 같이 멕시코 이민자의 거주 지역이 급격하게 팽창한 지역에서 백인들은 주로 주트 수트 복장을 한 파추코의 길거리 갱단에 불만이 많았다. 따라서 백인들을 치카노를 경멸조로 '주트 수터즈(zoot suiters)'라고 불렀다. 1943년 5월과 6월 로스앤젤레스에서는 당시 로스앤젤레스 항에 정박해 있던 미국 해군 수병들(주로 백인)과 주트 수터즈 간에 충돌이 발생하였다. 이로 인해 치카노를 공격하는 사건들이 발생하였고 치카노들은 이에 항의하는 시위를 일으켰다. 이로 인해 로스앤젤레스에서는 주트 수트의 착용을 금지하는 법이 통과되기도 했다(앨런 브링클리, 2005c, 245). 이 사건은 제2차 세계대전이라는 시대적 상황도 있었지만[39] 근

---

39 당시는 제2차 세계대전이 한창이었던 시기였다. 백인들은 치카노들이 미국 사회에 동화되지 않

본적으로 급증하는 외부인에 대한 내부인의 경계와 반감 때문에 일어난 일이었다.

그러나 파추코는 미국과 멕시코 양국의 주류 문화와 거리가 멀지만 나중에 치카노의 인종적·문화적 정체성의 상실을 경고하는 계기가 되었고 여성의 경우에는 가부장적인 가정에서 벗어나 도시적 환경에 적응하면서 자아를 찾는데 기여한 단초가 되기도 했다.

오늘날에는 촐로(cholos)라는 말이 많이 쓰인다. 촐로는 주로 치카노 젊은 이를 의미하는데, 특히 도시에 사는 치카노 청소년(주로 남자, 여자일 경우에는 chola라고 함)을 뜻하는 말이다. 원래 스페인어 촐로는 가난한 하층민을 가리키는 말이다. 그러나 지역에 따라 의미가 달라, 페루에서는 원주민을, 볼리비아에서는 교육받은 메스티소를 뜻한다. 미국-멕시코 전쟁 이후 미국 남서부에서 촐로는 멕시코계 노동자를 의미하였다. 촐로는 특유의 복장, 말투, 행동 등으로 구별되는데 갱단의 멤버 또는 자동차 폭주족이거나 단순히 이들의 스타일만을 흉내 내는 경우도 있다. 헐렁한 카키색 바지와 흰색 티셔츠, 두건을 둘러쓰기도 한다. 이러한 스타일은 파추코와도 관련이 깊다.

이외에 멕시코인의 주식인 따꼬(taco)를 비유한 '타코 삼촌(Tio Taco, Uncle Taco)'이라는 말도 있다. 치카노 사이에서 치카노 문화를 저버린 사람을 의미하는데 반역자·배반자를 의미하는 말이다. 이 말은 1960년대부터 사용되기 시작했는데, 아프리카 문화를 버린 'Uncle Tom'에 비유한 말이다. 때때로 이 말은 가족이나 친구를 팔아 자신의 이익을 챙기는 사람을 의미하기도 한다. 또 복종적이고, 게으른 멕시코인들 정형화시킨 개념으로 보기도 한다. 선인장 아래서 낮잠만 자고 있는 멕시칸 또는 멕시코계 미국인을 만화화한 캐릭터로 정의하기도 했다.

고, 애국심도 없는 거리의 갱으로 국내의 불안만을 조장한다고 비난하였다.

3. 치카노 축제와 공동체

지역 축제와 같은 공동체적 행사와 의식을 통해 라티노는 정체성을 공유하고 강화한다. 엘파소에서는 매년 8월 '꽃의 축제(Fiesta de las Flores)'가 열린다. 이 축제는 엘파소뿐만 아니라 인근 뉴멕시코와 멕시코의 후아레스에서도 참여하는 남서부의 대표적인 축제이다. 음악 공연, 퍼레이드, 스포츠 대회 등 다양한 행사가 열리고 여느 축제처럼 '꽃 축제 아가씨(Fiesta de las Flores Queen)' 선발대회는 이 축제의 하이라이트이다. 대회의 주최는 LULAC (League of United Latin American Citizens)이 하지만 개최 경비는 지역의 유력 기업들이 후원한다.

사진 6-3. 5월 꽃 축제 의상을 입은 엘파소의 소녀들

기본적으로 이 축제 역시 잔치이며 파티이다. 그러나 이 축제는 즐기는 것뿐만 아니라 동시에 공동체 의식을 함양하는 장이기도 하다. 축제를 준비하고 진행하기 위해 공동체 내의 개인과 단체 간의 사회적 관계망이 형성되고 이를 통해 집단적 정체성이 증진된다. 특히 미인대회는 탈라티노화될 수 있는 젊은이들에게 축제에 참여하게 하는 중요한 동기를 제공한다. 물론 미인 대회 참가자의 일차적 동기는 상금(장학금)이다. 그러나 축제에 참여함으로써 이들은 라티노로서의 자부심, 언어, 모국의 문화를 내면화시키게 된다. 따라서 축제를 통해 엘파소의 라티노는 내부적으로는 라티노 공동체를 일체화시키고 대외적으로는 시와 주정부에 그들 공동체의 위상과 힘을 과시한다(Fernández Poncela, 2010, 138; Hispanic Cultural Center, Fiesta de las Flores).

캘리포니아에서 5월에 열리는 싱코 데 마요(cinco de mayo) 축제도 마찬가지이다. 싱코 데 마요는 스페인어로 5월 5일을 의미하는데, 이날은 1862년 멕시코가 프랑스 군대에 전승을 거둔 날이다. 행사는 로스앤젤레스 전역에서 펼쳐지는데 각종 전시회는 물론이고 유명 가수의 콘서트 공개방송과 화려한 가장 퍼레이드가 함께 열린다. 또 미인대회와 마리아치 경연대회도 빠지지 않는다. 싱코 데 마요 축제는 멕시코 음악, 춤, 음식, 스포츠 등 즐기는 일종의 잔치이지만 이를 통해 치카노와 라티노가 멕시코의 역사와 문화를 공유하는 기회이기도 하다.

이처럼 라티노 축제는 라티노의 위상을 대외적으로 알리고 라티노 간의 일체감을 공고하게 하는 중요한 과정이라고 할 수 있으며 동시에 5월 꽃 축제나 싱코 데 마요에서 알 수 있듯이 이 축제들은 엘파소와 L.A. 그 자체를 떠오르게 하는 일종의 상징물로 자리 잡아 가고 있다고 할 수 있다.

07

스페인어와 라티노

I. 이중국어 논쟁과 반스페인어주의

"우리가 우리인 것은 우리말을 하기 때문"인 것처럼 언어는 인간 집단의 규범과 정체성을 결정하는 가장 기본적인 기준이다. 따라서 이민의 나라 미국에서 스페인어를 둘러싼 논란은 라티노 정체성 문제의 모든 것을 함축적으로 보여주는 좋은 예라고 할 수 있다.

잘 알려진 바와 같이 미국에서 스페인어의 위세는 막강하다. 스페인어는 미국의 제일 외국어이다. 중등 교육뿐만 아니라 대학에서도 스페인어는 수강생 수뿐만 아니라 개설 과목 수에서도 단연 1등이다.[40] 또 광범위한 지역에서 스페인어는 공용어에 준하는 역할을 하고 있다. 어떤 곳에서는 단 한 마디의 영어도 사용하지 않고 스페인어로만 은행 구좌도 열고, 병원도 가고, 세금도 내고 심지어 태어나고 죽는 것까지도 가능하다.

이와 함께 스페인어와 영어의 공동 사용이 늘어나는 추세도 두드러진다. 특히 라티노 2, 3 세대들에게 스페인어는 가정의 언어로, 영어는 사회의 언어로 구분되어 인식되는 경향이 굳어지고 있다. 멕시코와 접하고 있는 남서

---

40 1960년대까지 미국 대학에서 가장 많이 교육되는 외국어는 불어였다. 그러나 1970년대 이후 미국의 외국어 교육 순위는 스페인어, 불어, 독어, 이탈리아어 순으로 바뀌었고 1990년대 이후 스페인어의 위상은 더욱 강화되었다. 이에 대한 자세한 설명은 최재철(2007)의 연구를 참조할 것.

부의 국경 도시에서 영어와 스페인어를 동시에 구사하는 이중언어생활 패턴이 굳어진 지 이미 오래다.

표 7-1. 가정 내 언어 사용 인구(1980~2007)

(단위: 천 명)

구분(5세 이상)	1980	1990	2000	2007	1980~2007 증감(%)
인구	210,247	230,446	262,375	280,950	33.6
영어 사용	187,187	198,601	215,424	225,506	20.5
영어 외 외국어	23,060	31,845	46,952	55,444	140.4
스페인어(스팽글리쉬 포함)	11,116	17,345	28,101	34,547	210.8

자료: U.S. Census Bureau, Languages Spoken at Home, 1980, 1990, 2000, and 2007, 2010; U.S. Census Bureau, Language Use in the United States, 2007, 2010.

현재 미국에서 스페인어를 사용하는 인구는 총 3,500만 명 정도로 추산하고 있다. <표 7-1>에서처럼 최근 27년 동안 미국 가정에서 영어를 사용하는 인구는 인구증가에 비례할 때 오히려 감소하였고 대신 영어가 아닌 외국어 사용은 크게 증가하였다. 특히 스페인어 사용은 동 기간 3배 이상 늘어났다. 기타 외국어 사용에서는 러시아어, 중국어, 한국어, 베트남어 사용은 증가하였고 반면 이탈리아어, 독일어, 그리스어, 폴란드어 사용은 크게 감소하였다 (Language Use in the United States, 2007; U.S. Census Bureau, 2010. 6). 다른 외국어의 사용과 비교할 때 미국 내에서 스페인어 사용은 압도적이며 최근 수십 년 동안 스페인어 사용 인구는 계속 확대되어 왔음을 확인할 수 있다.

표 7-2. 가정 내 영어 구사 정도(2008)

구분	5~18세			18세 이상		
	영어만 사용	잘 구사함	잘 구사 못함	영어만 사용	잘 구사함	잘 구사 못함
라티노	33.9	49.1	17.0	20.1	35.5	44.4
미국 태생	37.9	48.2	13.9	38.7	48.6	12.7
라틴아메리카 태생	4.2	55.8	40.2	3.8	24.0	72.2
미국 평균	79.5	15.5	5.0	80.5	10.1	9.5

자료: Language Spoken at Home and English-Speaking Ability, by Age, Race and Ethnicity, 2008, Statistical Portrait of Hispanics in the United States, 2008, Pew Hispanic Center, 2010.

<표 7-2>가 보여주는 것처럼 가정에서 스페인어의 사용이 많기 때문에 라티노의 영어 구사 능력은 미국 평균과 비교할 때 상당히 낮은 편이다. 또 라틴아메리카에서 태어난 라티노는 성인이건 미성년이건 영어를 잘 구사하지 못하는 것으로 나타났다.

앞에서 언급한 것처럼 스페인어는 지역에 따라서, 특히 라티노 인구가 많은 곳에서는 영어를 대신해 공식 언어의 역할을 하고 있다. 플로리다의 하이얼리어나 텍사스의 라레이도와 같이 스페인어의 사용인구가 90%를 넘는 곳이 많다.

표 7-3. 가정 내 외국어(스페인어) 사용인구 비율 상위 10개 지역(2000)

도시(10만 명)	사용인구(5세 이상)	비율
Hialeah, FL	197,504	92.6
Laredo, TX	145,510	92.3
East Los Angeles, CA	97,645	87.4
Brownsville, TX	110,003	87.2
El Monte, CA	84,834	80.7
Santa Ana, CA	241,303	79.6
McAllen, TX	73,882	76.1
Miami, FL	254,536	74.6
El Paso, TX	369,000	71.3
Elizabeth, NJ	75,305	67.5

자료: U.S. Census Bureau, Language Use and English-Speaking Ability, 2000, 2003, 9.

스페인어의 미래에 대해서는 상반된 시각이 있다. 인구학적으로 스페인어 사용이 증가함에도 불구하고 앞으로 1~2세대가 지나면 스페인어 사용 인구는 오히려 감소할 것이라고 예측하는 연구결과도 있다. 앞의 <표 7-2>에서처럼 라티노의 가정 내 언어 사용 패턴을 보면, 어릴수록, 그리고 미국에서 태어난 라티노일수록 영어 사용이 높다는 것을 알 수 있다. 따라서 스페인어권 인구의 이민 유입으로 미국 내에서 스페인어 사용이 증가하고는 있으나 라티노 어린이들이 제일언어로 영어를 사용하는 등의 이유로 향후 스페인어 사용이 오히려 감소할 것이라는 주장도 있다.[41] 또 라티노 작가들이 자신의 작품을 영어로 더 많이 쓰기 때문에 스페인어는 지식층보다는 하류층, 사회보다는 가정의 언어로 굳어져 결국에는 힘을 잃게 되리라는 예상도 있다. 그뿐만 아니라 인터넷에서 아직 스페인어의 활용과 참여는 영어와 비교할 때 매우 미비하기 때문에 스페인어 사용의 확대는 한계가 있다는 연구도 있다(서경석, 2002, 81).

반면 스페인어의 미래를 '장담'하는 주장은 라티노는 계속 증가할 것이며 이들이 계속 스페인어를 중요한 언어로 인정하고 있다는 사실을 첫 번째 근거로 내세우고 있다. 최근의 통계 연구는 이를 뒷받침한다. 이 조사에 의하면 라티노의 95%가 미래에도 라티노에게 여전히 스페인어가 중요하거나 또는 매우 중요하다고 답하였다(Pew Hispanic Center, 2012; When Label Don't Fit, Hispanics and Their Views of Identity, 23). 따라서 라티노의 스페인어 구사와

---

41 인구통계학적 조밀도 분석 연구에 의하면 라티노, 특히 멕시코 이민자들로 인해 미국 남서부(캘리포니아, 애리조나, 뉴멕시코, 텍사스)에서 스페인어 사용 인구는 계속 증가하고 있으나 충실도와 전이도 분석 결과에 의하면 라티노 내 스페인어 사용 인구는 감소중이다. 특히 18세 이하 인구의 스페인어 사용 감소는 스페인어 사용의 상실을 예고한다. 따라서 이민자가 계속 공급되지 않는 한 2, 3세대에서 스페인어 사용 인구는 감소할 것이란 예상이 가능하다. 사회언어학적 분석에 의하면, 히스패닉 중 나이가 든 사람일수록 스페인어 구사력이 높고, 사회경제적 지위가 높으면(즉 교육수준이 높으면 소득수준이 높아져 상류층(백인)지역으로 이사하고 이들과의 교류가 많아져) 스페인어 사용 능력이 떨어진다. 미국 내 라티노가 교육을 더 받고 경제수준이 향상되면 백인 지역으로 이주하는 경우가 많아지고 그러면 백인 문화와 더 많이 접촉하게 되고 앵글로화가 더욱 빨리 진행될 것이다. 따라서 '신선한' 이민자가 공급되지 않으면 미국 내에서 스페인어는 오히려 위축될 것이다. 이에 대한 자세한 설명은 이재학 1999의 연구를 참조할 것.

사용은 줄어들지 않을 것이란 것이다.

그뿐만 아니라 스페인어는 다른 언어와 달리 건국 초부터 지금까지 있어 왔던 언어임을 상기시키면서 이제 스페인어는 미국 사회에서 성공의 '스펙'으로 완전히 자리 잡았기 때문에 앞으로도 계속 사용이 늘 것이라고 얘기한다. 이에 의하면, 미국 내 라티노 시장은 계속 확대되고 있으며 미국과 라틴아메리카는 지리적으로 가깝고 또 전략적으로 중요하기 때문에 양지역 간 교류와 교역도 계속 많아져 스페인어 전문 인력에 대한 수요는 더 많아지고 있다. 미국 기업은 스페인어를 비즈니스에서 가장 유용한 언어로 꼽고 있기 때문에 미국 대학에서 스페인어 수업은 항상 인기가 많다는 것이다(김우성, 2005, 224). 그뿐만 아니라 라틴아메리카의 여러 상황을 고려해 볼 때 미국으로의 이민자 유입은 계속될 것이며, 따라서 새로운 '스페인어'도 계속 미국에 오게 될 것이기 때문에 스페인 사용은 줄어들지 않을 것으로 내다보고 있다.

스페인어 방송매체가 높은 성장을 거듭하고 있다는 사실도 스페인어의 미래를 가늠하는 데 있어 중요한 참고 자료가 될 수 있다. 스페인어 종합 방송인 유니비전(Univision)은 ABC, CBS, NBC, Fox에 이어 5번째로 큰 방송사이다. 유니비전의 스페인어 뉴스는 CNN이나 Fox의 뉴스 시청을 앞서기도 하며 Mtv 쇼 프로그램을 보는 젊은이보다 더 많은 숫자가 유니비전의 라틴 팝 쇼를 시청한다(Ramos, 2005,131). 따라서 미국 대부분의 대기업은 스페인어 방송 광고에 많은 예산을 사용하고 있다.

또 스페인어 방송은 라티노의 정체성을 강화시키는 역할을 하기도 한다. 예를 들어, 스페인어 방송의 뉴스는 영어 방송보다 국제기사를 더 많이 다루는데 특히 라틴아메리카 관련 뉴스는 ABC가 2% 반면 유니비전은 45%로 훨씬 더 많다. 더 많은 스페인어 뉴스는 라티노에게 라틴아메리카에 대한 정보를 더 많이 접하게 만든다. 따라서 스페인어 방송은 스페인어뿐만 아니라 '라틴정체성(latinity)'을 유지하고 강화시키는 역할을 수행한다고 할 수 있다.

스페인어 사용과 관련하여 미국 사회에서 두드러지는 현상 중의 하나는 스페인어 사용을 배격하고 영어만을 사용하자는 'English Only' 운동이 비례 하여 커지고 있다는 사실이다. 따라서 현재의 반스페인어 운동은 반이민·반 라티노 주장의 연장에 있다고 할 수 있다.

기실 미국에서 공용어로의 영어 문제는 이미 오래전부터 있어왔던 일이 다. 1800년대 말 북서유럽출신의 구이민자가 줄고 대신 이탈리아, 폴란드, 헝가리, 러시아, 체코, 그리스 등 남유럽과 동유럽의 신이민자가 많아지면서 이들의 언어, 관습, 문화가 미국사회 동화에 장애가 된다는 인식이 커지기 시작했다. 그래서 신이민자를 미국 사회의 위협으로 보는 시각이 나타나게 되었는데 1911년 딜링햄 위원회 보고서(Dillignham Commission Report)는 이 를 최초로 공식화한 문건이었다. 이 보고서는 구이민자의 가치는 미국의 건국과 일맥상통하지만 신이민자들은 앵글로색슨 전통에 도전이 되는 요소 를 유입한다고 주장했다. 물론 여기서 가장 문제가 된 것은 그들이 '낯선 말'을 사용한다는 것이었다. 또 20세기 초 디트로이트에서도 유사한 상황이 있었다. 당시 이 도시에서는 인구의 3/4이 외국인이어서 영어가 아닌 다른 유럽어가 많이 사용되었다. 따라서 1915년 시 교육위원회는 디트로이트를 2년 내에 영어사용 도시로 바꾸기 위한 새로운 정책을 수립하였다. 여기에 는 영어를 하지 못하는 사람에게 장려금을 주어 일과 후 학교에서 영어를 배우 게 하고, 영어를 배우려는 직원은 승진이나 복직에서 혜택을 주고, 심지어 해 고 시에도 영어 구사 여부를 감안한다는 내용 등이 들어 있다(Neil Campbell, 2002, 114: 117). 이와 같이 영어가 공용어가 되어야 한다는 생각은 이민 국가 미국이 처음부터 가지고 있었던 본질적인 고민이었다고 할 수 있다.

이중국어 논쟁은 실은 학교교육 현장에서 가장 뚜렷하게 나타난다. 이중어 교육에 반대하는 논리는 크게 둘로 나눌 수 있다. 하나는 이중언어 교육이 영어를 모르는 학생이 정규 수업에 합류하는 것을 오히려 지체시켜 언어적 동화를 느리게 만든다는 것이다. 또 다른 주장은 이중언어 교육에서 다른 외국어보다 스페인어가 차지하는 비중이 압도적이어서 학생들이 여러 언어를 다양하게 배우는 것이 아니라 오직 스페인어만 배우게 되고, 따라서 히스패닉 문화에만 학생들을 몰입시키는 결과를 낳는다는 것이다. 또 이들에 의하면, 과거에는 이중어교육 프로그램이 없었기 때문에 이민자가 영어와 미국문화에 더 빨리 동화되었다고 주장한다. 따라서 이중어 교육, 특히 영어−스페인어 교육 정책은 이전의 흑백의 인종분리 대신 히스패닉과 앵글로 간의 문화 분열로 이어질 것이라고 경고한다(새뮤엘 헌팅턴, 2004, 394: 398).

이러한 반대와 우려에도 이민자가 급증하고 민권운동이 절정에 달했던 1960년대에 영어를 잘 하지 못하는 이민자 자녀에 대한 교육 문제가 사회적 이슈로 대두되었다. 1967년에는 텍사스 출신 상원하원 랄프 야버러(Ralph Yarborough)가 처음으로 이민자(특히 멕시코계)에게도 동등한 교육 기회를 부여해야 한다는 취지로 이중언어교육안(Bilingual Education Act)을 발의하였고 이듬해 미 하원은 이 법안을 통과시켰다. 이 법안의 주 내용은 영어에 익숙하지 않은 학생들이 쉽게 미국 교육에 적응할 수 있도록 학교에서 영어와 학생들의 모국어를 동시에 사용할 수 있도록 연방정부가 예산을 지원하는 것이었다. 이에 대한 찬반 논란은 1974년 연방대법원이 이민자 자녀의 이중언어교육을 인정함으로써 미국 사회와 교육계에 큰 파장을 미치며 일단락되었다(Acuña, 2003, 60). 이로써 1970년대 말과 1980년대 초 남서부의 여러 카운티에서 이중언어 교육이 실시되어 절정에 이르렀다.

건국 때부터 영어는 사실상 미국의 국어이지만 미국 헌법은 영어를 공용어로 정하고 있지 않다. 이중어 논쟁, 특히 이중언어 교육 논란이 확대되면서 헌법에 영어를 국어로 규정하자는 주장이 대두되었고 이에 따라 'US English', 'English First', 'Pro English' 등 영어 공용화론을 지지하는 움직임과 단체가 생겨났다. 그러나 영어 공용화를 명문화하는 것은 헌법을 개정하는 것이기에 그리 쉬운 일이 아니었다. 따라서 이들은 영어 공용화를 주정부 차원에서 이루고자 전략을 전환하였다. 그 결과 캘리포니아 주의 공용어를 영어로 정하는 제안 63호(Proposition 63)가 1986년 발의되어 주 의회에서 73%의 찬성으로 통과하였다. 캘리포니아에는 라티노가 많았기 때문에 이 투표 결과는 일종의 충격이었다(김남균, 2007, 200~203). 이어 1997년 로스 앤젤레스 출신의 사업가이자 정치가인 론 언즈(Ron Unz)는 "아이들에게 영어를(English for the Children)"이라는 캠페인을 펼쳤다. 그는 이중언어 교육 대신 '영어 몰입 교육(English-immersion model)'을 강조하는 제안 227호를 발의하였다. 이전까지 캘리포니아에서는 학교에서 한 개의 외국어(대부분 스페인어)를 기본 언어로 선정해 교육했었다. 이 제안은 1998년 선거에서 61%의 찬성으로 통과되었고 당시 라티노 유권자의 37%가 이 제안에 동의하였다. 이에 따라 영어가 유창하지 않은 140만 명의 어린이(대다수가 라틴아메리카 이민자 자녀인)가 영어 집중 교육을 받아야 했고 캘리포니아의 모든 공립학교는 영어를 신속하게 마스터하는 교육과정을 마련해야 했다(Acuña 2003, 58). 2000년 애리조나 주에서도 이와 유사한 이중언어 교육을 금지하는 법이 제정되었다.

영어 공용화 안은 아직 연방차원에서는 크게 다루어지지 않고 있다. 오히려 2000년 클린턴 정부는 영어 공용화에 반대하는 대통령 행정명령 13166호를 결정하여 소수 인종 언어로 행정서비스를 요구할 수 있는 권리를 인정하였다(김남균, 2007, 205). 2006년 현재 28개 주가 영어를 공용어로 선언하고 있지만 실제로는 다른 외국어의 사용을 인정하고 있는 상황이며 대다수의 라티노 정치인들이 계속해서 이중어교육환경의 필요성을 제기하고 있다.

오늘날 미국의 초·중등 교육에서는 영어가 능숙하지 않은 외국인 학생은 정규수업과는 별도로 영어만을 집중적으로 공부하는 ESL(English as a Second Language)교육을 받을 수 있다. 그러나 스페인어 사용 인구가 압도적으로 많은 국경도시에서는 아예 모든 과목을 영어와 스페인어로 교육하기도 한다. 멕시코와 국경을 접하고 있는 뉴멕시코 주의 도냐 아나(Doña Ana) 카운티에서는 멕시코 이민자 자녀들이 학교에서 영어로 무리 없이 수업을 받을 수 있을 때까지 스페인어로 진행되는 별도의 교과목 클래스가 운영되고 있다.

이중언어와 영어 공용화 논란에 대한 라티노의 입장이 하나로 일치되는 것은 아니다. 즉, 라티노라고 무조건 스페인어와 영어의 이중언어 교육에 찬성하지 않는다는 것이다. 왜냐면, 라티노 중에는 자녀들이 학교에서 영어가 아닌 다른 언어, 즉 스페인어로 교육을 받으면 미국 사회에서 성공하는 데 지장이 있다고 생각하는 사람이 있기 때문이다. 따라서 캘리포니아 주민 발의 투표에서 상당수 라티노가 영어 공용화를 지지하였다.

일반적으로 라티노는 영어와 스페인어 두 언어를 다 구사할 줄 알고 집에서는 스페인어로 대화하는 것이 더 바람직하다고 생각한다. 이들은 이중언어 환경이 라티노에게 사회적 성공을 위해 유리한 '스펙'이 된다고 믿는다. 이들은 라티노는 두 언어 나아가 두 문화의 내부자(insider)가 될 수 있는 잠재력을 갖고 있다고 생각한다.

지난 300년 동안 미국에서 유창한 영어는 성공의 기본 조건이었다. 그러나 지금은 영어와 스페인어를 모두 잘 하는 것이 업계, 학계, 언론계, 정계에서 더욱 중요해지고 있다. 푸엔테스(Carlos Fuentes)가 얘기한 것처럼 영어를 공식어로 하자는 것은 영어가 이미 공식어가 아님을 보여주는 것이다. 라모스가 이미 설파한 것처럼(Ramos, 2005, 112), 영어를 공용어로 정하면 집에서 스페인어를 하는 것을 막을 수 있을까? 그리고 계속 늘어나는 스페인어 매체에서 스페인어 사용을 금지할 수 있는가? 불가능할 뿐만 아니라 불필요한 일이다. 미국에서 문화적 다양성에 대한 거부는 영어가 아닌 언어, 특히 스페인어에 집중된다. 영어를 공식어로 하고 이중언어 교육을 없애자는 운동과 제안은 확대되는 문화적 다양성을 거부하고 이에 대한 경계심을 가면 속에 감추는 것에 다름 아니다. 따라서 오늘날 라티노에게 미국인으로 하나가 된다는 것은 단순히 영어를 사용한다는 것만을 전제로 하는 것이 아니다. 그것보다는 이민과 문화의 다양성을 수용하는 미국의 본질에 모두가 하나가 된다는 것을 의미하는 것이라고 할 수 있다.

II. 스팽글리쉬: ¿ Habla english ?

'스팽글리쉬(spanglish)'는 라티노 혼종성의 대표적 예이다. 스팽글리쉬는 spanish와 english의 합성어인데 스페인어로 español(스페인어)과 inglés(영어)를 합쳐서 '에스빵글레스(espanglés)'라고도 한다. 또 español과 english를 합쳐서 'espanglish'라고도 한다. "¿Habla english?"는 "Do you speak english?"와 "¿Habla español(스페인어 의문문은 물음표를 문장 전후에 사용한다)"이 합쳐진 스팽글리쉬 표현이다.

스팽글리쉬란 말이 처음 등장은 1954년이었다. 그해 푸에르토리코의 언론인 살바도르 티오(Salvador Tío)가 신문칼럼에서 처음으로 사용하였는데 그는 푸에르토리코에서 영어와 스페인어의 혼용이 심각해지자 이를 염려하는 차원에서 논쟁적이고 풍자적인 기사들을 작성했다. 따라서 처음 스팽글리쉬가 사용된 것은 스페인어의 퇴보를 상징하기 위한 것이었다(박구병, 2011b, 122).[42]

스팽글리쉬는 영어에서 스페인어로, 스페인어에서 영어로 단어와 문장

---

42 Espanglish의 사용은 더 이전이다. 티오는 이미 1948년 푸에르토리코의 스페인어가 영어의 영향으로 라틴어처럼 될 것이라고 경계하면서 Espanglish라는 말을 사용한 바 있다(Salvador Tío, Teoría del Espanglish, Diario de Puerto Rico, 1948. 10, 28. http://dev.salvadortio.com/ tag/espanglish).

이 교차 사용되는 일종의 코드 스위치(code switch)인데 기본적으로 소통을 위한 것이지만 오늘날에는 재미삼아 하는 언어 게임의 성격도 갖는다. 영어와 스페인어를 혼합을 의미하기 때문에 다의적으로 이해되기도 한다. 따라서 일반적으로 스팽글리쉬는 미국의 라티노가 사용하는 '영어적인 스페인어'를 의미하지만 그 뜻을 확대한다면 라틴아메리카에 사는 미국인이 사용하는 언어까지도 포함할 수 있다.

따라서 스팽글리쉬는 이주 지역과 출신국에 따라 멕시코계가 많은 남서부, 푸에르토리코 출신이 많은 뉴욕, 쿠바계가 많은 플로리다 등 지역적으로 구분할 수 있는데 이중에서 가장 규모가 큰 것은 남서부 지역이며 이 지역의 스페인어는 멕시코, 특히 멕시코 북부에서 온 이민자가 많았던 관계로 이 지역 스페인어의 영향을 많이 받았다.

치카노 스팽글리쉬와 관련하여 포치스모스(pochismos)와 칼로(caló)를 언급할 필요가 있다. 포치스모스는 스페인어에서 사용되는 영어와 영어식 표현을 말하는데 어원은 스페인어 '포초(pocho)'이다. 포초는 멕시코에서 '상한 과일', '멍청한 사람', '멕시코계 미국인'을 의미하는데 때로는 스페인어나 멕시코 관습을 잘 알지 못하는 멕시코계 미국인을 경멸하는 의미로 쓰인다. 따라서 포치스모스는 포초가 쓰는 말, 즉 스페인어와 영어의 혼합을 뜻한다. 예를 들어, 영어 watch에 스페인어 동사어미 'ar'를 붙여 watchar라는 동사를 만드는 식이다. 따라서 포초는 스팽글리쉬를 사용하는 라티노를 의미한다고 볼 수 있다.

칼로는 멕시코계 미국인이 사용하는 스페인어의 은어 또는 비속어를 일컫는데, 특히 미국 남서부에서 멕시코계 젊은이들이 쓰는 속어나 영어가 섞인 스페인어를 의미한다. 원래 칼로는 집시들이 사용하는 스페인어를 의미했다. 따라서 불어, 영어, 이탈리아어, 그리스어, 히브리어 등의 요소들을 가지고 있어 하류층의 스페인어로 간주되었다. 칼로는 멕시코 이민자가 많아지면서 20세기 전반기 엘파소를 중심으로 남서부 지방으로 확대되었다.

칼로는 치카노 젊은이 문화의 산물이라고 할 수 있는데, 따라서 1960~1970
년대 치카노 운동의 상징이 되기도 했다.

스팽글리쉬는 어휘, 형태, 통사, 의미적으로 매우 다양한 모습으로 나타
난다. 아직 그 섞임의 유형, 문법, 범위 등에 대한 연구가 진행되고 있으나
두 언어의 요소들이 서로 상대에게 변화를 주지 않고 단순 교체되는 현상부
터 한 언어가 다른 언어에 영향을 주어 그 언어체계에 변화를 일으키는 경
우까지 폭넓게 나타난다. 그리고 스페인어와 영어가 서로 영향을 주고받는
것은 사실이지만 주로 문제가 되는 것은 스페인어가 영어의 영향으로 변형
을 겪는 경우이다(최종호, 2011, 207).

어휘를 중심으로 스팽글리쉬의 특징들을 대별하여 살펴보면 다음과 같다.[43]

+ 영어 단어를 스페인어화함.
parkear(주차하다), watchar(보다, watch), Shawerear(샤워하다, shower),
governador(주지사, governor), faxear(팩스 보내다, fax), weder(날씨, weather),
wifa(부인, wife), ganga(갱, gang, 멕시코에서 싼 물건을 의미하기도 함),
dona(doughnut), dompe(dump)
+ 영어와 스페인어를 함께 사용함.
biroles(frijoles+bean), Cómo se llama that place?, Queires ir a dancing?,
What are you doing este fin de semana?
+ 스페인어 표현보다 영어식을 더 사용함.
green card > tarjeta de residencia(영주권), tener sexo > hacer el amor(성관
계를 갖다), hacer lobby > cabildear(로비하다), surfear > correr tabla(파도타
다), ambientalista > defensor de medio ambiente(환경운동가), sexista >
machismo(성차별주의), soccer > futbol(축구)

오늘날 스팽글리쉬는 라티노를 넘어 영어사용자에게도 통용될 정도로
그 사용이 늘어나고 있다. 관련 사전과 연구서가 출간되고 일부 대학에서는
관련 강좌가 개설되고 있다. 이제 스팽글리쉬는 소수가 비공식적으로 사용

---

43 김우중, 2003, 15~24; Ramos, 2005, 243,

하는 속어(slang)를 넘어 사회적 방언 또는 그에 준하는 단계에 와 있다고 볼 수 있다. 이제 뉴욕에서 스팽글리쉬는 영어와 스페인어에 이은 제3의 언어로 간주되고 있다. 나아가 스팽글리쉬가 언젠가는 스페인어를 대체하는 완전한 언어로 자리 잡을 것이라고 전망하는 연구자도 있다.

반면 스팽글리쉬에 대한 반대의 주장도 있다. 스페인 한림원(Real Academia Española)은 스팽글리쉬를 하나의 언어나 방언으로 보지 않고 이중언어 사용의 전 단계 정도로 간주한다. 즉, 스팽글리쉬는 스페인어 사용자가 영어를 제대로 구사하지 못할 때 영어 단어만을 대치하여 언어를 배워가는 과정으로 보는 것이다(서경석, 2002, 89). 또 스팽글리쉬는 스페인어에 영어가 침투한 것으로 봐서 두 언어 또는 두 인종간의 불평등 관계에 기초한 것이며, 따라서 스팽글리쉬는 미국 내 라티노 사회의 패배주의를 의미하는 것으로 이해하기도 한다(최종호, 2011, 224).

그러나 스팽글리쉬와 미국에서 사용되는 스페인어를 이해함에 있어 놓치지 말아야 할 것은 이 말의 현재적 성격이다. 스팽글리쉬를 규범성 또는 정식성의 문제로만 이해하면 이 말이 지구상에서 멕시코, 스페인, 콜롬비아, 아르헨티나 다음으로 가장 많은 사용자를 가진 스페인어이며, 따라서 이 스페인어를 배제하는 것은 이제 불가능하고 불필요해졌다는 사실을 이해하기 곤란해진다. 이제 규범스페인어는 스팽글리쉬에 전혀 영향을 주지 못하고 있다. 과거 스페인은 중남미 스페인어가 스페인 스페인어와 다르게 변질되어가는 것을 우려했지만 오늘날 중남미 스페인어 덕분에 스페인어의 중요성은 오히려 증대되었다. 이처럼 미국에서 사용되는 스페인어와 스팽글리쉬도 장차 문제가 되기보다는 스페인어의 세계적 위상을 강화하는 데 기여할 것으로 전망할 수 있다(김우중, 2003, 29).

오늘날 스팽글리쉬는 미국의 스페인어와 나아가 글로벌 스페인어로의 가능성을 보여준다. 스팽글리쉬는 멕시코도, 스페인도 아닌 미국의 안팎에서 사용되는 스페인어로의 성격을 가지며 멕시코 스페인어와 가장 유사하긴 하지만 향후 '중립 스페인어(neutral spanish)'로 초국가적이고 글로벌한 사용과 역할을 기대할 수도 있다. 스팽글리쉬는 새로운 혼합이며, 그래서 창조이다. 스팽글리쉬는 새로운 가능성이고 스페인어를 확장시켜줄 미래의 공간일수 있다. 따라서 스팽글리쉬가 스페인어가 확대되어왔던 과거를 세계적으로 재현할 계제가 될 수 있을지 그 귀추가 주목된다.

08

반이민주의와
미등록(불법)이민

Ⅰ. 반이민주의와 라티노

1. 토착주의의 형성

2000년 이민에 대한 인식조사에서 미국인의 38%가 이민자는 미국에 부담이 된다고 답하였다. 그러나 2005년 같은 질문에 대해 44%가 그렇다고 답하였고 2006년에는 그 수치가 52%로 올라갔다. 다른 조사에서도 "이민이 미국이 해결해야 할 문젯거리인가?"라는 질문에 2002년 69%가 그렇다고 동의하였으나 2006년에는 응답자가 74%로 늘어났다(Massey, 2009, 4). 이런 조사 결과들은 미국 내에서 이민으로 야기되는 문제들을 경계 또는 우려하는 사람들이 많아지고 있으며 이민 이슈가 미국 사회에서 점점 더 중요하게 인식되고 있음을 보여주는 것이라고 할 수 있다.

이와 같이 미국에서 이민에 대한 찬반의 집단적 인식이 확산되는 것은 미국의 인종주의와 관계가 있다. 미국에서 인종차별 또는 인종주의가 존재한다는 것은 주지의 사실이다. 미국 사회에 아직도 인종 차별이 만연해 있다고 보는 진보주의는 물론이고 보수주의자까지도 인종주의가 미국 사회 일각에서 아직도 존재하고 있음을 인정한다. 여기에 인종차별의 수준을 개인이 아닌 사회로 확대 적용한다면 미국에서의 인종주의는 더욱 명백한 현실이 되어버린다.[44] 따라서 미국이 백인 인종이 주축이 된 사회였다는 사실을 상기할 때 인종주의와 반이민주의간의 연관성은 재론의 여지가 없는 것이라고 할 수 있다.

기실 미국에서 이처럼 이민을 경계하고 반대하는 생각과 행동은 오래전부터 있어왔다. 미국이 이민으로 시작된 나라라는 것을 상기한다면 이는 당연한 일이다. 토착주의(Nativism)[45]의 형성은 반이민주의의 뿌리라고 할 수 있다. 19세기 들어서면서 유럽 이민이 다양해지고 비개신교도가 늘어나면서 토착주의가 두드러지게 나타났다. 토착주의자들은 이민자들이 인종적으로 열등하고, 표를 팔아 정치를 타락시키며, 일자리를 뺏는다고 공격하였고, (아일랜드인의 이민으로)가톨릭의 영향이 커지고 이들이 급진 정치세력으로 성장할 것이라고 우려하였다. 이에 따라 이민에 반대하는 비밀결사가 생겨났고 1837년 토착미국인협회(Native American Association)가 결성되고, 협회는 1845년 토착미국인당(Native American Party)으로 발전하였다. 1850년에는 성조기결사단(Supreme Order of the Star-Spangled Banner)이 설립되었는데 이 단체는 이민자의 공직금지, 엄격한 귀화시험 등 이민을 제한하는 법을 요구했고 엄격한 비밀 규약을 채택하였다. 비밀 규약의 암호는 'I know nothing'이었는데, 그래서 이들을 '무지자(無知者)'라고 부르기도 했다. 이들은 1852년 아메리칸당(American Party)을 창당했다. 이 정

---

44 인종 간에 사회·경제적 격차가 클 경우, 개인적으로 인종주의자가 아니더라도 인종주의적으로 행동할 수밖에 없다는 이른바 통계적 차별(statistical discrimination)은 사회의 구조적 차별이라고 할 수 있다. 예를 들어, 통계적으로 볼 때, 평균적으로 흑인은 백인보다 교육수준이 낮고, 소득이 낮고, 범죄자가 많기 때문에 고용주는 흑인 지원자에 대한 충분한 자료가 없다면 그가 속한 인종 집단의 통계적 사실을 참고하여 입사여부를 결정하게 된다. 또 백인지역의 가게에서 백인고객을 위해 백인만을 채용한다면 이는 인종차별인가? 사장은 개인적으로 인종주의자가 아니더라도 백인 사원을 채용해야 한다. 왜냐면 백인고객들이 백인점원을 선호하는 사회적−집단적 인종주의가 존재하기 때문이다. 따라서 인종주의는 개인적 수준뿐만 아니라 사회적 수준에서 작동되는 사회문화적 구성물의 성격을 갖는다(이현송, 2006, 316).

45 토착주의(Nativism)는 사전적으로 원주민 또는 토착문화 보호주의를 뜻한다. 당대의 정황에 따라 원주민 문화 보호 정책이 될 수도 있고 이민자 배척주의가 될 수도 있다. 토착주의는 미국의 백인 문화를 보호한다는 의미로 백인 토착주의(White Nativism)를 줄인 말로도 사용된다.

당은 1854년 없어졌지만 한때 동북부에서는 강력한 지지 세력을 확보하였다(엘런 브링클리, 2005a, 458). 특히 당시 토착주의자들을 자신들의 주장을 지지해줄 학술적 근거를 찾기 위해 노력했다. 예를 들어, 각 민족집단 간 범죄율을 조사하여 아일랜드계의 범죄율이 높다든지 우생학적으로 내국인보다 이민자의 정신질환 비중이 높다는 식의 연구들을 내세워 자신들의 논리를 정당화하려 했다.

오늘날 토착주의는 늘어나는 이민자로 인해 자신들의 사회·경제적 지위와 일자리가 위협받고, 자신들의 문화와 언어가 약화되고, 역사적 정체성이 훼손된다면 그것을 되돌리기 위해 노력하는 것은 당연한 것이라고 주장한다. 따라서 현재 미국의 반이민주의는 이러한 토착주의의 오랜 전통에 기인하는 바가 크다고 할 수 있다.

2. 미국의 반이민주의

"이민은 미국 국가에 해가 되기 때문에 제한해야 한다"는 반이민주의는 몇 가지 고전적 가설들을 가지고 있는데 이 중 가장 대표적인 것은 이민과 노동의 관계이다. 반이민주의도 이민이 미국 인구를 증가시키고 인종적으로 국가를 더 다양하게 만든다는 점에는 동의하지만 이민이 저숙련 노동력을 주로 제공하기 때문에 미국의 저임금노동자를 위협하고 재정적 부담을 높인다고 주장한다. 특히 이민자 인구가 많은 지역의 저임금노동자는 일자리를 위협받고 노동 조건의 악화를 겪게 된다는 것이다. 그뿐만 아니라 고임금노동자에게도 이민은 득이 되지 않는다고 주장한다. 특히 이민자에 대한 복지 지출이 높은 지역의 고임금노동자는 더 많은 조세를 부담해야 한다는 것이다. 이 문제는 이민자는 자기가 내는 세금보다 더 많은 의료와 교육 서비스를 받아 국가를 '낭비'한다는 주장과 관련이 있는데, 특히 미등록 이민자는 더 많은 국가 돈을 사용한다는 것이다. 따라서 이들에 의하면, 미국은 국내 노동자의 노동조건을 보호하고 국민의 조세부담을 줄이기 위해 미등록 이민을 철저하게 통제하고 전문 인력 중심의 이민 정책을 실시해야 한다고 주장한다(Hanson, 2005, 55~58). 그뿐만 아니라 이들에게 이민은 미국의 문화와 언어를 타락시키며 범죄 등 사회 안전을 해치는 주범이다. 또 인구학적으로 미국에 외국인이 지나치게 많기 때문에 이민을 제한해야 한다고 주장을 하기도 한다.

그러나 반이민주의에 반대하는 주장도 많다. 최근의 한 연구는 1940~1995년 동안 멕시코 이민을 분석한 결과 멕시코 이민자가 멕시코뿐만 아니라 미국에도 '플러스'가 되었다는 결론을 내렸다. 이에 의하면, 일부 이민자들이 교육과 의료 같은 미국의 공공서비스의 수혜를 받는 건 사실이지만 이들 덕분에 미국인 고용주는 노동 유연성을 확보하고 더 싼 임금으로 노동력을 구하고, 소비자는 더 저렴한 가격으로 물건을 구입한다. 따라서 미국 전체는 지출보다 더 큰 이익을 얻는다는 것이다. 또 다른 연구에 의하면 라티노 인구가 밀집되어 있는 캘리포니아 주와 텍사스 주 그리고 로스앤젤레스나 뉴욕과 같은 대도시에서 라틴아메리카 출신 이민자에 대한 지출이 수입보다 더 많지만 미국 전체를 놓고 볼 때는 이와는 반대로 이들이 만들어내는 수입이 더 많다는 것이다(Lorey, 1999, 164). 즉 오히려 이민자는 국가 서비스를 소비하는 것보다 더 많은 비용을 납부한다는 것이다. 이에 의하면, 미등록 이민자라고 하더라도 절반 이상이 주와 연방의 세금을 내며 판매세도 납부하고 직접 내건 월임대료로 내건 재산세도 낸다(Immigration Policy Center, Undocumented Immigrants as Taxpayers). 또 이민자가 한해 내는 여러 종류의 세금 총액은 900억 달러인데 반면 이들이 받는 사회보장 혜택은 50억 달러 정도에 불과하다는 연구 결과도 있다(Heredia Zubieta, 2011, 136).

마찬가지로 미등록 이민이 미국의 의료보험을 낭비한다는 주장에 대한 반박도 여럿 있다. 이에 따르면 일반적으로 이민자는 젊고 건강하기 때문에 의료서비스를 적게 사용한다는 것이다. 2000년 Los Angeles 카운티의 경우, 미등록 이민자에 대한 의료비 지출은 8억 8,700만 달러였는데 이 액수는 전체 의료비 지출의 6%였다. 당시 미등록 이민자 숫자가 Los Angeles 카운티 전체 인구의 12%였음을 고려하면 미등록 이민자에 대한 의료비 지출은 결코 '낭비'의 수준이 아님을 보여준다(The Rand Corporation, RAND Study Shows Relatively Little Public Money Spent Providing Healthcare to Undocumented Immigrants).

또 이민자가 미국인의 일자리를 뺏는다는 반이민주의의 주장에 대해서도 "지역별로 약간의 차이가 있지만, 미국의 거의 모든 주에서 외국인 인구의 증가는 내국인의 고용에 부정적 결과를 가져오지 않았다(The Urban Institute, "Trends in the Low-Wage Immigrant Labor Force, 2000~2005")"는 연구 결과도 있다. 오히려 이민자는 저렴한 노동력을 제공하여 미국 경제에 기여했다.

나아가 이민자 인구는 오늘날 미국 노동력의 희망이다. 최대 이민 그룹인 멕시코 이민자의 경우를 보면, 멕시코 이민자는 노동력으로 미국 경제에 기여하고 있다. 2008년 현재 멕시코 이민자와 그 후손을 포함하는 멕시코계 인구는 미국 노동력의 9.2%를 차지하고 있다. 미국에서 일하는 사람 열 명 중 한 명이 멕시코계라는 말이다. <표 8-1>처럼 이 기간 앵글로계 경제활동인구는 약 500만 명이 증가했으나 연령대별로 보면, 젊은 노동력은 줄어들고 노년 노동력이 증가하였다. 반면 멕시코 이민자나 멕시코계 미국인의 경제활동인구가 늘어난 것은 주로 젊은이의 증가에 기인하였다. 따라서 치카노 노동력은 미국 전체 경제활동인구에서 수적으로 그 비중이 날로 커지고 있으며 동시에 늙어가는 노동력을 젊게 하고 있다고 할 수 있다. 또 미국농업인협회도 초청노동자(guest worker)와 같은 젊은 이민자 노동력이 미국에 오지 않는다면 미국 농업은 막대한 손실을 보게 될 것이라고 인정한 바 있다.

표 8-1. 인종-출신지별 경제활동인구 증감(2000~2008)

(단위: 백만 명)

구분	앵글로계 미국인	멕시코 이민자	멕시코계 미국인	라틴아메리카 이민자	기타지역 이민자	아프리카계 미국인	기타
15~49세	-4.1	2.4	1.8	1.0	1.6	0.8	1.6
50세 이상	9.2	0.6	0.3	0.4	1.4	1.2	0.4
15세 이상	5.1	3.0	2.1	1.4	3.0	2.0	2.0

자료: Canales, 2009, 69, 71.

이민자가 미국의 문화와 언어를 타락시킨다는 주장도 과학적이지 못하다. 왜냐면 이민자가 모국의 언어와 문화를 유지하는 것이 미국의 타락으로 이어질 것이라는 주장은 논리적으로 근거가 없기 때문이다. 따라서 이러한 주장은 백인중심주의가 뭔가 자신과 다르고 새로운 것에 대해 견지해온 완고한 유산일 뿐이다.

특히 라티노 또는 히스패닉 문화는 비지성적·반자본주의적·반노동적인 것으로 묘사되곤 한다. 히스패닉은 미래지향적 태도의 부재, 가족 중심적 사고, 운명론적 세계관을 가지고 있어서 경쟁심과 진보의식이 없고, 매사에 쉽게 만족하는 심리적 기질을 가지고 있다고 본다. 따라서 이러한 히스패닉 문화는 WASP(White Anglo Saxon Protestant)의 장점인 근면성, 미래지향성, 자기희생적 개인주의가 발전하는 데 장애가 된다는 것이다. 그러나 이러한 일종의 문화의 낙후 또는 열등에 관한 가설은 일련의 편견에서부터 비롯되었음을 쉽게 알 수 있다. 그 기원은 영국과 영국령 식민지에 알려졌던 스페인에 대한 일종의 '흑색 전설'[46]이라고 할 수 있다. 때때로 이러한 편견은 국가 정책 수립에서 라틴계를 배제하거나 그들에 대한 지원을 줄이는 구실

---

46 흑색전설(leyenda negra)은 스페인과 라틴계의 열등성과 낙후성을 정당화시키고 정형화시키는 부정적 시각을 지칭하는 말이다. 영국과 네덜란드 등 개신교 국가는 1500년대 교역, 군사적으로 경쟁관계에 있던 스페인을 견제하기 위해 라틴아메리카 정복의 야만성 등을 내세워 흑색전설을 선전하였다.

이 되기도 했다. 또 히스패닉에게 교육과 정치적 기회를 박탈하고 또 이들에게 천한 일만 하도록 강요하는 결과가 낳기도 했다(존 H. 엘리엇, 2003, 160~161). 이러한 몰이해와 편견을 히스패닉 전체에 일반화하고 정형화하는 것은 오류라고 할 수 있다.

이민과 범죄와 상관관계를 구체적으로 밝히기는 어렵지만 이민자가 오히려 내국인보다 범죄율이 낮다는 연구도 있다. 미국 내 미등록 이민자 숫자가 2배가 되었던 1994~2005년 사이 오히려 범죄는 감소하였고 또 이민 1세대의 범죄율은 미국화된 2, 3세대보다 45%나 적다는 연구 결과도 이러한 주장을 뒷받침한다(Immigration Policy Center, Immigrants and Crime: Are They Connected; Sampson, Open Doors Don't Invite Criminals). 또 샌디에이고, 엘파소, 오스틴, 피닉스 등 이민자가 많은 50만 명 이상의 국경 인접 도시의 대부분은 미국에서 가장 치안이 좋은 도시들이다(Heredia Zubieta, 2011, 138). 따라서 이민자로 인해 도시 안전이 위협받는다는 주장도 설득력이 약하다.

표 8-2. 미국의 외국 출생 인구 변화(1850~2008)

연도	인구(명)	총인구대비율(%)
1850	2,244,602	9.7
1860	4,138,697	13.2
1870	5,567,229	14.4
1880	6,679,943	13.3
1890	9,249,547	14.8
1900	10,341,276	13.6
1910	13,515,886	14.7
1920	13,920,692	13.2
1930	14,204,149	11.6
1940	11,594,896	8.8
1950	10,347,395	6.9
1960	9,738,091	5.4

1970	9,619,302	4.7
1980	14,079,906	6.2
1990	19,767,316	7.9
2000	31,107,889	11.1
2008	37,960,935	12.5

자료: Gibson, 1999; U.S. Census Bureau, 2000; Decennial Census, 2008; American Community Survey.

반이민주의는 미국에 외국인이 너무 많다고 주장한다. 그러나 통계학적으로 이 주장은 맞지 않다. <표 8-2>에서처럼 외국인 인구는 1970년 이래 계속 증가해서 현재(2008년 기준) 3,800만 명으로 역대 최고이다. 그러나 총인구 대비 비율을 보면 12.5%로 1890~1920년대의 14% 이상과 비교할 때 높지 않은 숫자이다. 차이점은 당시는 아일랜드, 독일, 이탈리아 출신 이민이 다수였고 지금은 멕시코계가 다수란 점뿐이다. 따라서 외국인이 지나치게 많아 미국이 미국적이지 않게 변하고 있다는 주장은 타당하지 않다.

오히려 인구학적으로 라틴아메리카 이민자는 미국에 기여하고 있다. 살펴본 바와 같이 줄어들고, 늙어가는 미국 인구를 유지시키는데 결정적인 역할을 하고 있다. 2000~2008년 동안 라틴아메리카에서 온 이민자는 미국 총인구증가의 20%를 담당하였고 라틴아메리카 출신 이민자는 인구 노령화로 인해 생긴 생산활동인구의 부족을 메우고 있다. 또 라틴아메리카 이민자는 높은 출산으로 미국 인구에 기여하고 있다.

이러한 측면에서 볼 때 라틴아메리카 이민은 인구학적으로 "미국으로 사람을 보내고", 경제적으로, "노동력과 송금과 같은 경제적 가치의 이동을 만들어내고", 사회적으로, "사회 – 문화적 재생산과 그것의 확산을 만들어내면서" 미국에 공헌한다고 볼 수 있다.

3. 친이민단체와 반이민단체

미국에서 이민 문제는 사회적으로 매우 중요한 이슈이다. 따라서 친이민과 반이민의 입장을 가진 다양한 NGO들이 있다.

미니트맨(Minuteman)은 대표적인 반이민 운동단체이다. 이들은 주로 미등록 이민을 반대하는데, 특히 멕시코 밀입국을 차단하기 위한 다양한 활동을 하고 있다. 'Grassfire Nation'(http://www.grassfire.com)은 그라운드 제로에 이슬람 사원을 세우는 것을 반대하고 애리조나 주의 이민법을 지지하는 반이민 캠페인을 펼치고 있다. 온-오프라인 서명운동과 "침입을 저지하고 우리의 국경을 지키자(Detengan la Invasión, Salvemos nuestra Frontera)"는 운동을 주도하고 있다. 주로 웨스트버지니아, 텍사스, 플로리다, 애리조나, 조지아, 캘리포니아에서 활동이 두드러진다. 미시간의 환경운동가이자 반이민운동 리더인 존 탠튼(John Tanton)은 '미국 이민개혁연합(Federation for American Immigration Reform)'을 창설하고 전국적인 반이민 연대 운동을 주도하고 있다. 이외에도 'American Immigration Control Foundation', 'California Coalition for Immigration Reform', 'Pro English' 등이 대표적인 반이민단체들이다. 이들 단체들은 'Border Out of Control-Immigration or Colonization?', 'National Security at Risk'와 같은 자극적인 어구들을 내세워 애국심을 자극하는 반이민 캠페인을 주도하고 있다.

특정한 이슈나 안건에 집중하여 활동을 하는 반이민단체들도 있다. 예를 들어, '드림 액트'와 같이 미등록 이민자 학생 교육에 이의를 제기하는 단체도 있다. 2009년 12월 '텍사스준법재단(Texas Legal Foundation)'은 불법이민자에게 장학금과 학비 감면을 제공하는 이른바 '노리에가 액트'는 불법이라며 University of Houston, Community College of Houston, Lone Star College Systems 등을 고소하였다. 또 '텍사스이민법개정(Immigration Reform Coalition of Texas,

CIRCOT)'운동은 불법이민을 반대하는 단체인데 미등록 이민자에 대한 교육이 텍사스 주민이 낸 세금을 낭비하는 것이라고 이 법안을 거부하는 운동을 벌였다.

반면 이민과 이민자에 우호적인 NGO 단체와 운동으로는 "We Are America Alliance", "Border Angels", "American Immigration Lawyers Association", "New American Opportunity Campaign" 등이 있다. 'We Are America Alliance(WAAA)'는 2006년 10여 개의 이민자 인권 단체가 조직한 연맹체로서 공동체적이고 종교적인 성격을 가진 단체이다. WAAA는 약 1,200만에 달하는 미등록 이민자를 사면하는 법 개정을 의회에 요구하며 이민자 관련 법 개정뿐만 아니라 가족이민비자를 확대할 것을 촉구하고 있다. Border Angels는 국경 지역에서 위험에 처한 불법입국자들을 돕기 위해 활동하는 비정부기구이다. 또 일부 단체는 투표권을 가진 이민자들이 선거구 등록률과 투표참가율을 높이는 운동을 전개하고 있다. 여기에는 영주권자들이 미국 시민권을 갖게 하는 운동도 포함되어 있다. 이를 통해 '이민'이 미국 사회에서 더 큰 힘을 갖게 하도록 하는 것을 목표로 하고 있다.

미국에서 이민과 반이민의 인식은 지역에 따라 차이가 있다. 일반적으로 텍사스는 캘리포니아보다 반이민 정서가 덜 강하다. 텍사스는 캘리포니아보다 인구와 산업이 집중되어 있는 멕시코 중부와 더 가깝고 또 북미자유무역협정으로 경제적 이해관계도 더 긴밀하기 때문이다. 그러나 이 역시 같은 주라도 카운티나 시 단위로 차이가 있음을 유념할 필요가 있다.

이처럼 오늘날 미국의 반이민주의는 유색 인구 그룹, 특히 라티노가 인구·사회·경제·정치적으로 점점 더 중요해지자 이들을 거부하고 경계한다. 이런 면에서 볼 때 라티노는 현재 미국의 이민 대 반이민 논쟁의 중심에 놓여 있다고 할 수 있다. 패트릭 뷰캐넌과 같은 보수주의자는 멕시코 이민의 증가를 멕시코 엘리트가 150년 전 미국-멕시코 전쟁에서 패하여 잃어버린 땅을 되찾기 위해 꾸민 '아즈틀란 음모(Aztlan Plot)'라고 말한 바 있다. 자신들이 침공당하고 있다는, 인위적이건 무의식적이건, 잘못된 위기의식은 필연적으로 반이민과 반외국인주의로 이어진다. 따라서 오늘날 미국의 반이민주의와 반라티노주의는 라티노가 많아지는 '불편한 현실'에 대한 미국사회의 반응과 대응을 대변하는 것이라고 할 수 있다.

Ⅱ. 미등록 이민과 라틴아메리카 이민자

엄밀히 얘기해서 '불법이민에 반대하는 것'과 '이민에 반대하는 것'은 구별해야 한다. 그럼에도 '반불법이민'과 '반이민'은 본질적으로 같은 맥락에 있다고 할 수 있다. 왜냐면, 그림슨이 설파한 것처럼, 지구상에 불법이민자는 존재하지 않으며 다만 정부에 의해 불법화된 이민자만 있기 때문이다 (Grimson, 2011, 42). 또 많은 경우, 반불법이민의 '본심'은 반이민이다. 미국에서도 마찬가지이다. 따라서 미등록 이민자 문제는 미국의 반이민주의를 이해하는 중요한 연결 고리라고 할 수 있다.

이민과 이민자에 대한 미국 국민의 전반적인 입장을 일괄하여 얘기하긴 쉽지 않다. 조사 자체도 복잡하거니와 분석 방법과 조건에 따라 결과가 다르기 때문이다. 그러나 최근 미등록 이민자가 계속 늘어나고 있는 상황은 분명 미국의 반이민 정서를 강화시키는 조건이 되고 있음이 분명하다. 2010년 애리조나 주의 반이민법 논란 직후 실시한 여론조사에 의하면 반이민법에 찬성하는 미국 국민이 55%인 데 반해, 반대하는 경우가 40%에 그쳐 반이민이나 인종차별적 정서가 높다는 것을 알 수 있다(이은아, 2010, 6). 따라서 미국에서 반이민주의와 그것에 대한 정부 정책의 기저에는 그간 축적되어

온 미등록 이민자 문제가 자리 잡고 있다고 할 수 있다.

아는 바와 같이 멕시코에서 미국으로의 국제 이민의 가장 큰 특징, 즉, 멕시코에서 오는 이민자와 세계의 다른 지역에서 오는 이민자간의 가장 중요한 차이는 멕시코 이민자 중에는 미등록 이민자가 많다는 사실이다.

일반적으로 미등록 이민자(또는 불법이민자, 불법체류자, 불법외국인)는 출입국관련법을 위반하여 자국이 아닌 외국에 머물고 있는 사람을 말한다. 일반적으로 이들을 illegal aliens라고 한다. 그러나 불법(illegal)이란 말 대신 미등록, 서류 미비 또는 미승인(undocumented, unauthorized)이란 말을 사용하여 undocumented workers 또는 unauthorized immigrants라고도 한다. 미등록 이민에 반대하는 사람들은 이들을 침입자(invader)나 범죄자(criminal)라고 부르며 wetbacks(강을 몰래 건너 물에 젖은 사람이라는 뜻으로 미등록 이민자를 비하하는 말)이라고도 한다. 스페인어로는 모하도스(mojados, 물에 젖은 사람들), 알람브리스따스(alambristas, 국경의 철조망을 건넌 사람들이란 뜻으로 alambre는 철조망을 의미함), 인도꾸멘따도스(indocumentados, 서류 없는 사람들)라고 부른다.

표 8-3. 미국 내 미등록 이민자 인구 추정(1980~2008)

(단위: 백만)

연도	1980	1982	1986	1989	1992	1996	2000	2006	2008
인구	3.0	3.3	4.0	2.5	3.9	5.0	8.4	11.5	11.9

자료: Passel, 2007, 12.

부르는 이름만큼이나 미국 사회에서 미등록 이민이 갖는 의미도 다양하다. 우선 미등록 이민은 그 비공식성 때문에 그것의 성격이나 규모를 정확히 알기 힘들다. 따라서 미국에 미등록 이민자가 얼마나 있는지에 대해서 통계마다 차이가 있다.[47] 대략 1,200만 명 정도로 추산되지만 오고 가는 사람을 더하면 1,500만 명이 될 것이라는 연구도 있다(에릭 허쉬버그, 2008, 294). <표 8-3>에서처럼 미국 내 미등록 이민자 인구는 1980년대 이후 꾸준히 늘어왔다. 1980년 3백만이었던 미등록 이민자 숫자는 1990년 전후 정체되었지만 이후 다시 급증하여 30년이 지난 현재 무려 4배가 증가했다. 추정에 따르면 미등록 이민자의 절반 정도는 밀입국자이다. 따라서 나머지 반은 합법적으로 미국에 입국한 후 체류 기간이나 조건을 어긴 불법체류자라고 할 수 있다.

표 8-4. 국가별 합법체류외국인 인구(2010)

국가	인구(천 명)	비율(%)
멕시코	3,290	26.0
필리핀	560	4.4
중국	550	4.4
인도	500	4.0
도미니카공화국	440	3.5
쿠바	370	2.9
캐나다	330	2.6
엘살바도르	320	2.5
베트남	310	2.5
영국	290	2.3
한국	270	2.2
아이티	240	1.9
콜롬비아	230	1.9
자메이카	230	1.8
독일	180	1.4
과테말라	180	1.4
폴란드	150	1.2
일본	140	1.1
페루	140	1.1

47 미국 국토안보부 자료(Estimates of the Unauthorized Immigrant Population Residing in the United States : January 2011, 3)에 의하면, 미국의 미등록인구는 2000년 850만, 2006년 1,130만, 2008년 1,160만, 2010년 1,160만 명으로 <표 8-4>와 차이가 있다.

파키스탄	130	1.0
기타	3,790	30.0
계	12,630	100

자료: U.S. Department of Homeland Security, 2011, Estimates of the Legal Permanent Resident Population in 2010, 4.

알려진 바와 같이 라틴아메리카 이민자, 특히 멕시코 이민자의 가장 큰 특징이자 논쟁점은 등록이민자 대비 미등록 이민자의 비율이 매우 높다는 것이다. 물론 미국에 체류하는 합법외국인도 멕시코인이 가장 많다. <표 8-4>에서처럼 2010년 미국에 적법하게 체류하고 있는 외국인 1,260만 명 중 멕시코인이 330만 명으로 전체의 26%이다. 미국에서 체류 자격을 갖고 거주하는 외국인 4명 중 한 명 이상이 멕시코 사람인 셈이다. 멕시코인 다음으로는 필리핀, 중국, 인도, 도미니카공화국, 쿠바 순이다. 마찬가지로 2010년 영주권을 취득한 총 외국인 104만 명 중 멕시코 출신은 14만 명으로 가장 많다 (U.S. Department of Homeland Security, 2011; U.S. Legal Permanent Residents, 2010, 4). 그럼에도 멕시코 이민자 중 미등록 이민자 숫자는 합법 이민자의 배를 넘으며 다른 라틴아메리카 국가도 멕시코와 비슷한 경우가 많다.

표 8-5. 출신국가별 미등록 이민자 인구

(단위: 천 명)

구분	2011	2000
멕시코	6,800	4,680
엘살바도르	660	430
과테말라	520	290
온두라스	380	160
중국	280	190
필리핀	270	200
인도	240	120
한국	230	180
에콰도르	210	110

베트남	170	160
기타	1,750	1,940
계	11,510	8,460

자료: U.S. Department of Homeland Security, 2012; Estimates of the Unauthorized Immigrant Population Residing in the United States: January, 2011, 5.

미국 전체 미등록 이민자 중 라틴아메리카 출신은 약 900만 명 정도이며 다수는 멕시코 출신이다. 미등록 이민자의 출신 지역을 보면, 멕시코 700만, 중앙아메리카 135만, 남－동아시아 130만, 남아메리카 77.5만, 유럽－캐나다 52.5만, 카리브 50만 순이다(Pew Hispanic Center, A Portrait of Unauthorized Immigrants in the United States, 2009, 4). 따라서 미국 전체 미등록 이민자 중 라틴아메리카 출신은 78%이며 멕시코 출신은 약 60%이다. 미국 미등록 이민자 10명 중 8명이 라틴아메리카인이고 6명이 멕시코 출신인 셈이다. 따라서 멕시코는 미등록 이민자 문제의 핵심 국가라고 할 수 있다. 이는 2010년 한해 미국 정부가 적발한 미등록 이민자 수를 보더라도 알 수 있다. 2010년 미국에서 추방된 외국인(deportable aliens)은 약 517,000명인데 이 중 라틴아메리카인은 503,000명이다. 국가별로는 멕시코(428,000명)가 가장 많고 다음으로는 과테말라(23,000명), 엘살바도르(19,000명), 온두라스(18,000명) 순이다(U.S. Department of Homeland Security, 2011, 92).

<표 8-6>에서처럼 미등록 이민자가 많은 곳은 캘리포니아, 텍사스, 플로리다, 뉴욕 주 등인데 이 지역들은 라티노 인구가 많은 곳이기도 하다. 네바다, 캘리포니아, 애리조나에서는 미등록 이민자가 경제활동인구에서 차지하는 비중이 매우 높다. 최근에는 조지아와 노스캐롤라이나에서도 미등록 이민의 증가가 가파르다. 멕시코 출신은 캘리포니아, 텍사스, 플로리다에 많으며 애리조나, 뉴멕시코, 와이오밍 3개주에는 미등록 이민자의 거의 대부분(90%)이 멕시코 출신이다. 이들은 주로 농장이나 건설 현장과 같은 육체노동에 종사한다. 이들의 직종별 분포를 보면, 농장 25%, 건물경비·관리 19%,

건축 17%, 식품 조리·서빙 12%, 생산 10%, 운송업 7% 등이다(A Portrait of
Unauthorized Immigrants in the United States, Pew Hispanic Center, 2009, 4).

표 8-6. 미등록 이민자 상위 10개주(2008)

순위	추정인구(천 명)		경제활동인구대비율(%)	
1	캘리포니아	2,700	네바다	12.4
2	텍사스	1,450	캘리포니아	9.9
3	플로리다	1,050	애리조나	9.8
4	뉴욕	925	뉴저지	9.2
5	뉴저지	550	플로리다	8.2
6	애리조나	500	텍사스	7.9
7	조지아	475	콜롬비아 연방구	7.1
8	일리노이	450	뉴욕	6.7
9	노스캐롤라이나	350	메릴랜드	6.7
10	버지니아	300	조지아	6.3
미국	전체	11,900	평균	5.4

자료: A Portrait of Unauthorized Immigrants in the United States, Pew Hispanic Center, 2009, 2: 3.

미등록 이민자 문제에서 최근 가장 심각한 이슈로 부상하는 것은 이들의
인권 침해에 관한 것이다. 유엔 등 국제 인권 단체는 불법이라는 말조차
사용하지 말 것을 요구할 정도로 국제사회는 이들의 인권 보호를 강조하고
있다. 그럼에도 이들의 처한 상황은 매우 열악하다. 특히 미등록 이민자가
처한 불리한 노동조건은 대표적인 예이다. 미등록 이민자는 영어를 모르기
때문에 또는 직무 관련 기술이나 학력이 부족해서 낮은 임금을 받으며 노동
할 수밖에 없다. 미국 법은 미등록 이민자를 고용하는 것을 금지하고 있지
만 식당, 호텔, 건설, 매춘, 농업, 가사노동 등은 이들의 싼 노동력을 항상
필요로 하고 있다. 비록 법이 최저임금을 정하곤 있지만 이들은 미등록 이
민자이기 때문에 그 이하의 임금을 받을 수밖에 없는 상황에 처해 있다.
국경 지역은 이민자 인권 침해의 가장 위험한 현장이다. 합법적인 이민의

가능성이 전혀 없을 때 이민 희망자는 자의 또는 속임수에 빠져 이민을 알선하는 조직과 접촉하게 된다. 밀입국의 가장 흔한 형태는 돈을 주고 국경의 취약한 부분을 알아내 월경하는 것이다. 물론 비교적 '쉬운' 국경도 있지만 최근 국경 경비가 강화됨에 따라 이제 대부분의 국경은 목숨을 걸어야 하는 위험한 곳이 되었다. 무사히 미국에 입국하여 돈을 지불하고 해피엔딩으로 끝나는 경우도 있지만 반대의 경우도 있다. 밀입국 이민자가 강제 노동의 피해자가 되기도 하고, 여성의 경우에는 서류를 빼앗기고 매춘을 강요당하기도 한다. 밀입국 이민자에 대한 구금과 추방도 이민자 인권을 위협하는 상황과 관련이 깊다. 밀입국자와 불법체류자에 대한 법적 절차가 항상 지켜지는 것은 아니기 때문이다. 미국의 국경수비대가 행하는 과도한 물리력에 의해 월경자가 부상을 입거나 심지어 목숨을 잃는 경우도 심심찮게 일어난다(임상래 외, 2010, 219).

인권이 갖는 보편성으로 인해 밀입국자의 인권 문제는 국제적인 관심사이기도 하다. 여러 다국적 단체들이 미국－멕시코 국경에서의 인권 침해의 중지와 개선을 촉구하고 있다. 국제인권연합(FIDH: La Federación Internacional de los Derechos Humanos)이 대표적인 경우이다. FIDH는 전 세계 155개 인권 단체가 참여하는 비정부기구인데 미국－멕시코 국경에서 일어나는 멕시코인에 대한 인권 침해를 개선하기 위한 여러 노력을 펼치고 있다.

미국 이민 정책의 기본 목표는 미등록 이민자가 더 이상 늘어나지 않도록 새로운 불법입국을 사전에 차단하고 이미 미국에 있는 불법체류자를 효율적으로 통제하는 것이다. 따라서 미국에서 미등록 이민 문제의 가장 근본적인 성격은 이민법과 관련되어 있다. 이민자 인구가 많아지면서, 특히 미등록 이민과 라티노 인구가 많아지면서 1980년대 이후 미국 이민정책의 초점은 미등록 이민을 어떻게 통제할 것인가에 모아졌다. 1986년 레이건 대통령은 이민개혁법(IRCA: Immigration Reform and Control Act for 1986)을 통과시켰는데 이 법의 주 내용은 미등록 이민자를 고용한 고용주에 대한 처벌을 강화하는 것이었다. 1996년 '미등록 이민개혁 및 이민자책임법'(the Illegal Immigration Reform and Immigration Responsibility Act for 1996)은 미등록 이민을 더욱 강력하게 단속하기 위한 것이었다. 특히 이민자가 범죄를 저지를 경우, 처벌을 강화했고 이민자가 공적 혜택을 받기 위해서는 체류자격 증명 서류를 제출하는 것을 의무화하였다. 이에 따라 1997년 11만 명이 넘는 외국인이 추방되거나 입국이 거부되었는데 이 중 라틴아메리카 출신이 90%를 차지하였다 (김연진, 2008, 116).

현재 미국에서 이슈가 되고 있는 이민법 개정이나 애리조나의 반이민법 문제도 그 핵심은 미등록 이민자 문제를 어떻게 해결할 것인가에 관한 것이다. 특히 애리조나 이민법은 이 중에서도 불법체류자의 단속과 통제를 통해 멕시코에서 오는 미등록 이민자 문제를 해결하고자 하는 의도에서 나온 것이라고 할 수 있다. 미국 역사상 가장 강력한 반 이민법으로 평가 받고 있는 애리조나 주의 이민법이 2010년 7월 29일 시행되었는데 주요 내용은 불법 체류를 '범죄'로 규정하고 경찰의 검문과 체포 권한을 대폭 강화시키는 것이다. 이 법의 시행으로 애리조나 주에서는 고용주가 직원을 채용할 때 불법 이민자인지 여부를 의무적으로 확인해야 하고, 일용직 노동자를 길거리에서 함부로 고용할 수 없고, 미등록 이민자의 은신을 도와주면 처벌을 받게 되었다. 그러나 이민자 체류신분이 의심스러울 때 경찰이 조사할 수 있도록 한 조항과 이민자들에게 체류신분을 증명할 수 있는 서류를 갖고 다니도록 요구한 조항은 논란이 커서 법원이 시행을 유보시킨 상태이다. 또 체포영장 없이 불법 체류 의심 이민자를 체포할 수 있도록 한 조항도 현재 일시 유보된 상황이다.

오바마 행정부는 애리조나 주가 반이민법을 제정하자 연방 정부의 이민 정책 집행권한을 침해한다며 연방 법원에 법률 발효 금지 소송을 냈고 연방법원은 1, 2심에서 모두 연방 정부의 손을 들어줬다. 애리조나 주는 2011년 8월 대법원에 항고하였고 미국 연방 대법원은 12월 애리조나 이민법에 대한 상고를 받아들이기로 결정했다(미 대법원, '애리조나 이민법' 상고 수용, 2011.12.13, 연합뉴스).

애리조나 반이민법에 대한 미국 사회의 반응은 찬반으로 분명하게 갈렸다. 그러나 현재까지 약 40개 주에서 이와 유사한 이민 관련 법률이나 결의안이 제정되었다. 향후 대법원의 결정이 어떻게 나느냐에 따라 미등록 이민자 문제는 새로운 국면을 맞이할 수 있다.[48] 지금까지 미등록 이민자 문제는 연방 정부의 관할이어서 범죄만 짓지 않으면 미등록 이민자라 하더라도 체포될 걱정이 없었는데, 만약 애리조나 이민법이 위헌이 아니라고 판결이 난다면 미국의 많은 주에서 연방 이민국 단속반이 아니더라도 길거리의 모든 경찰이 불심검문으로 미등록 이민자를 체포할 수 있기 때문이다.

미등록 이민자에 대한 사면(amnesty) 문제는 이민 정책의 범주에서만 중요한 것이 아니다. 사면에 대한 찬반 입장은 이민자 동화에 대한 인식과 관련된 것이기도 하지만[49] 현실적으로는 라티노의 선거권과 피선거권이 확대되어 이들의 정치력이 신장되어 나타난 현상이라고 할 수 있다. 즉, 훗날 라티노로 분류될 지금의 이 사람들을 사면하는 것에 대한 찬반은 명백한

---

48 이 경우 미국이 직면할 문제는 무엇인지 앨라배마 주의 경우가 잘 보여주었다. 2011년 10월 앨라배마 주 연방 지방법원은 정부의 가처분 신청으로 효력이 정지됐던 미등록 이민자 단속법의 핵심 조항들에 대해 "위헌이 아니다"라고 판결하였다. 이로 인해 앨라배마에서는 많은 미등록 이민자들이 단속을 염려하여 직장과 학교에 나가지 않거나 반이민 정서가 상대적으로 약한 텍사스나 캘리포니아 등 다른 지역으로 이사하였다. 따라서 이번 판결이 확정된다면 히스패닉의 앨라배마 대탈출이 현실화될 확률이 매우 높다('反이민법 합헌' 판결에 히스패닉 '패닉', 2011.10.3, 연합뉴스).

49 이민자의 동화에 대한 경험과 전망에 따라 사면에 대한 입장이 다르다. 동화주의(assimilationist)적 입장에 따르면 미등록 이민자도 여하튼 시간이 지나면 미국사회에 자리를 잡게 된다. 그 과정이 쉽지는 않지만 결국 이들은 경제·사회적 이동성을 경험하여 미국 사회에 동화된다는 것이다. 반면 충돌과 비동화의 시각에서 보면, 아시아계, 흑인, 라틴아메리카계 등 인종·문화적으로 백인과 다른 이민자는 미국사회에 동화되는데 여러 장애를 갖는다는 것이다. 시간이 흘러도 사회적인 상승 이동에 합류하지 못하고 특히 미등록 이민자와 그 자손은 빈곤에 시달리고 청소년 범죄와 같은 사회적 문제를 일으키는 이류 시민으로 떨어지게 된다는 것이다(Chavez, 2000, 262). 따라서 비동화주의 입장은 동화주의보다 전반적으로 미등록 이민자 사면에 반대하는 입장이다.

정치적 판단에서 비롯되는 것이기 때문이다. 사면에 찬성하는 것은 피사면자뿐만 아니라 라티노의 지지를 획득하는 정치적 행위이다. 라티노의 지지로 당선된 정치인이 사면을 지지하는 것도 마찬가지 맥락이다. 따라서 사면은 미국의 정책과 정치에서 간과할 수 없는 중요한 이슈일 수밖에 없다.

사면을 지지하는 입장은 사면은 범죄자를 용서해준다는 의미이기 때문에 이 말 대신 '정규화 또는 재조정(regularization, readjustment of status)'이란 말을 사용해야 한다고 주장한다. 특히 멕시코 정부는 사면은 자국민을 죄인시(criminalize)하는 것이기 때문에 이 용어의 사용을 가장 적극적으로 반대한다. 반면 사면 반대론자들의 가장 핵심적인 주장은 법을 어긴 이민자를 정부가 용서해주면 정부 스스로 법질서를 무너뜨리고 것과 마찬가지라는 논리이다. 또 이들에 의해 라틴아메리카로 보내지는 달러는 불법이민이 어떻게 미국 경제를 소진시키는가를 보여주는 명백한 증거라고 주장한다. 여기에 불법이민자는 일자리를 빼앗고, 복지를 축내고, 치안을 혼란시킨다는 반이민주의의 고전적 내용들이 추가되는 것은 말할 필요도 없다.

대부분의 라티노는 이민법 개혁을 찬성한다. 특히 사면에 대해서는 더욱 그렇다. 라티노의 70%가 미등록 이민자 사면에 찬성하고 65%는 라틴아메리카에서 새로운 이민을 받는 것이 미국에 긍정적이라고 여긴다. 그러나 미국 전체의 여론은 다르다. 조사에 의하면 60%의 미국인이 미등록 이민자 사면에 반대하고 단지 29%만이 찬성하는 것으로 나타났다. 따라서 때와 장소에 따라 다르긴 하지만, 어떤 정당이건 미등록 이민자 사면에 관한 문제를 결정하는 데 있어 표를 얻거나 또는 잃을 수 있다는 위험을 감수해야 한다. 또 미등록 이민은 미국만의 문제가 아니다. 미등록 이민자 다수가 멕시코인이기 때문에 멕시코는 항상 미국 정부에 미등록 이민자 사면을 요구해왔다. 1994년 북미자유무역협정에서 멕시코가 석유산업 민영화 문제[50]를,

---

50 의심할 여지없이 석유 산업은 멕시코의 핵심산업이다. 또 1938년 석유산업 국유화로 멕시코 석

미국이 미등록 이민자 문제를 아예 논의대상에 넣지 않기로 합의한 것은 미등록 이민문제가 갖는 민감성을 보여주는 것이다. 당시 일부 공화당 의원들은 미국이 멕시코의 요구를 받아들여 미등록 이민자를 사면하고 대신 멕시코는 경제 주권의 상징인 석유산업을 민영화하는 빅딜을 제안하기도 했으나 결국 성사되지 않았다(Ramos, 2005, 170: 266).

마지막으로 미등록 이민 이슈의 중요한 성격중의 하나는 그것이 국제적으로 갖는 의미에 관한 것이다. 앞에서 언급된 바와 같이 미등록 이민과 사면 문제는 미국뿐만 아니라 멕시코에게도 정치·경제적으로 매우 중요한 문제이다. 미국에서 보내지는 송금은 멕시코뿐만 아니라 라틴아메리카의 다른 나라에서도 국가 경제를 지탱하는 매우 중요한 수입원이다. 따라서 만약 미국이 미등록 이민자에 대한 사면법을 발효시키거나, 또는 반대로 추방령을 내린다면, 그것이 라틴아메리카에 미치는 여파는 상상하기 힘들 정도로 대단하다. 특히 멕시코와 중앙아메리카같이 송금이 국가 외화수입의 주요 원천인 나라들에서 그 충격과 영향은 엄청난 것이다. 따라서 미국뿐만 아니라 멕시코 정치에서도 미국에 있는 멕시코 이민자 문제, 특히 미등록 이민자 문제의 성공적 해결은 멕시코 국내 정치적으로도 매우 중요한 사안이라고 할 수 있다. 이처럼 미등록 이민자 문제는 미국뿐만 아니라 라틴아메리카에도 명암을 주고 있다고 할 수 있다.

미등록 이민자를 무조건 배제하고 차단하는 것은 인도적으로나 현실적으로나 좋은 해결책이 아니다. 국경경비나 이민단속을 강화하여 미등록 이민이 줄었다는 근거도 아직 미약하다.[51] 미등록 이민자는 범죄인이 아니다.

유는 멕시코 혁명의 완성이자 국가 주권의 상징으로 여겨 왔다. 따라서 멕시코 정치에서 멕시코 석유의 민영화 논의는 자체가 터부시되어왔다.

51 최근 미국의 경기 침체, 반이민법과 반이민주의의 확산, 국경경비의 강화, 멕시코 인구의 증가세 둔화 등으로 멕시코인의 미국 이민이 둔화되었다는 연구(Net Migration from Mexico Falls to Zero-and Perhaps Less, Pew Hispanic Center, 2012)도 있지만 아직 국경경비의 강화가 밀입국과 미등록 이민의 감소에 직접적인 영향을 미쳤다고 확언할 수 없다.

그들이 원하는 것은 단지 '알'뿐이다. 이미 함께 살고 있는 그들을 미국 사회에서 배제하는 것, 예를 들어, 공공 보건을 제한하는 것은 그들의 인권을 침해하는 것은 물론이고 그들과 함께 사는 더 많은 사람들의 건강을 위험에 처하게 하는 것이다. 또 이들의 자녀를 교육에서 배제시키는 것도 이들이 성인이 되었을 때를 생각한다면, 더 큰 사회적 문제를 미리 예약하는 것이나 다름없는 것이라고 할 수 있다. 이처럼 미등록 이민자 이슈의 해결은 미국의 국내외적 차원에서 그 빛과 그림자를 실체적으로 파악한 후에 구상되어야 할 것이다.

09

남서부와 치카노

I. 남서부의 인문지리:
삼문화의 땅

미국 사회는 복잡하고 복합적이다. 이런 미국 사회와 문화의 복합성은 한편으로는 민족과 인종의 다양성에서 오지만 다른 한편으로는 미국의 지리가 넓고 다양하기 때문이기도 하다. 이것이 바로 문화에서 지리를 따로 떼어 놓고 생각할 수 없는 이유이다. 지리학 특히 인문지리학적 입장에 의하면, 자연환경은 사람들의 삶에 일정한 영향을 미친다.[52] 따라서 남서부의 지리를 아는 것은 그곳의 문화적 특성을 이해하는 데 필수적이라고 할 수 있다.

미국을 지리·지역적으로 구분하는 방법은 매우 다양하다. 미국 본토는 크게 남부, 북부, 중서부, 서부 네 지역으로 나누는데 이 경우 북부를 뉴잉글랜드와 중부대서양연안으로, 서부를 남서부, 북서부, 내륙산간, 태평양연안

---

52 환경과 인간 간의 관계에 대해서는 두 가지 입장이 있어 왔다. 하나는 환경결정론적 시각이다. 이는 지리학의 오랜 입장이었는데 이에 의하면 인간의 생활양식은 자연이 부여한 조건에 의하여 결정된다는 것이다. 따라서 이러한 입장은 환경요소가 인간생활에 미치는 영향을 인과관계의 법칙에 따라 파악한다. 반면 오늘날 지리학에서 일반적인 환경가능론은 환경결정론의 이해방식이 지나치게 도식적이라고 비판한다. 이에 따르면 인류는 자연환경에 대해 능동적 역할을 취해왔고, 그래서 지리적 환경은 인간 사회의 역사적 발전에 있어서 선택 가능한 기초를 제공한다는 것이다. 이처럼 양 주장 간에 차이가 있음에도 둘 다 인간 삶과 자연의 깊은 연관성을 부인하지 않는다.

지역으로 나누는 식으로 더 자세히 나누기도 한다. 또 지역적 특성을 더 고려하여 14개 지역으로 세분하기도 한다.[53] 따라서 남서부는 하나의 지역으로 다뤄지기도 하며 또는 서부의 한 지역으로 구분되기도 한다.

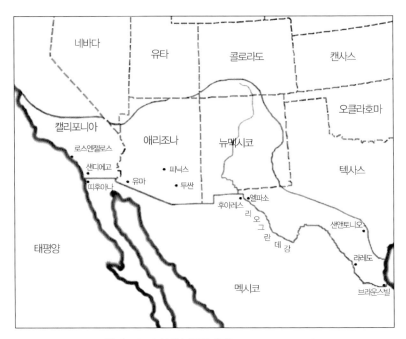

그림 9-1. 남서부 국경지역(Birdsall, 2004, 213)

이런 이유로 남서부(southwestern United States, american southwest 또는 southwest)의 공간적 범위를 정의하는 것은 쉽지 않다. 남서부는 텍사스, 뉴멕시코, 애리조나, 캘리포니아 4개주를 의미하기도 하지만 넓게 보면, 애리조나, 캘리포니아, 콜로라도, 네바다, 뉴멕시코, 오클라호마, 텍사스, 유타까

53 도시화, 산업화, 인구이동, 자원, 문화적 기원, 소득과 소비 수준, 정치적 구분 등을 기준으로 미국을 Megalopolis, The Manufacturing Core, The Bypassed East, Appalachia and the Ozarks, The Deep South, The Southern Coastlands, The Agricultural Core(The Deep North), The Great Plains and Prairies, The Empty Interior, The Southwest Border Area, California, The North Pacific Coast, The Northlands, Hawaii 총 14개 지역으로 나누기도 한다(Birdsall, 2004).

지를 포함하기도 한다. 반면 좁게는 캘리포니아를 빼고 뉴멕시코, 애리조나, 유타 남부, 콜로라도 남부만을 얘기하기도 한다. 또 뉴멕시코와 애리조나 주의 대부분과 캘리포니아 남부와 텍사스 남부를 지칭하기도 하는데 이 경우에는 멕시코와 인접한 남서부 국경 지역(southwest border area)'이란 의미를 쓰인다. 캘리포니아 주는 서부의 대표적 아이콘이지만 이 주의 남부뿐만 아니라 주 전체로 라티노 인구와 문화가 확산되고 있어 남서부의 일원으로 간주되기도 한다.

이러한 구분은 지리적이기도 하지만 동시에 문화 지역(culture region)으로서의 구분이다. 예를 들어 남부는 남쪽에 위치한 지역을 뜻하지만 동시에 역사적 경험을 같이하는 문화지역의 의미를 갖는다. 버지니아가 북쪽에 있지만 '긴 역사, 인종차별, 연방탈퇴, 더운 기후, 기독교와 같은 역사·문화적 방식과 관련이 깊은' 남부의 정체성의 중심지이기 때문에 남부로 간주되는 것도 이런 이유이다(Duncan, 2005, 53). 마찬가지로 서부 지역은 개척과 이주의 역사가 다른 지역보다 짧은 편이며 대부분 외국 또는 다른 지역에서 온 사람이 많다. 따라서 WASP 중심의 전통이나 경험이 희박하다. 이들은 유럽계가 두드러지는 다른 지역과는 다르게 라티노와 아시아계가 많고 개방적이며 개인주의적인 편이다. 인디언이 집중적으로 거주하는 곳이 많고 흑인의 비율은 상대적으로 낮다. 동부나 남부와는 다르게 자영농이 거의 없으며 거대 자본의 기업농이 중심을 이룬다(이현송, 2006, 202: 248). 따라서 서부는 건조하고 광활하며, 'Indian Country'이며, 라티노와 멕시코계 인구가 많은 곳이란 것도 일종의 문화지역으로서의 구분이다.

이런 맥락에서 볼 때 문화지역으로의 남서부는 삼문화(tricultural)의 땅이다. 1500년대 말부터 1800년대 중반까지 인디언과 스페인계 문화가 공존하였고 이후에는 여기에 앵글로 문화가 더해져 독특한 문화 경관(cultural landscape)[54]을 만들어냈기 때문이다. 그래서 남서부에서 사람이건 지명이건 스페인어를 발견하는 것은 어렵지 않다. 특히 리오그란데 강을 따라 텍사스, 뉴멕시코, 캘리포니아에서는 더 그렇다. 마찬가지로 스페인 전통인 어도비 양식과 타일 장식의 건축물이 많은 것이나 고추, 옥수수, 핀토 콩[55]을 사용한 음식을 즐기는 것도 모두 히스패닉 문화의 영향이다. 또 이곳에서는 가톨릭을 많이 믿는데 이 또한 마찬가지 이유이다.

한편 남서부는 아직도 가장 많은 인디언이 살고 있는 곳이다. 이들은 미국에서 가장 오랜 역사를 가지고 있지만 역설적이게도 미국에서 가장 동화되지 않은 인종그룹이다. 이들은 호건(hogan, 나뭇가지를 엮고 그 위에 진흙을 덮는 건축방식)과 같은 부족 고유의 생활 방식을 가지고 있으며 주로 고립되고 척박한 지역에 살고 있다. 이들 중 콜로라도, 뉴멕시코, 애리조나, 유타의 4개 주가 만나는 Four Corners 지역의 나바호족이 가장 규모가 크다. 아파치 부족은 애리조나와 뉴멕시코에 많이 있으며 파파고 인디언은 애리조나의 남부지역에 많다. 호피족은 애리조나의 북서부에 주로 살고 있으며 우트(Utes)족은 콜로라도의 남서부에 많다. 도시로는 로스앤젤레스와 인근 지역에 비교적 많다. 이들은 주로 보호구역에 한정하여 거주하며[56] 당연히 이 지역에서는 인디언 지명이 많다(Birdsall et. al, 2005, 275).

남서부의 자연은 'sunland', 'sun city', 'sun belt' 등의 이름이 보여주는 것처럼 '태양으로 상징될 수 있다. 풍부한 일조량과 건조한 기후는 위생적인 생활환경을 제공하기 때문에 남서부는 은퇴자와 호흡기 환자에게 환영받는 주거 지역으로 꼽히고 있다. 이런 기후 조건은 적절한 냉방과 용수 시설이

---

54 문화는 자리 잡은 장소나 지역에 외관상의 형상을 만들어 놓는다. 그 문화를 지닌 개인 또는 집단이 만든 인공적 형상들을 문화경관(cultural landscapes)이라고 한다. 그 경관을 분석하면 그 문화의 성격을 이해할 수 있는데 문화경관중 지리학적으로 중요한 것은 종교경관, 가옥건축경관, 취락경관, 언어경관, 농지경관, 정신적경관 등이다(임덕순, 1992, 68). 바꾸어 말하면, 문화경관을 통해 문화지역을 구분해 낼 수 있는 것이다.

55 이 세 먹거리는 멕시코 요리의 기본 요소이다. 핀토 콩은 멕시코에서는 프리홀(frijol)이라고 한다.

56 인디언 보호 구역에서 모든 것의 최종 권한 미국 정부에 있지만 경제적 사안에 대해서는 자체 선출된 부족위원회가 결정권을 갖는 제한적 자치를 한다. 도로, 의료, 교육에 대한 정부의 지원이 많고 광업, 발전소, 관광업이 주 수입원이다(Birdsall, 2004, 217).

갖추어짐에 따라 많은 미국인들을 남서부로 끌어들이는 요인이 되었다
(Birdsall, 2004, 212). 그러나 건조한 기후는 동시에 용수의 부족 문제를 야기
하였다. 따라서 도시가 커지고 인구가 증가하면서 남서부가 직면한 가장 큰
과제는 수자원의 확보 문제였다. 이를 해결하기 위해 남서부에는 대규모의
상수관(aqueduct)과 댐이 건설되었다.

남서부의 인구와 사회 구조는 주별로 다양한 양태를 보인다. 면적과 인구
규모를 볼 때 캘리포니아와 텍사스는 미국 내에서 큰 주이지만 뉴멕시코와
애리조나는 그렇지 않다. 그러나 4개 주는 공통적으로 히스패닉과 멕시코계
인구가 많으며, 젊은 인구의 비중이 높으며, 가정 내에서 영어가 아닌 언어
(스페인어)의 사용이 많다. 또 빈곤 인구 비율과 인구증가율도 미국 평균보
다 높은 편이다.

표 9-1. 남서부 4개주 사회경제지표(2009)

구분	캘리포니아	애리조나	뉴멕시코	텍사스	미국
인구(천 명)	36,961	6,595	2,009	24,782	307,006
라티노 비율	37.0	30.8	45.6	36.9	15.5
멕시코계 인구 비율(2010)	30.7	25.9	28.6	31.6	10.3
인구 증가율(2000~2009)	9.1	28.6	10.5	18.8	9.1
18세 이하 인구 비율	25.5	26.3	25.4	27.8	24.3
가정 내 비영어 사용률(2000)	39.5	25.9	36.5	31.2	17.9
빈곤 인구율(2008)	13.3	14.7	17.0	15.8	13.2

자료: U.S. Census Bureau, State & County QuickFacts; U.S. Census Bureau, The Hispanic Population, 2010, 2011, 8.

남서부의 가장 전형적인 도시 중 하나는 산타페(Santa Fe)이다. 산타페는
1610년 스페인이 당시 누에바 에스파냐 부왕령[57]의 북부 지역(오늘날 멕시

---

57 누에바 에스파냐(Nueva España)는 '새로운 스페인'이란 뜻이다. 스페인은 오늘날의 중앙아메리카,
  멕시코, 미국 남부에 걸쳐 누에바 에스파냐 부왕령을 설치하여 식민지를 통치하였다.

코 북부와 미국의 남서부)을 식민하기 위해 건설한 도시였는데 미국−멕시코 전쟁으로 미국 영토가 된 이후 뉴멕시코 주의 수도이자 중요 관광 도시가 되었다. 따라서 멕시코적인 문화 전경이 강하게 나타나는 곳인데 시내 곳곳에는 스페인어 간판이 내걸려 있고, 도시는 플라자(Plaza) 중심의 장방형 구조로 펼쳐져 있다. 또 어도비(Adobe)양식[58]의 건물들에는 노르테뇨(Norteño, 멕시코 북부) 음식과 물건을 파는 식당과 상점이 즐비하다. 따라서 산타페는 이곳이 과연 아메리카인지 하는 생각까지 들 정도로 '이국적인' 히스패닉 문화전경이 지배하는 곳이다. 게다가 최근에는 라티노 정치력의 신장도 두드러지고 있다. 2011년 현재 전·현직 주지사가 모두 라티노이며 특히 멕시코 출신 어머니에서 태어난 빌 리처드슨 전 주지사는 여전히 라티노 정치 파워의 중요한 아이콘이다.

앞에서 살펴본 바와 같이 미국의 다른 지역과 구분되는 남서부의 고유성(originality)은 그것의 기원(origin)에서 비롯된 것이라고 할 수 있다. 남서부는 옛날에는 인디언의 땅이었고 이후에는 스페인과 멕시코의 공간이었다. 미국이 된 이후에는 중심에서 멀리 떨어져 있는 변방이었다. 남서부는 미국의 정치·경제 중심지인 북동부와 가장 대척점에 있다. 따라서 남서부는 미국의 전통과 관습의 기준으로 간주되는 WASP와 가장 대비되는 문화적 토양을 가진 곳이다. 이런 면에서 볼 때 남서부는 미국에서 가장 미국적이지 않은 곳 중의 하나라고 할 수 있다.

남서부의 또 다른 특성은 그것의 역동성(dynamic)이다. 특히 남서부는 미국에서 경제적으로 가장 빠르게 성장하는 지역 중 하나이다. 다른 지역보다 비교적 늦게 국가 경제에 통합되었지만 오늘날 남서부는 새로운 가능성을 제공하는 기회의 땅으로 인식되고 있다. 또 북미자유무역으로 대변되는 미

---

58 Southwest Style이라고 하는 어도비 건축 양식은 뉴멕시코의 원주민과 스페인 정복자에 의해 만들어졌다. 평평한 지붕에 진흙으로 만든 벽으로 구성된 기본 구조는 이 지역에서 수천 년 전부터 내려온 인디언 양식이었는데 스페인사람들이 진흙 벽돌을 사용하여 발전시켰다. 어도비 건축은 견고하고, 단열과 방음이 뛰어나다.

국－멕시코 간의 경제 통합이 가장 역동적으로 작동되는 곳이다. 따라서 국경에 접한 멕시코의 6개주와 미국의 4개주는 양국에서 인구 성장이 가장 높은 지역 중 하나이다. 특히 멕시코와 인접한 남서부는 국경 경제 공동체의 중심이며 여기서 나오는 경제적 역동성은 오늘날 미국 내에서 남서부를 더욱 중요한 지역으로 부각시키고 있다.

Ⅱ. 남서부의 어제와 오늘:
'Norte'에서 'Southwest'로

오늘날 남서부의 사람과 문화는 멕시코의 북행(北行)과 미국의 서행(西行)이 부딪혀 만들어낸 역사물이라고 할 수 있다. 19세기 중엽까지 남서부는 멕시코의 노르떼(Norte, 스페인어로 북쪽을 의미함)의 일부였다. 영국인이 미국에 오기 오래전부터 멕시코 내륙의 사람들이 농업, 목축업, 광산업의 기회를 찾아 이곳으로 와 정착하였다. 이 북행자들은 이곳을 멕시코적 메스티소의 문화 영토로 만들었다. 반면 비록 늦기는 했지만 미국도 새로운 기회와 영토를 찾아 서진하여 이곳 남서부에 이르렀다. 당시 멕시코 중앙정부의 행정력은 이곳까지 완전하게 미치지 못했다. 따라서 이곳의 미국인은 새로운 꿈을 갖게 되었고 결국 1836년 텍사스가 독립을 선언하고 1846년 미국-멕시코 전쟁으로 이곳은 미국의 영토가 되었다. 이후 캘리포니아의 골드러시와 철도망의 확대를 계기로 남서부는 새로운 발전의 국면을 맞이하였고 결국 이곳은 '그링고(gringo, 멕시코인이 미국인을 지칭하는 비속어로 '미국놈' 정도에 해당됨)'와 히스패닉의 문화와 관습이 공존하는 땅이 되었다. 따라서 멕시코에게 남서부는 아픈 역사이다. 푸엔테스의 말처럼, 남서부는 멕시코에게 '벌어진 상처(herida abierta)'이다.

1. 콜럼버스 이전의 남서부

1500년경, 지금의 미국 남서부와 멕시코 북부에는 약 76만 명 정도의 원주민이 있던 것으로 추정된다. 지역별로는 상(上)캘리포니아[59] 22만 명, 남서부(뉴멕시코, 애리조나) 45만 명, 캘리포니아 내륙(Great Basin) 3, 7만 명, 텍사스 5만 명의 원주민이 살고 있었다. 이 중 뉴멕시코 북부의 리오그란데 강변과 계곡 주위에 인구가 많았다. 이 지역은 물은 구하기 용이했고 옥수수, 콩, 호박을 경작하기에 적합했다. 또 계곡에서 땔감과 나무를 얻을 수 있었다. 가장 조직화되었던 원주민 그룹은 푸에블로(pueblos) 부족이었는데 이들은 아나사지(Anasazi),[60] 모골론(Mogollon), 호호캄(Hohokam) 문화의 후손들이었다. 이들은 당시 멕시코 중부에 있었던 아즈텍보다는 떨어졌지만 꽤 수준 높은 문화를 가지고 있었다(De Leon, 2006, 4).

스페인 사람들이 처음으로 뉴멕시코 지역에 들어왔을 때 푸에블로 원주민과 접촉했는데 이들은 호피(Hopi), 주니(Zuni), 케레스(Keres), 테와(Tewa), 티와(Tiwa), 제메즈(Jémez) 등 6개의 어족으로 느슨한 연맹체를 구성하고 있었다. 스페인 사람들은 이들이 돌과 흙벽돌로 집을 지어 10~20가구씩 마을(pueblo)을 형성해 살고 있어서 푸에블로 부족이라고 이름 붙였다. 각 부족의 마을에는 정치지도자와 종교 샤만이 있었고, 모계 중심 사회였고, 종교집회와 제례의식이 빈번하게 행해졌다(De Leon, 2006, 5).

상캘리포니아에 사는 원주민은 100개 이상의 그룹으로 나누어져 있었다. 이들은 약 200명 정도의 마을 단위로 살았고 사냥, 채집, 수렵을 하였고, 때때로 교역을 위해 조개를 화폐로 사용하기도 했다. 종교의례에 필요한 약간의

---

59 스페인은 태평양 연안 지역을 위로부터 Alta(Upper) California, Baja(Low) California, Baja California Sur(South)로 나누었다. 상캘리포니아는 지금의 캘리포니아, 네바다, 유타 등에 해당된다.

60 아나사지 부족은 900년경 돌과 햇볕에 알려서 만든 벽돌을 이용해 푸에블로 집단 거주지를 만들었다. 아파트 형태의 이 거주지는 흔히 절벽에 지어졌다. 이 가운데 가장 유명한 것은 콜로라도의 Mesa Verde에 있는 '절벽의 궁전'이다.

담배는 경작하였지만 농사를 짓지 않았다(De Leon, 2006, 5).

남서부 나머지 지역의 원주민들은 반유목민적 생활을 하였다. 물을 찾아 이동하고, 사냥과 채집이 이들의 주요 경제활동이었다. 알래스카로부터 이주해온 나바호 부족은 1000~1500년 동안 뉴멕시코와 애리조나에 정착하였는데 동쪽에 있던 호피족이나 주니족과 물물을 교환하였고 부족 간에 결혼을 행하였지만 때때로는 식량을 얻기 위해 전쟁을 벌이기도 했다. 스페인 사람들의 정착이 본격화된 17세기 초 아파치 부족이 애리조나와 뉴멕시코의 남부지역으로 이주해왔다. 스페인 사람들은 이들을 히카리아(Jicarilla), 메스칼레로(Mescalero), 밈브레뇨(Mimbreño), 리판(Lipan), 힐라(Gila), 아리바이파(Arivaipa)로 구분하여 명명하였다. 또 코만치(comanches)와 아라파오(arapaho)는 반유목 부족으로 버팔로를 사냥하였다(De Leon, 2006, 5)

텍사스 지역의 인디언은 대부분 유목생활을 하였다. 그러나 텍사스 서부지역의 주마노(Jumano) 부족처럼 이주와 정착을 반복하는 경우도 있었다. 주마노 부족의 일부는 리오그란데 강을 따라 엘파소 부근에 정착하고 농사를 지었다. 그러나 다른 무리는 사냥과 교역을 하는 유목 생활을 하였다. 이들은 서부 텍사스 지역을 돌아다니며 사냥을 하고 무기, 버펄로 가죽, 조개껍질 등을 교역하였다. 이들 중 대표적 무리는 텍사스 동부와 루이지애나 서쪽에 분포하였던 카도(Caddo) 부족이었다(De Leon, 2006, 6).

2. 정복시대의 남서부

스페인이 아메리카 대륙을 정복하면서 남서부와 이 땅의 사람들은 새로운 운명에 처하게 되었다. 스페인 사람들은 남서부 인디언을 '이성이 없는 사람(gente sin razon)', 즉 미개인으로 취급하였다. 따라서 당시 식민행정의 중심지였던 멕시코시티의 식민당국은 가장 멀리 떨어진 이 북쪽 지방, 즉 극북(Far North)지역을 더 확장하고, 미개인을 개종시키고, 정착지를 방어하기 위해 미션(mision), 프리시디오(presidio), 푸에블로(pueblo/villa), 란초(rancho)를 세우는 식민 정책을 펼쳤다. 오늘날 대부분의 남서부 도시들의 기원도 여기서부터 비롯되었다.

미션은 원주민을 개종시키기 위한 일종의 선교촌이었다. 교회와 식민당국의 보호 아래 프란시스코회 또는 예수회 선교사들이 선교촌을 건설하였다. 미션은 가축을 기르고 농작물을 경작하고 밀, 사과, 오렌지와 같은 유럽의 경작물을 최초로 재배하여 근대 농업의 토대를 마련하였다. 반면 프리시디오는 군기지촌으로 성직자, 정착민 그리고 원주민 개종자를 보호하기 위한 것이었다. 군인 중 일부는 원주민 여성과 결혼하였고 이들의 자녀는 이지역의 정착민이 되었다. 국경수비대는 지역 경제에 매우 중요한 존재였다(De Leon, 2006, 9).

푸에블로는 정착촌을 의미하였다. 식민기간동안 가장 지속적이고 오랫동안 유지되었다. 정착촌은 경제·사회활동과 행정의 중심 역할을 하였고 종교적 활동을 지원하였다. 따라서 히스패닉 문화를 북쪽으로 전파하는 데 중요한 역할을 하였다. 마을의회인 까빌도(cabildo)는 어느 정도 민주적이었고 국경 지역을 스페인 식민지로 유지하는데 기여하였다(De Leon, 2006, 9)

란초(목장)는 음식, 물자, 말을 공급하였고 인근의 수공업자, 마부, 대장장이에게도 일거리를 제공하였다. 목장은 공동 또는 개인 소유가 있었다. 초기 스페인 왕실은 토지를 공동체, 교회, 개인에게 양여하는 정책을 시행하였다. 이 토지는 농장이나 목장이 되었다. 목장은 육류, 가죽, 유지 등을 정착민, 군인, 선교사들에게 공급하였다. 그러나 농장은 크게 발달하지 못했고 주로 목축이 이루어졌다(De Leon, 2006, 10).

사진 9-1. 텍사스의 산 엘리자리오(San Elizario), 예배당. 1770년대 산 엘리자리오 프리시디오의 부속 교회로 세워진 이 예배당은 단층의 어도비 건축 스타일을 잘 보여준다.

남서부의 정착민은 대부분 인접한 멕시코 북부에서 온 사람들이었다. 가족 또는 마을 단위로 이곳으로 이주했는데 뉴멕시코에는 누에바 비스까야(Nueva Vizcaya, 치와와와 두랑고)에서, 텍사스에는 꼬아우일라, 누에보 산탄데르(Nuevo Santander, 따마울리빠스와 텍사스 남부 일부), 누에보 레온에서, 상캘리포니아에는 소노라, 시날로아, 애리조나, 바하 캘리포니아에서 온 이민자가 많았다. 따라서 이들은 인종·문화적으로 멕시코 북부와 깊은 연계를 가지고 있었다. 반면 멕시코 중부에서 온 이민자는 그리 많지 않았다(De Leon, 2006, 10). 초기 이 북쪽 끝지역에 온 정착민의 다수는 스페인인과 원주민의 혼혈인인 메스티소였다.[61]

---

61 예로, 1781년 로스앤젤레스를 건설하는데 참여한 사람 46명 중 단지 2명만이 스페인인이었고 나머지는 모두 메스티소였다. 1790년 샌디에이고 주민으로 등록된 190명 중 성인은 96명이었는데 이

식민이 진행되면서 남서부 사회는 변화하였다. 스페인어에는 남서부의 동식물의 이름 등 인디언 언어의 어휘들이 첨가되었고 종교적으로도 인디언의 축제일이 가톨릭의 축일과 함께 그대로 지켜졌다. 특히 이 지역에서 여성의 역할은 중요하였다. 문명과 동 떨어진 이곳에서 필요한 의약품을 구하는 것은 매우 힘들었기 때문에 여성들은 이 지역의 약용식물을 재배하고 때로는 병을 고치는 주술사(curandero) 역할도 해야 했다. 따라서 극북지역에서 여성은 의약학의 발전에 크게 공헌하였다. 여성은 힘한 노동도 감당해야 했다. 인디언의 습격이 있으면 남자와 똑같이 총을 들어야 했고 추수를 할 때도 남녀구분이 없었다. 여기에 가사노동은 여전히 여성의 몫이었다 (De Leon, 2006, 15: 16).

이른바 '콜럼버스 교환(Colombian Exchange)'이라는 유럽과 아메리카간의 동·식물의 이동은 원주민에게 대재앙이 되었다. 정복 후 1세기도 되지 않아 라틴아메리카 전체 원주민의 수가 90%나 감소했다는 추정도 있다. 원주민 인구의 격감은 여러 가지 원인 때문이었지만 이 중 가장 큰 것은 유럽인이 가져온 천연두, 홍역, 인플루엔자 같은 병원(病原)에 원주민들이 전혀 면역력이 없었기 때문이었다. 남서부에서도 마찬가지였다. 지역마다 다르지만 뉴멕시코와 애리조나에서 인디언의 숫자는 1500년 454,000명, 1800년 215,000명, 1848년 176,000명으로 줄어들었다. 캘리포니아의 경우, 원주민 인구는 1769년 221,000명에서 1848년 80,000명으로 급감하였다(De Leon, 2006, 7). 따라서 이 지역은 경제적 중요성이 떨어지는 것은 물론이고 인구도 부족한 낙후된 지역으로 계속 남아 있었다.

중 49명이 스페인계였고 나머지는 혼혈인이었다. 스페인계 중 스페인에서 태어난 사람은 단지 3명 뿐이었다(De Leon, 2006, 14).

3. 남서부의 발전

지금의 미국 땅에서 정복과 식민의 역사는 스페인 사람이 앵글로 사람보다 훨씬 빨랐다. 영국은 1500년대 후반부터 동부 해안 지역에 식민지 건설을 시도하여 1607년 최초의 정착지 제임스타운을 건설하였다. 그러나 스페인은 이보다 훨씬 앞선 1565년 이미 플로리다에 세인트 어거스틴(St. Augustine) 요새를 구축하였다. 요새를 건설함으로써 스페인은 플로리다 진출을 꾀하던 프랑스를 경계할 수 있었다.

16세기 중반 경 이미 스페인사람들은 금, 은을 찾아 남서부 전역을 탐험하였다. 덕분에 스페인은 이 넓은 지역에 대한 영유권을 갖게 되었으나 이지역의 발전은 매우 더뎠다. 왜냐면 스페인 왕실은 원주민을 개종시켜 신민으로 만드는 식민정책에 따라 원주민 인구가 많은 멕시코 중남부에 더 많은 관심을 가지고 있었기 때문이었다. 또 이 지역은 멕시코 중앙과 너무 멀었고, 금과 같은 귀금속도 없었고 건조한 사막지대여서 외부와의 교통이 불리하였다. 따라서 남서부로 이주를 원하는 농민이 많지 않았고 있더라도 이들 대부분은 뻬온(peón, 대농장에 예속된 빈농)이었기 때문에 남서부는 낙후된 변방에서 벗어나지 못했다. 따라서 오늘날의 남서부를 포함하는 멕시코 북부는 당시 '멀리 떨어져 있는 북쪽(Far North)', 즉 '극북'지역일 뿐이었다. 따라서 1700년까지 어느 정도가 규모를 갖춘 정착촌이래야 리오그란데 강을 따라 엘파소(El Paso), 산타페(Santa Fe), 타오스(Taos), 앨버커키(Albuquerque) 정도가 있을 뿐이었다. 이 도시들은 '카미노 레알(camino real, '스페인 제국의 길'이란 뜻)'로 불렸던 멕시코시티 - 엘파소 - 산타페를 잇는 교역로를 형성하였고 주변에 약간의 식민촌이 들어서 있었다.

그래도 뉴멕시코는 남서부에서 식민이 가장 활발한 곳이었다. 1598년 후안 데 오냐떼(Juan de Oñate)가 뉴멕시코 최초의 정착촌을 건설하였고 이후 약간의 농목업이 발전하였다. 이어 1610년에는 산타페가 건설되었다. 1695년 산타크루즈(Santa Cruz)가 세워졌고 1706년 앨버커키가 건설되어 뉴멕시코의 중심지가 되었다. 푸에블로 인디언은 비교적 우호적이어서 다른 지역에 비해 혼혈도 많았다.[62] 따라서 뉴멕시코에서는 '헤니사로(genízaro, 혼혈인, 잡종 또는 인디언 문화를 버리고 스페인화된 사람을 의미함)'가 더 쉽게 받아들여졌다. 반면 텍사스와 애리조나의 원주민들은 호전적이어서 멕시코 이주민과 혼혈은 상대적으로 적었다(De Leon, 2006, 10).

애리조나는 1700년경 스페인 식민지에 포함되었는데 애리조나에서 가장 오래되고 중요한 식민도시 투산(Tucson)은 1775년 건설되었다. 이 지역의 식민 지배는 아파치 부족의 저항이 강했기 때문에 지속적이지 않았다. 애리조나는 뉴멕시코의 한 지역으로 간주되었기 때문에 산타페가 이 지역을 관할하였다. 이후 투산은 멕시코의 소노라 주에 속했으나 미국－멕시코 전쟁 이후 양국이 체결한 개즈던 매입 조약으로 미국으로 합병되었다.

텍사스의 식민과 발전은 뉴멕시코보다 늦었다. 동부의 내커도치스(Nacogdoches)에 1716년 텍사스 최초의 미션이 건설되었고 1718년 샌안토니오(San Antonio)가 건설되었다. 1700년대 중반 리오그란데 강을 따라 다수의 정착촌이 건설되었다. 1820년대 멕시코 정부는 외국인에게 이 지역으로의 이주를 허가했는데 이들의 대다수는 앵글로계 백인이었다. 멕시코는 이들이 이곳에 정착하여 식민이 이루어지면 미국의 팽창을 저지할 수 있으리라 생각했다.

캘리포니아는 멕시코 중앙에서 가장 멀었기 때문에 가장 늦게 식민이 시작되었다. 스페인은 1700년대 중반 영국 상인과 프랑스, 러시아의 모피 사냥꾼 등이 캘리포니아에 등장하자 이 지역을 공식적으로 식민화하기 시

---

62 푸에블로 인디언의 저항이 전혀 없었던 것은 아니었다. 수차례 반란이 있었는데 특히 1680년 타오스에서 인디언이 봉기하여 400명 이상의 스페인 정착민이 목숨을 잃고 산타페가 점령되었다. 이들은 약 10년 동안 저항하다 스페인 군대에 정복되었다(프란시스 휘트니 외, 2004, 26).

작했다. 1769년 샌디에이고에 최초의 미션을 세웠고 1776년 샌프란시스코, 1781년 로스앤젤레스, 1786년 산타바바라를 건설하였다(Birdsall et. al., 2005, 276).

4. 루이지애나와 플로리다

북아메리카에서 스페인의 식민 전략은 남쪽의 카리브와 멕시코에서 북상하여 플로리다와 남서부로 영토를 확장하는 것이었다. 스페인 국왕으로부터 플로리다 정복의 허가를 얻어 하바나를 출발한 에르난도 데 소토(Hernando de Soto)의 탐험대는 1539년 플로리다에 도착한 후 미국 동남부(조지아, 캐롤라이나, 테네시, 앨라배마, 미시시피 등)를 탐험하고, 1541년 미시시피 강에 이르렀다. 코로나도(Francisco Vásquez de Coronado)도 1540년 그랜드캐니언과 캔자스 등 미국 남서부를 탐험하였다(프란시스 휘트니 외, 2004, 13)

반면 프랑스는 오대호 지역에서 미시시피 계곡으로 남진하면서 영토를 개척하였고, 영국은 뉴잉글랜드에서 사우스캐롤라이나에 이르는 대서양연안에 식민지를 개척하였다. 이 세 나라는 식민지를 확대하면서 1700년대 초 서로 경계를 맞대게 되었다.

프랑스는 아메리카에서 스페인의 가장 강력한 경쟁자였다. 프랑스는 1680년대에 미시시피 강 연안 지역을 탐험하고 1682년 이 지역을 루이지애나로 명명하고 영유권을 행사하였다. 7년 전쟁(또는 프랑스 – 인디언 전쟁)[63]에서 영국에 패한 프랑스는 1763년 북아메리카의 뉴프랑스(퀘벡과 온타리오)와

---

63 7년 전쟁은 오스트리아 왕위계승전쟁에서 프로이센에게 패배해 슐레지엔을 빼앗긴 오스트리아가 프로이센과 벌인 전쟁을 말한다. 그러나 이 전쟁에는 유럽의 거의 모든 열강이 참여하게 되어 유럽뿐 아니라 그들의 식민지가 있던 아메리카와 인도에서도 벌어졌다. 유럽에서는 영국의 지원을 받은 프로이센이 최종적으로 승리를 거두었고 식민지에서는 영국이 주요 승리를 거두었다. 프랑스 – 인디언 전쟁은 1754년에 개시되었고 7년 전쟁은 1756년 발발하였다. 이 전쟁에서 영국과 프랑스 모두 인디언들과 동맹을 맺었지만, 영국 측에서 볼 때 프랑스가 인디언과 동맹을 맺었기 때문에 프랑스 – 인디언 전쟁(French and Indian War)이라고 한다. 따라서 엄밀히 구분한다면 프랑스 – 인디언 전쟁은 7년 전쟁의 아메리카 판이라고 할 수 있다.

미시시피 강 동쪽을 영국에, 서쪽은 스페인에 양도하였다. 그러나 나폴레옹은 1800년 당시 쇠약해진 스페인과 산일데폰소(San Ildefonso) 조약을 맺고 미시시피 강 서쪽의 루이지애나에 대한 권리를 회복하였다. 미국은 서부의 생산물의 출구 역할을 하던 뉴올리언스가 프랑스 소유가 되자 이를 경계하여 프랑스 정부에 루이지애나의 매각을 제의했다. 이에 나폴레옹은 미국과 영국이 동맹을 맺을 가능성을 사전에 없애고 또 황열병 등으로 프랑스군이 이 지역에 계속 주둔하는 것이 힘들다고 판단하여 1803년 루이지애나 매각을 결정하였다(엘런 브링클리, 2005a, 338~339). 또 프랑스는 아메리카의 다른 식민지에도 신경을 써야 했다. 이 중 카리브의 아이티에서는 흑인들이 봉기하여 1804년 흑인공화국을 선포하여 라틴아메리카 최초의 독립국가가 탄생하였다. 결국 나폴레옹은 아메리카와 유럽에서 동시에 영토를 넓히는 사업을 할 수 없다고 판단하여 루이지애나를 미국에 넘기고 대신 유럽 정복 전쟁에 전념하고자 했다. 이 덕분에 미국은 에이커당 4센트 총 1,500만 달러의 헐값에 루이지애나를 매입하게 되었다.

이로써 미국은 미시시피 강 서쪽에서 로키산맥으로까지 영토를 확대하였다. 미국의 다음 목표는 플로리다였다. 당시 미국은 서플로리다(West Florida, 플로리다 반도 서부에서 미시시피강까지의 멕시코만 연안 지역)를 점령하고 있었으나 동플로리다(East Florida, 지금의 플로리다 반도 대부분)도 차지해야 한다고 생각하고 있었다. 훗날 대통령이 된 잭슨(Andrew Jackson) 장군은 민병대를 이끌고 1819년 플로리다의 세미놀(Seminole) 인디언을 소탕하는 전쟁을 벌였다. 그는 당시 스페인 지배하에 있던 동플로리다가 도망 노예와 약탈을 일삼는 인디언의 은신처라는 명분을 앞세워 인디언 부락과 스페인 요새를 공격하여 점령하였다. 라틴아메리카 전역에서 전개되었던 독립 운동도 감당하기에 벅찼던 스페인은 1819년 애덤스-오니스 조약에 따라 동플로리다를 미국에 헐값에 양도하고 위도 42도 이북의 태평양 북서부지역의 영유권을 포기하였다. 대신 미국은 텍사스에 대한 스페인

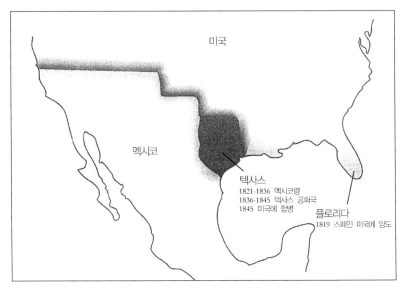

미국

멕시코

텍사스
1821-1836 멕시코령
1836-1845 텍사스 공화국
1845 미국에 합병

플로리다
1819 스페인 미국에 양도

그림 9-2. 1819~1848 미국-멕시코 국경

의 영유권을 인정하기로 합의하였다(케네스 데이비스, 2003, 203). 미국은 플로리다까지 영토를 넓히게 되었다.

미국의 영토 확장이 한창이던 1800년대 초 멕시코는 미국을 막을 수 없는 처지였다. 1810년경 멕시코 인구는 약 600만 명이었고 1850년 약 800만 명 정도였다. 멕시코 인구는 10년 단위로 약 50만 명 정도가 늘어났다. 이러한 인구증가에도 불구하고 인구 분포는 매우 불균형적이었다. 멕시코시티와 할리스꼬, 뿌에블라, 께레따로, 미초아깐 등 중앙 고원 지역에 전 인구의 절반이 몰려 살고 있었다. 따라서 오아하까와 유까딴을 제외한 나머지 지역은 인구가 희박했다. 특히 중앙아메리카와 접한 남쪽의 국경과 남서부를 포함하는 북쪽의 국경 지역은 중앙에서 멀고, 통신수단이 부족하고, 거주의 물리적 조건이 열악했기 때문에 사람들의 이주가 매우 적었다. 따라서 어떤 곳에서는 국경을 명확히 구분하는 것도 어려웠다. 특히 북쪽의 남서부 지역에서 멕시코인의 식민이 부족했고 반면 미국인의 합법 이민뿐만 아니라 불법 이민도 증가하여 미국의 팽창주의가 실현되기에 적합한 조건이 되어 있었다(Alfonso Rodríguez, et. al., 119~120).

5. 미국-멕시코 전쟁

멕시코 정부는 독립 후 식민과 교역을 위해 북부지역을 외국인에 개방했다. 특히 이 시기 미국인 상인들이 많이 들어왔는데 이들은 얼마 되지 않아 멕시코 상인을 밀어내고 이 지역의 교역을 장악하기 시작했다. 뉴멕시코 시장을 지배했던 멕시코 제품은 미국의 공산품에 밀리기 시작했다. 미국 상품을 가득 실은 역마차가 산타페 트레일(Santa Fe Trail, 미주리 주-산타페 간의 교통로)을 왕래하면서 멕시코는 캘리포니아, 뉴멕시코 등 극북 지역의 경제와 시장에 대한 통제권을 점차 상실하였다(엘런 브링클리, 2005a, 377).

상황은 텍사스에서도 비슷했다. 남서부에서 텍사스의 식민과 발전은 늦은 편이었다. 텍사스의 주요 도시들은 1700년대 초에 세워졌고 스페인 사람들은 텍사스 남부에 소 사육을 도입하였다. 그러나 텍사스 동부 지역은 습하고 나무가 많아 목축에 적합하지 않아서 정착민이 많지 않았다(Birdsall et. al., 2005, 273). 이런 상황에서 미국은 1820년대부터 멕시코 정부에 수차례 텍사스 구매 의사를 표명하였다. 그러나 멕시코는 이를 거부하고 식민화법을 제정하여 이 지역을 식민화하여 영유권을 강화하고자 했다. 식민화법에 따라 텍사스로 이주한 외국인(그러나 다수는 미국인이었다.)은 싼값으로 토지를 제공받고 세금도 4년간 면제받았다. 특히 백인들은 주로 면화 플랜테이션에 관심을 갖고 텍사스로 몰려왔다. 스티븐 오스틴(Stephen F. Austin)[64]을 중심으로 한 미국인들은 1822년 텍사스에 최초의 미국인 정착

---

64 '텍사스의 아버지(The Father of Texas)'로 불리는 오스틴은 텍사스 최초의 '엠프레사리오
(empresario)'였다. 엠프레사리오(스페인어로 사업가란 의미함)는 오늘날로 보면 일종의 영주권
인데 멕시코 정부가 식민자로서 책임과 의무를 다하는 대신 텍사스의 정주권을 인정해준 사람

촌을 건설하였다. 1830년 텍사스에는 7,000명의 미국인이 있었는데 이는 멕시코인의 두 배가 되는 숫자였다.

텍사스에 미국인이 많아지면서 스페인어 대신 영어를 쓰고, 가톨릭을 믿지 않고, 멕시코 법을 준수하지 않는 사람들이 늘어났다. 또 멕시코는 노예제도를 금지하고 있었는데 이들은 이에 아랑곳하지 않고 노예를 데려왔다. 결국 멕시코 정부는 1830년 공식적으로 미국인의 유입을 금지하였다. 그러나 미국인의 이민 흐름은 끊이지 않았고 1830년대 중반부터는 미국인과 멕시코인간의 충돌이 격화되었고 급기야 1836년 이곳의 미국인들은 텍사스의 독립을 선포하였다. 한때 멕시코군은 샌안토니오의 알라모 요새에서 저항하던 텍사스 군을 진압하고 전세를 유리하게 이끌었다. 그러나 샘 휴스턴 장군이 이끄는 텍사스군은 수적인 열세에도 불구하고 산 하신또(San Jacinto, 영어식으로는 샌 자신토) 전투에서 멕시코 군을 급습하여 큰 승리를 거두었다. 이 전투에서 포로가 된 산타 아나 대통령은 텍사스의 독립을 인정하는 조약에 서명할 수밖에 없었다. 즉시 텍사스는 워싱턴에 대표를 보내 연방가입을 신청하였다. 그러나 노예제를 인정하는 주가 늘어날 것을 우려한 잭슨 대통령이 텍사스의 연방가입을 유보하였다(엘런 브링클리 2005b, 68~70). 그러나 1845년 텍사스의 연방 가입은 승인되었고 텍사스는 미국의 28번째 주가 되었다. 텍사스의 역사는 캘리포니아에서도 재현되었다. 캘리포니아는 미국인으로 채워지지 시작했다. 1840년 태평양 연안에는 중요한 미국인 정착촌이 자리 잡았고 몰몬교도는 유타에 정착하였다. 캘리포니아와 샌프란시스코는 태평양 교역을 위해서도 매우 중요했다. 미국의 팽창주의는 이제 멈출 수 없는 대세가 되었다.

멕시코는 미국의 텍사스 합병에 항의하여 미국과 단교하였다. 멕시코는 여전히 텍사스의 독립을 인정하지 않았다. 텍사스의 독립에 서명했을 때

을 의미한다. 텍사스 최초의 엠프레사리오는 그의 아버지였는데 아버지가 병사하자 그가 그 권리를 재승인받았다.

산타아나는 이미 대통령에서 퇴위당한 상태였기 때문에 더 이상 멕시코를 대표할 권한을 가지고 있지 않았기 때문이었다. 그래서 멕시코에게 텍사스는 반란지역이었다. 따라서 1836~1845년 10년 동안 텍사스는 텍사스 공화국이기도 했지만 다른 한편으로는 멕시코 영토였다. 멕시코 입장에서 미국의 텍사스 합병은 불법적이고 무효한 것이었다.

그러나 포크 대통령은 이에 아랑곳하지 않고 1846년 1월 텍사스에 군대를 파견하였다. 명목은 리오그란데 강이 양국의 국경이라 주장하면서 그 국경을 보호한다는 것이었다. 텍사스는 포로가 된 산타아나에게 리오그란데 강이 텍사스와 멕시코의 경계선이라고 말하도록 강요했지만 그것은 억지였다. 텍사스와 멕시코의 전통적인 경계는 리오그란데 강보다 동쪽으로 240km에 있는 누에세스(Nueces) 강이었다. 그러나 포크는 이를 무시하고 멕시코인들이 살고 있는 리오그란데 강까지 군대를 이동시켰다. 따라서 미국의 선전포고는 1846년 5월 13일이었지만 이미 리오그란데 강 국경지역에서는 양국 간에 교전이 발발하였다. 미군의 전력은 멕시코군을 앞섰다. 비록 정규군 병력 수는 멕시코가 많았지만, 미국은 자원병이 많았고 훈련이나 군비 면에서 우월했다. 미군의 진격은 크게 세 방향으로 진행되었는데 우선 미국은 신속하게 뉴멕시코와 캘리포니아를 점령하였다. 7월에는 캘리포니아의 백인들이 멕시코로부터 독립을 선언하였다. 미국의 점령에 저항하여 1846년 9월 로스앤젤레스, 12월에는 타오스에서 멕시코인의 저항이 있었지만 성공하지 못했다. 다른 부대는 멕시코 내륙으로 진격하여 주요 도시들을 점령하며 남하하였다. 해상으로는 멕시코의 관문인 베라크루스를 공격하였다. 멕시코군이 저항했지만 1847년 3월 미국은 베라크루스 항구를 함락시켰고 5월에는 멕시코시티와 인접한 뿌에블라를 점령하였다. 결국 1847년 9월 14일 멕시코시티는 미군에 함락되었고 멕시코 정부는 께레따로로 옮겨갔다(임상래, 2011, 102~103).

당시 포크 대통령은 전비 문제로 미국 국내에서 비난을 받고 있었으나 캘리포니아에서 금맥이 발견되고 서부 개발의 광풍이 불어 이 문제는 더 이상 확대되지 않았다. 결국 1848년 2월 2일 과달루페-이달고(Guadalupe-Hidalgo) 조약이 체결되어 미국-멕시코 전쟁은 종전되었다. 미국은 캘리포니아와 뉴멕시코의 새로운 영토를 획득하였고, 리오그란데 강은 텍사스와 멕시코의 경계선이 되었다. 대신 미국 정부는 새로 미국에 편입된 지역의 시민이 멕시코에 요구한 손해 배상금 1,500만 달러와 미국인들의 손해배상 청구권 3,250만 달러를 떠맡기로 하였다(엘런 브링클리, 2005b, 83~84; 케네스 데이비스, 2003, 229~230). 또 이 조약에는 새로 미국령이 된 지역의 주민이 미국 시민권과 멕시코 국적을 1년 내에 선택할 수 있는 자유(9조)와 그들의 재산을 법적으로 보장해주는 조항(10조)이 포함되어 있었지만 이는 실제적으로 제대로 지켜지지 않았다. 미군이 점령군으로 들어오면서 멕시코인은 위협을 느꼈고, 앵글로계 백인뿐만 아니라 관공서에서도 이들에 대한 인종 차별이 계속되었다. 패전국의 국민은 모든 것을 헐값에 팔고 떠나든지 아니면 복종적인 미국시민이 되어야만 했다(Estrada, 2001, 15). 1853년 미국 공사 제임스 개즈던(James Gadsden)은 멕시코 북부 영토를 매입하는 협상을 벌였다. 이듬해 양국은 '개즈던 매입지(Gadsden Purchase)'라고 하는 멕시코 북부의 약 78,000㎢의 영토(오늘날 애리조나와 뉴멕시코 주 남부에 위치함)의 매매에 합의하였다. 이로써 양국 간의 국경은 확정되었고 남서부의 영유권은 미국으로 완전히 넘어가게 되었다.

이 전쟁으로 미군은 1,721명이 전사하였고 11,500명이 다른 원인(주로 황열병과 말라리아)으로 목숨을 잃었지만 패전국인 멕시코의 피해는 막대했다. 멕시코는 영토뿐만 아니라 5만여 명이 목숨을 잃었다. 게다가 전쟁은 멕시코에서 벌어졌기 때문에 전 국토가 황폐화되었고 재산의 피해도 상당했다(양재열, 136). 특히 멕시코의 국가 정체성과 국민의식은 큰 타격을 받

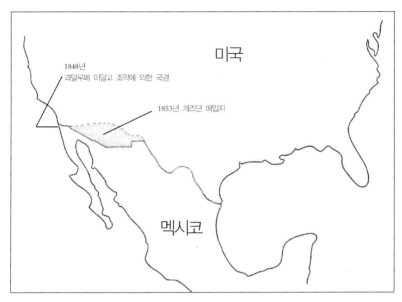

그림 9-3. 1848년 이후 현재 미국-멕시코 국경

앉다. 승리자는 패자를 열등한 민족으로 보았고 멕시코 국민 스스로 깊은 패배의식에 빠졌다. 게다가 주권국가로서의 멕시코의 미래를 전망할 수 없게 되었다. 멕시코 국민과 국가는 국가 통합을 이루지 못하면 나라가 완전히 사라질지도 모른다는 위기감까지 갖게 되었다.

1783년 파리 조약으로 독립을 이룩한 미국은 1800년대 들어 '고 웨스트 (Go west)'를 외치면서 부흥과 발전의 시대를 맞이했다. 특히 미국은 서부에서 꿈을 실현코자 했고 이들에게 서부 개척은 일종의 신의 '명백한 운명 (Manifest Destiny)'[65]으로 간주되었다. 두말한 나위 없이 서부 개척의 이면에는 영토 확장의 의도도 숨어 있었다. 결국 미국-멕시코 전쟁에서 미국이

---

[65] 1845년 여름 한 신문에 "아메리카대륙에 확대해야 할 우리의 명백한 운명은 해마다 증가하는 수백만 인구의 자유로운 발전을 위하여 신(神)이 베풀어주신 것이다(our manifest destiny overspreads the continent allotted by providence for the free development of our multiplying millions)"란 글이 기고되었다. 이것은 미국의 대외 확장의도의 신호탄이며 당시 미국민들의 정서를 대변한 말이기도 했다(Nova, 1988, 72).

승리함으로써 '신이 계시해준 운명'은 이루어졌다.

이 전쟁에서 아메리카의 패권국으로 부상하려는 미국은 새로운 국민국가로 거듭나려는 멕시코에게 결정타를 날렸다. '아메리카 챔피언 결정전'에서 승리한 미국은 이후 아메리카의 강국으로 부상하였다. 그러나 이 전쟁은 치카노에게는 벼락같은 운명이었다. 이곳에 살던 멕시코인들은, 자신들이 국경을 넘어간 것이 아니라 국경이 자신들을 넘어와서, 미국의 이등 시민이 되는 운명을 맞이하게 되었다.

6. 남서부의 미국화

이후 남서부는 미국으로 변화하기 시작했다. 텍사스, 뉴멕시코, 콜로라도, 오클라호마에는 목축업이 도입되었다. 이 지역은 소 떼를 방목할 수 있는 개방 방목지, 곧 거대한 공유 목초지가 있었다. 남북 전쟁(1861~1865)이 끝날 무렵 텍사스에는 약 500만 마리의 소가 방목되었는데 문제는 철도 중심지까지 소를 몰고 가는 것이었다. 그러던 중 1866년 텍사스의 일부 방목업자들이 약 26만 마리의 소떼를 미주리 주 세달리아(Sedalia) 우시장까지 몰고 가는데 성공했다. 이 최초의 장거리 소몰이는 텍사스의 고립된 목장과 급속히 발전하던 동부의 시장을 연결해 주었다. 이후 캔자스의 애빌린(Abilene), 다지시티(Dodge City), 위치토(Wichita), 네브라스카의 오갈라라(Ogallala), 시드니(Sidney), 와이오밍의 샤이엔(Cheyenne), 래러미(Laramie), 몬태나의 마일스 시티(Miles City)와 글렌다이브(Glendive) 등이 목축업의 중심지(소시장)로 성장하였다. 여름 내내 들에서 키운 소들을 몰고 때로는 한 달 이상이 걸려 소시장으로 가는 길은 카우보이 영화처럼 낭만적이지만은 않았다. 인디언이나 도둑의 공격을 받아 또는 길을 잘못 들어 소떼를 약탈당하고 목숨을 잃기도 했다.

대륙횡단철도가 완성되어 시카고 등 대도시에 육가공업이 발달하였다. 이러한 공장에 고기를 공급하기 위해 텍사스의 목장 규모는 갈수록 커졌고 기업화되었다. 사업이 확장됨에 따라 엄청난 소떼가 한정된 방목지로 몰려 들어 먹을 풀이 모자라게 되었다. 1886과 1887년 혹한과 혹서를 겪으면서 개천이 마르고, 풀이 말라 많은 소들이 폐사했다. 이렇게 하여 광대한 목장과 값비싼 투자는 몇 해 만에 날아가 버렸다. 장거리 소몰이는 사라졌고 카우보이 신화도 막을 내렸다(엘런 브링클리, 2005b, 256~257).

철조망 사용의 확대로 개방된 초원지역이 사라지면서 방목은 자취를 감 췄다. 이후 남서부에는 철조망이 처진 넓은 목장(ranch)에서 하는 목축업이 자리 잡게 되었다. 텍사스는 동남부를 제외한 거의 모든 지역이 반사막이어 서 농작물의 재배가 힘든 지역이었으나 20세기 중반 관개 시설이 완공되 어 농업이 크게 성장하였다(이현송, 2006, 238).

남서부, 특히 캘리포니아의 발전은 서부개척과 골드러시에 힘입은 바 크 다. 미국 현대사에서 서부개척은 핵심적인 의미를 갖는다.[66] 남북전쟁 이후 많은 사람들이 더 나은 삶을 찾아 서부로 이주하였다. 1870~1900년 사이 200 만 명이 넘는 사람이 서부로 왔는데 외국인도 많았지만 다수는 미국 동부의 앵글로계 백인이었다. 이들이 서부로 온 것은 골드러시와 방목하기에 알맞 은 초원에 이끌렸기 때문이었다. 서부는 예전 같으면 긴 시간 역마차를 타

---

66 프레더릭 잭슨 터너는 1893년 '미국역사에서에 프론티어의 중요성'이란 논문을 발표했다. 이 논문에서 그는 백인들이 서부에 정착한 것은 미국사의 핵심적인 줄거리라고 요약했다. 미국이 서부를 개척해나가는 과정으로 서부는 야만의 땅에서 근대의 땅으로 변환되었고 민주주의와 개인주의라는 미국인의 이념이 거듭났다고 주장했다. 터너는 19세기 서부를 앵글로 아메리칸의 정착 및 미국 민주주의 확산을 기다리는 '임자 없는 토지(free land)'로 보았다. 그러나 이후의 신서부역사가들은 비어 있는 '프론티어'를 부정하고 대신 서부에 존재하고 있던 정교하고 발달 된 문명들을 주목했다. 백인은 서부를 개척한 것이 아니라 정복했고 인디언과 히스패닉, 흑인, 아시아인이 서부를 공유했다고 주장했다. 터너의 서부는 영웅주의, 성취, 진보의 장소였다. 그 리고 용감한 백인 남성들의 위업이 지배하는 곳이었다. 하지만 신역사가들은 서부를 용기와 성 공뿐만 아니라 억압과 탐욕, 실패가 공존하는 곳으로 보았다. 터너는 서부를 19세기 말 프런티어 의 소멸로 막을 내린 정착의 과정으로 보았으나 신서부가들은 서부를 그저 하나의 지역으로 보고, 서부의 역사는 1890년 끝난 것이 아니라 지금도 계속되고 있다고 보았다(엘런 브링클리, 2005b, 263~265).

고 가야 하는 험난한 곳이었다. 그러나 1869년 대륙횡단철도가 완공되고 이어 수많은 지선이 건설되어 왕래도 편해지고 서부 곳곳에 정착촌이 들어섰다. 연방정부는 서부개척을 위한 토지정책을 펼쳤는데 5년간 일정한 토지에 거주하여 개척을 한 자(이민자 포함)에게는 160에이커의 토지를 무상으로 급여한다는 홈스테드법(Homestead Act)이 1862년 제정되어 서부 이주는 더 촉진되었다(엘런 브링클리, 2005b, 247)

특히 황금 열풍은 캘리포니아의 성장에 결정적인 역할을 하였다. 골드러시는 1848년 시에라네바다 산맥의 중앙 구릉지대에서 금이 발견되어 시작되었으나 실제로는 몇 년 밖에 지속되지 않았다. 따라서 금을 찾아 부자가 된 사람도 있었지만 다수는 그렇지 못했다. 실망하여 고향으로 돌아간 사람도 있었지만 대부분은 캘리포니아에 그대로 남았다. 이 덕분에 캘리포니아의 농촌과 도시 인구는 크게 증가하였다. 예로, 샌프란시스코 인구는 골드러시 이전에는 1,000명에 불과했으나 1856년 통계에는 5만 명이 넘었다. 또 골드러시로 인해 서부는 더 다양한 사람이 모여 사는 곳이 되었다. 백인뿐만 아니라 유럽인, 중국인, 히스패닉, 자유흑인 노예들이 함께 살게 되었다. 이와 함께 오렌지, 레몬, 아보카도, 대추야자 등 농작물 생산이 증가하여 캘리포니아의 농업은 크게 발전하였다(엘런 브링클리, 2005b, 89; Birdsall, 2004, 230~231).

대륙횡단철도는 남서부가 미국으로 통합되는 것을 더욱 촉진하였다. 미국 최초의 횡단철도는 1869년에 완성되었는데 유타 주(州) 프로먼토리(Promontory)에서 유니언퍼시픽 철도와 센트럴퍼시픽 철도가 연결되었다. 이에 따라 동부와 태평양 연안이 철도로 연결되었을 뿐만 아니라 남서부가 미국 경제에 완전 편입되었고 미국-멕시코 간의 국경경제의 토대도 마련되었다. 마찬가지로 비슷한 시기에 멕시코 북부에도 철도가 건설되었다. 이를 통해 많은 멕시코인들은 일리노이, 미시간 등 미국 내륙의 사탕무우 농장으로 이주하였다. 사탕무우 농사는 당시 설탕을 만드는 원료로 수익성이 높았다. 미국 남부 농장에서 일하던 멕시코 노동자들도 사탕무우 농장으로 이동할 수 있었다. 이렇게 해서 멕시코에서 시카고 등 더 깊은 미국으로 가는 루트가 만들어졌다.

제2차 세계대전 이후 미국에서 가장 성장한 지역은 서부였다. 인구는 급증했고, 도시는 확대되었고, 산업은 번창하였다. 제2차 세계대전 중 미국 정부는 서부 태평양 연안의 전략적 중요성을 인식하고 이 지역에 대한 투자를 확대하였다. 그 결과 샌디에이고, 로스앤젤레스, 샌프란시스코, 시애틀은 해군기지로 발전하였다. 샌안토니오, 엘파소, 덴버, 콜로라도 스프링스, 피닉스, 투산, 로스 알라모스, 앨버커키에도 군부대와 군사산업이 들어서 도시 발전을 이끌었다. 또 서부 내륙에는 댐, 발전소, 도로가 건설되었다. 자동차의 보급과 사용이 늘어나 석유 수요가 늘어나서 텍사스와 콜로라도의 유전과 석유 산업이 크게 발전하였고 휴스턴, 댈러스, 덴버는 중심도시로 성장했다. 대학에 대한 투자도 확대되어 텍사스와 캘리포니아의 대학들은 미국 최고 수준의 대학이 되었고 이 대학의 연구센터들은 기술집약적 산업을 유치하는 데 기여하였다. 온화한 기후 또한 지역 발전에 도움이 되었다. 따뜻하고 건조한 기후 덕분에 긴 겨울을 가진 동부 사람들과 노약자들이 남서부로 많이 이주하였다.

도시 중에는 로스앤젤레스의 성장이 가장 놀라웠다. 1945년에서 1950년 사이 미국에서 새로운 사업의 10% 이상이 이 도시에서 이루어졌고 1940년에서 1960년 사이 인구는 50% 이상 증가하였다. 로스앤젤레스는 의심할 여지없이 뉴욕과 함께 미국을 대표하는 도시가 되었고 영화, 첨단기술, 군수산업의 중심지로 발전하였다. 애리조나는 미국 주요 시장과 동 떨어져 있는 단점이 있지만 전자 산업과 그와 관련된 제조업이 비약적으로 발전하였다. 중심도시 피닉스는 1950년대 이후 도시가 급격하게 팽창하였고 청명한 날씨로 항공 산업의 중심지가 되었고 투산은 1960년에서 1990년 사이에 인구가 2.5배 늘었다. 마찬가지로 텍사스의 국경 도시 엘파소와 뉴멕시코의 중심도시 앨버커키도 1950년에서 1970년 사이 도시가 두 배 이상 확대되었다(엘런 브링클리, 2005c, 324; Birdsall, 2004, 219~220).

미국-멕시코 전쟁 이후 남서부는 미국화되었을 뿐만 아니라 신속하게 '백인화'되었다. 남서부가 미국이 된 이후 백인들은 신속하게 이 지역의 경제와 정치를 주도했을 뿐만 아니라 인구적으로도 멕시코계를 압도하였다. 전쟁 이후 남서부의 멕시코계 인구는 약 82,500명이었는데 주별로는 뉴멕시코에 60,000명, 텍사스에 14,000명, 캘리포니아에 7,500명, 애리조나에 약 1,000명 정도가 거주하였다. 이 규모는 당시 캘리포니아와 텍사스 전체 인구의 10%도 되지 않는 것이었다. 또 인디언은 신속하게 고립된 지역에 있는 보호구역으로 격리되었다(Birdsall et. al., 2005, 277). 따라서 남서부의 인구는 백인이 주를 이루게 되었다.[67]

남서부의 언어도 변하였다. 공용어가 스페인어에서 영어로 바뀌었고 영어의 사용은 점점 더 일반화되었다. 캘리포니아에서는 처음에는 스페인어와 영어가 함께 사용되었으나 골드러시가 시작되어 영어사용자가 늘자 주정부는 스페인어 사용을 금지하였고 1855년에는 모든 공립학교의 교육은 반드시 영어로 이루어져야 한다는 규정을 제정했다. 이후 주 헌법으로 스페인어의 사용을 전면 금지하였다. 뉴멕시코에서는 스페인어의 사용이 더 오래 지속되었다. 이는 스페인어 사용 인구가 많았기 때문이었다. 그러나 동부에서 이곳으로 오는 백인이 많아지면서 1891년 모든 공립학교에서 영어 사용이 의무화되었고 이후 스페인어는 공식어의 지위를 잃게 되었다(김남균 2007, 194).

---

67 물론 남서부의 멕시코계 인구가 이후 다시 많아졌다. 특히 20세기 들어서부터 멕시코 이민자가 크게 증가했는데, 1900~1990년 동안 약 300만 명의 멕시코인이 합법적으로 미국에 이주했고 이중 대다수는 남서부에 정착하였다. 두 말 할 나위 없이 여기에 미등록 이민자를 포함하면 그 숫자는 더욱 많아진다.

10

국경, 미국, 멕시코

I. 미국–멕시코 국경의 특징

1. 국경의 지리와 인구

우리에게 '미국 멕시코 국경'하면 미국 영화 속의 황량하고 위험한 공간이 먼저 떠오른다. 그런데 여기서 중요한 것은 이 영상에서 거의 항상 우열한 두 종류의 인간이 등장한다는 설정이다. 특히 악당과 보안관이 등장하는 미국 서부극 장르에서 이 국경은 총잡이들이 활개를 치는 사막으로 정형화되는데 여기서 미국 백인들은 자국의 법망을 피하기 위해 또는 미국 내에서는 감히 못하지만 멕시코에서는 맘대로 할 수 있는 난봉을 즐기기 위해 국경을 넘는다. 반면 대부분의 멕시코인은 게으르고 비겁한, 어떤 경우에 있어서는 부패하고 폭력적인, 하지만 언제나 지저분하고 무식한 사람들이다(라파엘 폰세 코르데로 2009, 34). 이 경우, 우리는 이 국경을 미국이 만들어 놓은 통속물에 의존하여 소비한다. 또는 조금 더 국제시사적인 안목을 더한다면 이 국경을 온갖 중범죄의 온상으로 인식하게 된다. 주로 리오그란데강 남쪽이긴 하지만, 강 양편에서 벌어지는 살인, 납치, 마약, 테러 등은 이 지역을 지구상에서 가장 위험한 곳으로 묘사하게 만든다.

이와 같이 우리의 국경에 대한 이해는 국경의 실체를 나름 반영하기도 하지만 대부분은 정의와 합법과는 거리가 먼 곳 일 것이라는 피상적 인식이 주를 이룬다. 그러나 실제로 국경은 '암'이 '명'의 이면이듯 빛과 그림자가 함께 존재하는 공간이다. 따라서 국경의 실체를 파악하기 위해선 국경의 다면적 성격에 대한 총체적인 이해가 선행되어야 한다. 특히 강 양편의 땅들이 상호 통합적인 관계망에 참여하고 있다는 사실을 반드시 주목할 필요가 있다.

그림 10-1. 미국 멕시코 국경도시 지도

미국-멕시코 국경의 총 길이는 3,169 km(1,969 miles)이며 미국의 4 개 주 (California, Arizona, New Mexico, Texas)와 멕시코의 6 개 주(Baja California, Sonora, Chihuahua, Coahuila, Nuevo León, Tamaulipas)에 걸쳐 있다. 국경선을 따라 멕시코 쪽에는 35개의 무니시삐오(municipio, 멕시코의 기초 자치단체 단위)가 있고, 미국 쪽에는 25개의 카운티가 있다. 지형적으로는 미국의 엘 파소와 멕시코의 시우닷 후아레스를 중심으로 동쪽으로는 멕시코 만까지 리오그란데 강이, 서쪽으로는 태평양까지 광대한 평원이 국경을 이루고 있다. 따라서 후아레스 · 엘파소에서 브라운스빌 · 마따모로스까지의 양국 국

사진 10-1. 미국쪽에서 본 멕시코. 도로와 녹지(리오그란데 강) 너머가 멕시코의 후아레스 빈민가이다. 밀입국자들은 목숨을 걸고 강과 고속도로를 건너기도 한다.

경은 리오그란데 강이 자연국경선을 이루고 있으나 반대편으로 샌디에이고·티후아나까지의 서쪽 국경은 양국이 합의한 가상의 선으로 국경이 형성되어 있다.

　그러나 이 국경은 지구상에서 매우 특별한 국경이다. 이 국경은 멕시코와 미국이라는 두 나라의 구분일 뿐만이 아니라 두 문화, 두 세계, 두 경제가 나눠지는 경계이기 때문이다. 이 국경은 앵글로색슨 문화와 라틴아메리카 문화의 경계인 동시에 지구상에서 가장 잘 사는 나라와 그렇지 못한 나라가 갈리는 곳이다. 심지어 이 국경은 가장 안전한 도시와 가장 그렇지 못한 도시가 이웃하고 있는 곳이기도 하다.[68]

―――

68 El Paso Times가 엘파소 주민 1,087명을 대상으로 조사한 결과에 따르면 엘파소 주민 82.9%가 안전한 도시라고 응답했고 9.5%가 안전하지 않다고 응답했으며 7.6%는 잘 모르겠다고 응답했다.

국경의 중요성이 부각된 것은 외국에서 원자재를 들여야 이를 조립 가공하여 다시 수출하는 마킬라도라(maquiladora) 계획과 멕시코인의 미국 이민이 증가하기 시작한 1980년대부터였다. 미국에서는 국무부 산하에 국경처(Office of Border Affairs)가 만들어지고 의회에서도 국경문제를 다루는 일이 정례화되었다. 멕시코에서는 북부국경대학교(Colegio de la Frontera Norte)가 콜레히오 데 메히꼬(Colegio de México, 멕시코대학교)의 분교로서 세워져 국경문제를 연구하는 싱크탱크가 되었다. 국경의 중요성이 인식되면서 국경은 양국이 만나는 장소로 선호되었다. 그래서 양국 대통령의 정상회담은 물론이고 양국 정부의 다른 모임들도 국경 도시에서 빈번하게 열린다.

따라서 국경은 양국에게 역동성의 상징이 되었다. 특히 양국 국경에 마주 위치한 15쌍의 '트윈 시티(twin cities)'는 중심적인 역할을 하였다. 이중 샌디에이고-티후아나는 국경 중 가장 왕래가 많은 곳이다. 메히깔리는 마킬라도라 산업으로 높은 경제성장을 계속하고 있어 국경 도시 중 최근 가장 인구가 많이 증가한 곳이다. 더글래스-아구아 쁘리에따는 밀입국이 많은 곳이며 마약거래 통로이기도 하다. 국경의 중앙부에 위치한 엘파소-시우닷 후아레스[69]는 역사적으로 멕시코와 미국 간 주요 통과지점(El Paso 의 Paso 는 통과(pass)를 의미함)이었다. 라레도-누에보라레도는 멕시코 중앙 지역과 가깝기 때문에 국경 중 상업 물동량이 가장 많은 곳이다. 특히 라레도와 맥알렌은 미국에서 가장 빨리 성장하는 도시이다. 가장 넓은 국경이 있는 텍사스 주의 경우, 국경 도시들은 내륙의 도시보다 두 배 더 높은 인구증가를 보이고 있다.

국경의 두 축은 엘파소-후아레스와 샌디에이고-티후아나이다. 엘파소-후아레스는 식민시대부터 탐험, 교역, 선교의 전진기지였기 때문에 국경의

또 CQ Press도 미국 대도시 중에서 2010년도 가장 안전한 도시로 엘파소를 선정한 바 있다. 이웃한 국경 도시 후아레스가 불안한 치안으로 문제가 되는 것과는 매우 대조적인 상황이라고 할 수 있다("Poll: 83% of people who live in El Paso find the city safe", http://www.elpasotimes.com).

69 <그림 10-1>의 지도에서처럼 엘파소-시우닷 후아레스에 선랜드파크를 포함시키기도 한다. 텍사스 국경도시인 엘파소와 뉴멕시코쪽 국경도시인 선랜드파크는 붙어 있다.

역사를 잘 보여주는 곳이다. 또 국경지역의 경제·정치적인 중심지이며 또 국경의 가운데에 위치하고 있어 '국경의 수도'라고도 한다. 샌디에이고-티후아나는 북미자유무역으로 상징되는 양국의 경제 통합이 가장 적극적으로 작동되는 곳이다. 티후아나 산업단지에는 미국 시장을 겨냥한 제3국 업체와 싼 인건비를 통해 가격경쟁력을 확보하려는 미국 기업이 많이 진출해 있다. 현재 이 지역은 마킬라도라 산업과도 연계되어 세계적인 산업지대로 발전하고 있다.

이처럼 이 국경은 세계에서 가장 붐비는 국경이다. 양국 국경에는 42개의 통과지점이 있으며 이곳을 통해 연간 1억대의 차량과 약 2억 5천만 명이 왕래한다. 이 중 가장 통행이 많은 곳은 산이시드로(샌디에이고)-티후아나, 칼렉시코-메히깔리, 엘파소-후아레스, 라레도-누에보라레도이다.

표 10-1. 미국-멕시코 국경 주별 인구(1950~2000)

(단위: 천 명)

구분	1950	1960	1970	1980	1990	2000
따마울리빠스	718	1,024	1,456	1,924	2,249	2,747
누에보레온	740	1,079	1,695	2,513	3,099	3,826
꼬아우일라	721	908	1,115	1,557	1,972	2,295
치와와	846	1,227	1,613	2,005	2,442	3,047
소노라	511	783	1,099	1,514	1,824	2,213
바하깔리포르니아	227	520	870	1,178	1,661	2,488
계	3,763	5,541	7,848	10,691	13,247	16,616
텍사스	7,711	9,580	11,199	14,229	16,986	20,852
뉴멕시코	681	951	1,017	1,303	1,515	1,819
애리조나	681	951	1,017	1,303	3,665	5,130
캘리포니아	10,586	15,717	19,971	23,668	29,760	33,872
계	19,659	27,199	33,204	40,503	51,926	61,403
총계	23,422	32,740	41,052	51,194	65,173	78,019

자료: U.S. Census Bureau, "Table 16. Population: 1790 to 1990". Population and Housing Unit Counts, 1990 Census of Population and Housing; Instituto Nacional de Estadística y Geografía 2000; Anuario Estadístico Edición, 2000.

표 10-2. 인구증가 추이(1950~2000)

(단위: 천 명)

도시	1950	1960	1970	1980	1990	2000
시우닷후아레스	122	277	424	567	789	1,187
엘파소	130	277	322	425	515	564
티후아나	60	166	340	461	747	1,211
샌디에이고	334	573	697	875	1,111	1,223

자료: Enciclopedia de los Municipios de México, ESTADO DE BAJA CALIFORNIA, TIJUANA; Ciudad Juarez, wikipedia; City-Data.com, El Paso: Population Profile, San Diego: Population Profile.

국경의 인구는 그 역동성으로 계속 성장하고 있다. <표 10-1>처럼, 국경의 인구는 증가를 거듭하여 최근 50년 동안 멕시코는 4배, 미국은 3배 늘어났다. 이는 국가 전체 인구증가율을 훨씬 상회하는 수치이다. 따라서 국경은 양국에서 인구적으로 가장 성장하는 지역이다. 마찬가지로 시우닷 후아레스, 티후아나, 엘파소, 샌디에이고 등 대부분의 국경도시들에서 인구증가는 매우 높다. 특히 <표 10-2>가 보여주는 것처럼 후아레스와 티후아나는 엘파소나 샌디에이고에 비해 인구증가가 훨씬 더 컸으며, 이 중 티후아나의 인구는 50년 동안 20배 넘게 많아졌다.

양국 국경 100km 이내 인구의 90% 이상이 15쌍의 쌍둥이 도시에 거주하는데 이 숫자는 1983년 700만 명이었는데 2005년 1,300만 명으로 증가했고 2011년 현재 1,400만 명을 넘었다. 2030년경에는 약 1,600만~2,500만 명이 될 것으로 전망된다(U.S. Environmental Protection Agency, State of the Border Region, 2010, 2011, 7). 특히 멕시코쪽 국경 도시들은 미국기업이 많이 진출해 있고 일자리와 새로운 삶의 기회가 많기 때문에 인구증가의 폭이 더 높으며 또 멕시코 전역에서 사람들이 몰려들어 외지인의 비율이 높다. 따라서 상당수 국경 도시들은 인구적으로나 문화적으로 멕시코인들의 '모두의 땅(tierra de todos)'인 동시에 또 '누구의 땅(tierra de nadie)'도 아니다. 티후아나의 경우 인구 중 이 지역 토박이는 겨우 15%일 뿐이다. 이런 이유로 일부 국경도시에서 전통과 문화는 멕시코 여러 지역 것들과 미국의 것들이 함께 혼합되어 있는 모습을 갖기도 한다.

국경이나 변경은 일반적으로 낙후되고 미개한 곳으로 간주되었다. 미국－멕시코 국경도 그러했다. 그래서 국경의 사람들은 워싱턴과 멕시코시티가 자신들을 이해하지 못하고 차별한다고 느껴왔다. 그러나 오늘날 미국－멕시코 국경 지역은 비록 중심에서 가장 멀리 있지만 양국이 이어지고 소통되는 가장 역동적인 공간이다. 또 이 국경은 뚜렷하게 대비되는 두 세계가 만나는 매우 특별한 곳이다. 그래서 이 국경은 발전과 낙후, 통합과 혼란, 협력과 대립의 두 얼굴이 공존하는 현장이다.

2. 국경 공동체의 형성

미국－멕시코 국경의 역동성은 오랜 국경 역사의 산물이다. 역사적으로 양국 국경의 형성 과정은 '독수리 대 뱀(Eagle and Serpent)'[70]의 한 판 역사라고 할 수 있다. 미국이 영토를 더 서쪽으로, 그리고 더 남쪽으로 확대되는 과정은 곧 멕시코 북방 영토에 대한 위협이었기에 양국의 충돌은 불가피한 것이었다.

지금의 미국 국경 지역은 스페인의 식민지인 누에바 에스파냐(멕시코)의 북쪽 영토였다. 그러나 19세기 초 미국이 루이지애나를 획득하고, 당시 멕시코 북부로 오는 미국인 상인, 염탐꾼, 정착민, 방문자가 많아지면서 이 지역은 중요한 변화를 겪게 되었다. 1830년대 미국인들은 텍사스, 뉴멕시코, 캘리포니아에 점점 더 많이 모여 들었고, 이들은 남서부와 미 동부를 잇는 교역로를 개설하였다. 이는 인접한 따마울리빠스, 누에보 레온, 치와와 지역

---

70 뱀은 독수리, 재규어와 함께 멕시코를 상징하는 동물로 아즈텍의 건국 신화에 등장한다. 특히 멕시코 고대인은 깃털 달린 뱀을 숭상하였다.

의 인구증가와 산업발전에도 영향을 주었다. 미국－멕시코 전쟁에서 멕시코가 패하여 미국 영토가 된 이후 이곳은 미국 경제에 편입되어 광산물, 소고기, 곡식, 노동력을 제공하였다.

국경 확정 이후 양국 간에 큰 국경 분쟁은 없었지만 인디언의 반란이나 소도둑, 총잡이들, 유토피아를 찾는 종교 교도나 은둔주의자들이 문제를 일으키는 경우는 빈번하였다. 그러나 1880년대부터 국경지역에서 치안이 확보되어 범법행위가 크게 줄어들었고, 국경에서 멕시코와 미국의 관계는 더욱 긴밀해졌다. 1910년경, 멕시코 국경과 남서부는 경제적으로 더욱 긴밀해졌다. 미국과 멕시코에 철도 건설이 확대되어 국경지역의 교통이 더 원활해졌고 미국 자본의 멕시코 북부에 대한 투자가 늘어났다. 특히 멕시코 디아즈(Porfirio Díaz)대통령 정부의 개방정책으로 인해 멕시코 국경 지역의 철도, 광산, 농목업 등에 미국 자본의 투자가 늘어났다. 미국 광산회사는 금, 은 등 귀금속 생산에 주력했고 뉴멕시코, 애리조나, 소노라에서는 구리도 많이 생산되었다. 여기서 생산된 구리는 미국의 전기화(electrification) 사업에서 중요한 역할을 하였다(Martínez, 1994, 36).

남서부의 발전은 양국 국경의 상호의존을 더욱 촉발시켰다. 특히 남서부의 농업은 멕시코 노동력이 없이는 불가능했다. 남서부의 농업은 자본의 투입과 관개시설의 확대로 20세기 초 비약적으로 증가하였다. 이중 캘리포니아의 발전이 가장 두드러졌는데 1900년에서 1920년 사이 오렌지 생산은 4배, 레몬 생산은 5배가 늘었고 제1차 세계대전 중 미국의 식품 생산의 1/3을 캘리포니아가 담당하였다. 농업생산이 많아짐에 따라 더 많은 노동력이 필요하였고 이는 주로 멕시코 국경지방에서 온 노동자로 충당되었다. 또 양국의 국경 도시들은 빠르게 성장하였고 인구의 이동도 많아졌다. 멕시코인의 미국 이민이 증가하였고 동시에 미국인들은 멕시코 진출도 확대되었다(Martínez, 1994, 35).

그러나 멕시코혁명과 반미주의의 고조 등으로 국경에 불안과 긴장이 고조되기도 했다. 특히 1916년 판초 비야가 뉴멕시코의 국경도시 콜럼버스 (Columbus)를 침공하여 양국 간에 전쟁 발발의 위기가 조성되기도 했다. 또 텍사스 레인저스[71]가 국경을 지킨다는 명목으로 1914년에서 1919년까지 텍사스-멕시코 국경에서 무자비하게 법을 집행하여 많은 사람들이 사상하여 문제가 되기도 하였다.

국경의 상호의존을 가속화시킨 것 중에는 미국의 금주법(1920~1933)도 있었다. 미국 정부는 제1차 세계대전 전후 국가적 단합을 도모하고 사회적 병폐를 바로 잡기 위해 금주법을 제정했다. D&H나 D&W 같은 주류 회사는 켄터키에서 멕시코로 공장을 옮겼고 엘파소의 바들은 '술 마실 자유'를 찾아 국경을 넘는 사람들을 쫓아 후아레스로 이전하였다. 방문자와 관광객으로 국경은 더 북적이게 되었고 양국의 쌍둥이 도시간의 공생(symbiosis) 관계는 더욱 두터워졌다. 대공황으로 잠시 주춤했지만 미국인의 '국경 너머 관광'은 국경을 가로 지르는 사람과 돈의 중요한 흐름이었다. 특히 제2차 세계대전 이후 멕시코 국경 도시는 미국 관광객으로 유흥업이 번창하는 '소돔과 고모라'가 되었다.

제2차 세계대전은 양국 국경 발전의 결정적 계기가 되었다. 미국 정부는 제2차 세계대전 이후 남서부 여러 도시에 신무기를 개발하는 국방 연구시설과 군사기지를 건설하였다. 이로 인해 이 지역의 생산은 증대되고, 도로와 상하수와 같은 사회 기반시설이 확충되고, 도시 규모와 인구가 확대되었다. 한국전쟁과 베트남전쟁은 이를 더욱 가속화 시켰고 미국 경제의 중심축은 '스노우벨트(snowbelt, 태평양에서 대서양에 이르는 미국의 북부 산업지대)' 에서 남서부의 '선벨트(sunbelt)'로 이동하였다. 이로 인해 남서부는 이전의

---

71 텍사스 레인저스(The Texas Rangers)는 텍사스가 멕시코로부터 독립하기 직전인 1835년 만들어진 일종의 민병대였다. 레인저스는 법과 정의의 수호자로 묘사되지만 텍사스의 멕시코인들에게는 공포의 대상이었다. 레인저스는 미국-멕시코 전쟁동안 멕시코 침공 전위부대로 활약했다. 오늘날에는 텍사스 경찰국 산하에 있으며 일종의 수사대로서 활동하고 있다(Castro, 2001, 207).

농목업 중심의 산업구조에서 벗어나 높은 경제 성장을 이룩하였다(Martínez, 1994, 38).

멕시코도 제2차 세계대전 이후 지속적인 경제 성장을 거듭하였고 이에 따라 국경 경제도 안정적으로 성장하였다. 남서부가 발전하여 그곳의 일거리와 일자리가 늘어나면서 미국으로 가려는 사람들이 멕시코 내륙에서 국경지역으로 몰려들었다. 따라서 '라 프론떼라(la frontera, 스페인어로 국경을 의미함)'는 멕시코에서 가장 역동적인 지역이 되었다. 남서부 인구가 늘어나 멕시코 국경 도시를 방문하는 미국인 관광객도 크게 증가하였고 국경 양쪽에서는 관광업과 도소매업이 호황을 누렸다.

1942년 브라세로 프로그램의 개시는 국경 '붐'을 가져왔다. 양국이 맺는 일종의 노동 계약인 이 프로그램으로 멕시코 노동자는 한시적으로 미국 농장에서 일할 수 있었는데, 이는 1964년까지 지속되었다. 많은 멕시코 노동자들은 이 프로그램이 종료된 이후에도 불법으로 미국, 특히 남서부에 남았고 나중에 이들 중 다수는 사면법의 시행으로 미국 영주권을 획득하였다. 멕시코 국경의 발전도 브라세로 프로그램에 힘입은 바 컸다. 멕시코 국경 도시는 브라세로들에게 미국으로 가는 정거장과 같은 곳이었지만 브라세로 프로그램이 끝난 후에는 미국에 가지 못한 많은 브라세로들이 국경 도시에 정착하였기 때문이다(Lorey, 2001, 108~109).

국경 발전이 통합의 단계로 '업'된 것은 마킬라도라와 NAFTA라는 두 번의 계기를 통해서였다. 브라세로 프로그램이 끝난 1965년 멕시코 정부는 새로운 국경 발전 계획을 시행하였다. '국경산업화정책(Border Industrialization Program)'은 외국자본을 끌어들여 국경 지역의 산업화를 꾀하기 위한 것이었는데 주 내용은 외국기업이 멕시코의 저임금 노동력을 이용하여 멕시코 국경 도시에 일종의 조립공장인 마킬라도라를 설립하도록 하는 것이었다. 이에 따라 외국기업은 면세로 원자재와 시설을 들여오고 대신 이를 가공

조립하여 다시 해외로 수출하는 방식이었다. 그러나 1989년 법이 개정되어 생산된 제품의 50%까지를 멕시코 국내에 판매할 수 있게 되었다. 또 마킬라도라는 국경으로부터 20km(8마일) 이내로 한정되었지만 이것도 나중에는 멕시코시티를 제외한 전국으로 확대되었다. 이를 통해 외국기업은 생산비를 낮출 수 있고 멕시코는 고용을 얻을 수 있었다. 마킬라도라는 1970년대 중반부터 높은 성장을 이룩했고 페소화의 평가절하로 임금이 싸지면서 더 확대되었다. 1992년 약 2,000개의 마킬라도라가 약 50만 명을 고용하였으나 2000년에는 공장은 3,655개로 늘어났고 고용은 130만으로 증가했다(Birdsall 2005, 281; Martínez 1994, 39). 이렇게 멕시코 국경은 멕시코 마킬라도라 산업의 중심지이며 멕시코 수출을 좌우하는 곳으로 자리 잡았다.

마킬라도라 프로그램에 이어 1994년 발효된 북미자유무역협정(NAFTA)은 국경 경제의 공동체적 기반을 더 공고화시켰다. 국경경제는 미국의 자본·기술과 멕시코의 노동을 결합하는 자유무역을 바탕으로 불균형적이긴 하지만 통합으로 향하는 과정에 들어서게 되었다. 그러나 나프타를 통한 멕시코 국경의 세계화 경험은 다른 한편으로 멕시코 국경 도시들이 사실상 미국 국경도시의 배후지가 되어 버린 역효과를 낳기도 했다. '양국적 도시화(binational co-urbanization)'라고도 하지만 멕시코 국경도시는 미국 국경도시에 의존하는 배후도시 또는 종속된 식민도시가 되었다. 멕시코 국경도시들은 멕시코 국내와의 통합보다는 오히려 국경 너머 미국사회의 소비와 생산이 요구하는 기능적 요구에 더 맞추어져갔다. 이것은 멕시코쪽 국경에서 볼 때 일종의 탈국적화의 단면이라고도 할 수 있다.

미국 자본과 멕시코 노동력이 결합하여 만든 국경경제는 통합이다. 이 국경은 브라세로-마킬라도라-NAFTA로 이어지는 일련의 초국가적·통국가적 조합을 이미 경험하였다. 특히 NAFTA로 인해 이 국경은 세계에서 처음으로 국경을 가로지르는 경제의 협력과 통합의 상징이 되었다.

이와 같이 오늘날 양국의 국경 도시는 두 도시 간의 공간적 인접성, 긴밀한 분업구조, 경제·지리적 통합 등으로 흥미롭고 새로운 공간 질서를 만들어내고 있다. 특히 최근 대규모의 이민, 법과 정치의 상호 적응, 혼합 문화의 출현, 정체성의 변화 등과 같은 현상들은 다양한 형태의 통합과 혼종을 보여준다. 혼종(hybrid, 또는 잡종)은 새로운 것의 출현이다. 통합은 각각을 유지하면서 상호의존으로 이어지는 관계이다(Dear, 2005, 301~318). 이런 측면에서 볼 때 오늘날 미국과 멕시코의 국경은 통합과 혼종이 교차하는 독특성을 보여준다고 할 수 있다.

Ⅱ. 국경의 그림자들

1. 국경의 군사화와 밀입국 문제

미국에서 라티노와 관련된 이슈 중 가장 시사적인 것은 미등록 이민 문제이다. 특히 밀입국과 국경 장벽 문제는 언론에서 자주 다루는 내용이라 우리에게도 잘 알려져 있다.

미국 내 미등록 이민자 규모에 대한 공식적인 통계는 없지만 추정하기로 1,200만 명 이상일 것으로 보고 있으며 매년 최소 35만 명에서 최대 50만 명 정도가 미국 국경을 몰래 넘는다고 한다. 대부분이 멕시코인이지만 최근 브라질, 에콰도르, 엘살바도르, 온두라스 출신도 늘고 있는 추세이다. 티후아나, 노갈레스, 후아레스, 마따모로스는 '4대 밀입국 통로'로 널리 알려져 있다.

쿠바인들처럼 배나 튜브를 타고 바다를 통해 미국에 입국하는 경우도 있지만 라틴아메리카에서 미국으로의 밀입국은 주로 육로를 통해 이루어진다. 따라서 멕시코 국경은 대륙적 차원의 밀입국 문제에서 매우 핵심적인 지역이라고 할 수 있다. 또 최근에는 쿠바에서 미국으로 가는 밀입국도 멕시코를 통하는 경우가 많아지고 있어 이 국경은 더욱 중요한 지역이 되고 있다. 알려진 바와 같이 쿠바인의 미국 밀입국은 플로리다 해협을 통하는 것이 전통적인 루트였지만 2000년대 중반 이후 멕시코를 통한 우회 입국이 크게 늘어나고 있는 상황이다. 멕시코는 전통적으로 쿠바인에 대해 개방적인 입장이며, 그래서 입국 자격에 문제가 있더라도 대부분은 별문제 없이 풀려난다. 또 멕시코는 쿠바와 지리적으로 가깝다. 따라서 최근 쿠바인이 멕시코를 통해 미국으로 들어가는 경우가 크게 늘어나 현재 미국 입국 쿠바인 중 멕시코 통과자의 비율이 최대 70~80%에 이를 것으로 추정되고 있다. 이와 같이 이제 멕시코는 멕시코뿐만 아니라 라틴아메리카 전체에서 미국으로 가는 밀입국의 '도약대(trampolin)'가 되고 있다고 할 수 있다.

합법적인 입국이 불가능한 사람들은 자의 또는 속임수에 빠져 '코요테(coyote)' 또는 '뽀예로'라고 하는 밀입국 알선업자와 접촉하게 된다. 컨테이너, 트럭, 기차의 화물칸에 숨어 밀입국하기도 하지만 주로 국경 경비가 취약한 곳을 골라 도보로 입국을 시도한다. 예전에는 "눈을 감고도 갈 수 있다"는 이른바 '장님 통로(puntos ciegos)'가 있었다지만 이제는 대부분 목숨을 걸어야 하는 위험한 곳이다. 국경선을 넘으면 더 안전한 내륙으로 이동해야 한다. 그래서 밀입국 브로커들은 로스앤젤레스나 피닉스와 같은 대도시 또는 국경 도시에 가정집을 가장한 안가(safe house)를 두는 경우가 많다. 국경 통과에 성공한 미등록 이민자들을 이곳으로 데려와 음식을 주고 옷을 갈아입혀 내륙으로 이동시킨다. 물론 이민자들은 자신의 몸값을 완불한 경우에만 이곳에서 빠져나갈 수 있다.

밀입국자가 국경수비대에 적발되면 지문과 신분 검사를 한 후 전과가 없다면 국경으로 보내져 멕시코로 추방된다. 국경 검문소를 통해 위조 서류로 입국하다 적발되어도 마찬가지이다. 이들은 지문과 인적사항이 등록되기 때문에 수년간 미국에 입국할 수 없다. 때로는 다시 미국으로 입국하기 위해 새로운 신분증을 위조하고 지문 검사를 피하기 위해 발가락 피부를 손가락에 이식하는 일도 있다고 한다.

국경 경비를 강화하여 밀입국을 막겠다는 이른바 국경의 군사화 전략은 실은 이전부터 있어왔다. 미국 정부는 밀입국을 차단하고자 1993년 엘파소에서 '국경사수작전(Hold the Line Operation, Blockade Operation 이라고도 불렀음)'을, 1994년 샌디에이고에서 '문지기작전(Gatekeeper Operation)'을 펼친 바 있다. 1995년에는 애리조나에서 '세이브가드(Safeguard) 작전', 1997년에는 텍사스 맥알렌에서 '리오그란데작전(Rio Grande Operation)'을 수행하였다. 이와 함께 2004년에는 원거리송환프로그램(Deep Repatriation Program)을 시행했는데 통상 불법입국자가 적발되면 국경 너머 멕시코 검문소로 인도되는데 이 프로그램은 원하는 밀입국자에게 항공편을 제공하여 고향까지 보내주는 것이었다. 또 국경과 미국 내륙을 잇는 주요 도로에서 신분증을 확

사진 10-2. 철조망 너머로 보이는 곳이 멕시코이다. 현재 미국 정부는 이러한 철책을 장벽화하는 공사를 하고 있으나 아직도 '쉬워 보이는' 국경이 있다.

인하는 내륙검문제도(Interior Checkpoint)도 강화하였다.

미국 정부는 최근 국경 경비를 강화하기 위해 장벽을 군사화하는 데 힘쓰고 있다. 양국의 국경은 주택가를 통과하기도 하고 사막을 가로지기도 한다. 따라서 어른 키 정도의 철조망 울타리도 있지만 높이가 5m 되는 장벽도 있고 하천이 있는 곳에서는 제방이 국경 펜스가 되기도 한다. 최근 미국 정부는 장벽을 추가로 설치하고 기존의 것을 더 견고하게 높이는 작업을 계속하고 있다. 2006년 미국 의회는 700마일(1,100km)에 이르는 국경에 차량, 첨단 경보 장치, 2단 펜스를 설치하도록 하는 '안보 펜스법(The Secure Fence Act)'을 통과시켰다. 밀입국자들이 자주 다니는 통로에는 전자감지기와 적외선 카메라 등 최신 장비를 설치하고 있다. 국경을 구역별로 나누어 지형에 따라 도보 또는 순찰차로 경계하며 지역에 따라서는 승마 경찰이 경비를 담당한다. 험준한 지역에서는 ATV 라는 산악용 오토바이를 이용하며 헬기를 이용한 항공 순찰도 한다.

이와 함께 국경 수비 인력도 대폭 증원하였다. 1987년 4,000명이던 국경 경비 인원은 2007년 현재 14,000명으로 늘어났다. 미국 정부는 국경 작전의 또 다른 명분으로 국경 배후 도시들의 치안을 내세우고 있다. 국경 경비를 강화하여 밀입국이 통제되면 미국 국경 도시와 인근 내륙 도시들의 치안 문제가 좋아진다는 것이다. 그러나 현재까지의 상황을 볼 때, 그 효과는 아직 확실하지 않다.[72]

밀입국을 막기 위해 양국은 멕시코 쪽 국경에서도 협력을 강화하고 있다. 2002년 멕시코와 미국은 국경에서의 조직범죄, 마약유통, 인신매매를 방지하기 위해 '스마트 국경 협정(Smart Border Agreement)'으로 더 잘 알려진 '미국-멕시코 국경 파트너십과 행동 계획(U. S.-Mexico Border Partnership and

---

[72] 관련 연구에 의하면, 국경 경비 강화와 해당 지역의 재산 범죄나 강력 범죄 간의 상관관계는 아직 명확하지 않다. 또 한 지역에 대한 방범이 강화되면 인접 지역의 범죄 발생이 증가한다는 일종의 풍선 효과 또는 유출 효과(spillover effect)이론도 있다(Coronado, 2007).

Action Plan)'을 체결하였다. 또 2003년 멕시코는 '초병 작전(Operation Centinela)'을 개시하였는데, 이는 미등록 이민자와 조직범죄를 단속하기 위한 것이었다. 2005년에는 양국은 불법이민 알선조직을 막기 위해 'Operation Against Smugglers (and Traffickers) Initiative on Safety and Security (OASSIS)'를 시행하였다. 현재 양국 정부는 이민알선범죄가 근절될 때까지 이를 상설화하여 시행하고 있다.

미국이 국경을 봉쇄하면 할수록 이민자들은 새로운 루트를 찾기 위해 애리조나의 소노라 사막과 같은 더 위험한 곳으로 갈 수밖에 없다. 따라서 국경 수비대에 붙잡힌 멕시코 사람들은 오히려 '운 좋은' 사람들이라고 할 수 있다. 왜냐면, 적발되지 않았다면 밀입국에 성공할 수도 있지만 목숨을 잃을 수도 있기 때문이다. 수로나 산길을 통해 입국하다 익사하거나 동사하고 사막에서 길을 잃어 목숨을 잃기도 한다. 위험이 증가하기 때문에 월경 비용도 더 비싸졌다. 위험수당이 더해졌을 뿐만 아니라 브로커들도 이전보다 더 많은 정보와 준비를 해야 하기 때문이다. 경비가 더 삼엄해졌기 때문에 여전에는 한 두 명이 하던 것도 이제는 여러 명이 협력해서 해야 한다. 소노라 사막을 통과해 애리조나의 피닉스까지 데려다 주는 코요테 비용이 1990년대 만하더라도 몇 백 달러면 족했는데 지금은 3,000 달러가 넘는다는 얘기도 있다.

밀입국 브로커의 성격과 역할에 대한 이해는 자체로 흥미롭기도 하지만 밀입국의 본질을 파악하는데 큰 도움이 된다.

우선, "밀입국이 범죄라면 범인은 누구인가" 하는 문제이다. 불법으로 국경을 넘었기 때문에 밀입국 이민자가 범인인가?, 아니면 이민자들은 진짜 범죄자인 밀입국업자들의 피해자인가?라는 물음에 대해 생각해 볼 필요가 있다. 공식적인 자료들은 밀입국의 주범은 브로커이며 이민자는 이들의 희생자라고 얘기한다. 그래서 이민 브로커는 국경의 '악'이며, 따라서 제거되어야 할 존재로 간주된다. 그러나 뽀예로들의 주장은 이와는 다르다. 밀입국 알선자들이 이민자의 안전과 생명을 중하게 여기지 않는다는 주장은 정부의 일방적인 선전이며 자신들에게 모든 책임을 덮어씌우는 일종의 '희생양 놀이'라는 것이다. 왜냐면, 브로커와 이민자는 위험한 작전을 함께 하는 일종의 협력·동반 관계이고 이들이 무사히 입국에 성공해야만 미래의 고객을 확보할 수 있기 때문이다(Izcara, 2012, 188). 대부분의 밀입국 계약은 밀입국에 성공한 사람들의 소개를 통해 성사되기 때문에 이들의 주장은 나름 설득력이 있다. 따라서 밀입국과 관련된 모든 문제를 밀입국 브로커 탓으로 돌리는 것은 문제가 있다고 할 수 있다.

다음으로는 밀입국의 진정한 수혜자가 누구인가 하는 문제이다. 국경의 농장주들에게 멕시코와 가깝다는 사실, 즉 저렴하고 가까운 노동력이 확보되어 있다는 사실은 커다란 유혹이 아닐 수 없다. 그래서 뽀예로들은 때때로 저렴한 노동력을 원하는 사람들, 주로 미국인 농장주에게 고용되기도 하는데 이 경우 밀입국은 국경 경비가 아무리 삼엄하다 하더라도, 대개 안전하게 이루어진다. 따라서 멕시코 국경은 물론이고 미국 쪽 국경경비에서도 부정이 있을 가능성은 충분하다고 할 수 있다(Izcara, 2012, 191). 따라서 밀입국을 원하는 사람은 국경의 북쪽에도 있음을 명심해야 한다.

밀입국 알선업자는 전업자도 있고 부업자도 있다. 주된 동기는 경제적인 이유인데 다른 일보다 수입이 높기 때문이다. 대부분은 멕시코인이지만 미국 국적자도 있다. 멕시코인 중에는 미국 영주권이나 방문 비자 등을 가진 경우도 있지만 대부분은 미국 입국 자격이 없는 사람들이다. 밀입국은 농사일이 시작되는 1~3월이나 일손이 가장 필요한 6~7월에 주로 이루어지며 인원이 많으면 적발될 가능성이 높기 때문에 대부분은 10명 이하로 한다. 지역에 따라 차이가 있지만, 마약 조직과 밀입국 조직은 별도로 활동하는 경우가 많다. 가끔 밀입국과 마약 밀반입이 함께 이루어지기도 하지만 마약 조직이 밀입국으로까지 사업 영역을 확대했다고 단정하기에는 아직 이르다 (Izcara, 2012, 187). 주 고객은 국경 인접 지역 출신보다는 이 지역에 대한 정보가 적은 치아빠스, 오아하까, 베라끄루스 등 멕시코 남부와 남동부 출신 이민자이다. 또 밀입국 브로커들이 직접 이 지역까지 원정하여 밀입국을 홍보하는 '판촉' 활동을 하기도 한다.

표 10-3. 국경 경비와 미등록 이민

구분	1990	2000	2005	2007
국경경비인원(명)	3,715	9,078	11,106	14,923
국경체포인원(천명)	1,103	1,676	1,189	876
미등록 이민자추정(천명)	3,500	8,500	11,500 ~ 12,000	

자료: FIDH(Federación Internacional de Derechos Humanos) 2008, Estados Unidos - México Muros, Abusos y Muertos en las fronteras, Paris, 12.

<표 10-3>처럼 미국의 국경 경비는 계속 강화되었고 밀입국을 시도하다 적발되는 사람은 줄어들었다. 그럼에도 국경 봉쇄의 효과에 대해서는 아직 일치된 의견이 없다. 미국 정부의 발표대로 국경의 경비가 강화되어 밀입국이 줄었다는 해석도 있지만 반면 뽀예로들의 주장처럼 국경 경비의 강화는 밀입국을 어렵게 한 것이 아니라 단지 더 위험하게 한 것뿐이라는 주장도 있다(Izcara, 2012, 196). 적발자가 줄었다는 것이 반드시 밀입국자가 줄었음을 의미하는 것은 아닐 수 있기 때문이다.

국경 경비를 강화할수록 국경을 넘는 사람은 더 위험해진다는 주장은 일리가 있다. 애리조나의 밀입국 사망 조사에서 확인할 수 있는 것처럼 2000년 이후 현재까지 밀입국 과정에 사망한 사람은 증가와 유지를 반복하고 있다. 따라서 이 통계는 국경이 군사화되면서 국경은 더 위험해졌고, 따라서 이 과정에서 목숨을 잃는 일이 계속되고 있다는 것을 보여준다고 할 수 있다.

표 10-4. 애리조나 소노라 사막 밀입국자 사망자(2000~2010)

연도(10~9월)	숫자(명)
2000~2001	136
2001~2002	163
2002~2003	205
2003~2004	234
2004~2005	282
2005~2006	205
2006~2007	237
2007~2008	183
2008~2009	206
2009~2010	253
2010~2011	183
계	2,287

자료: La Coalición de Derechos Humanos, Arizona-Sonora Recovered Human Remains.

국경 경비를 강화하여 불법입국을 막겠다는 발상은 본원적인 한계를 가질 수밖에 없다. 왜냐면 멕시코에 만연한 빈곤과 불평등을 생각하고, 지구상에서 가장 부유한 나라가 이웃에 있다는 사실을 고려한다면 철책만으로 국경을 지킬 수 있다는 생각은 너무 '순진'하다. 국경을 넘다가 죽을지도 모른다하더라도 "배고픔이 죽음의 공포보다 더 클 때(cuando el hambre es más fuerte que el miedo de morir)" 불법입국은 어떤 울타리로도 막을 수 없기 때문이다.

또 국경 경비의 강화는 더 많은 미등록 이민을 만들어 내는 측면이 있다. 멕시코 미등록 이민자 중 다수는 순환노동이민자이다. 이들은 농번기에 미국으로 갔다 추수가 끝나면 고향으로 돌아와 가족과 연말연시를 보내고 이듬해 다시 미국으로 간다. 그러나 국경 경비가 강화되면서 순환이민이 어려워져 아예 미국에 장기체류하는 경우가 많아졌다. 또 이들은 불법이건 합법이건 멕시코에 있는 가족을 데려와 함께 생활하고자 한다. 따라서 국경의 군사화는 오히려 미등록 이민을 확대시키는 측면도 있다(에릭 허쉬버그,

2008, 310; Ramos, 2005, 95).

미등록 이민과 밀입국에 대한 미국사회의 반응은 국경만큼이나 분명하게 둘로 갈린다. 밀입국 단속을 반대하고 미등록 이민자들의 인권을 옹호하는 목소리도 높다. '국경의 천사들(Border Angels)'은 애리조나 국경지역에서 미등록 이민자를 긴급 구호하는 활동을 한다. 특히 이들은 불법 월경자들이 마실 물, 음식, 외투, 담요 등을 국경에 비치한다. 구호물품이 국경경비대나 반이민단체에 의해 정기적으로 수거되기 때문에 구호품을 수시로 보충하고 비치 장소를 옮기기도 한다(Noticias de Inmigración, Grupos Pro- Inmigración y Anti-Inmigración en Estados Unidos). 샌디에이고의 '라사(치카노를 의미함) 인권연합(Raza Rights Coalition)', 투산의 '인권연합(La Coalición de Derechos Humanos)'도 국경지역에서 활동하는 인권단체들이다. 이 단체들은 이민자들의 인권을 보호하고 국경에서의 인권 침해 사례를 조사하고 감시한다.[73] 특히 인권연합은 국경의 군사화에 반대하고 이를 미국 사회에 알리는 것을 주요 활동으로 하고 있는데 최근 애리조나가 밀입국의 주요 경로가 됨에 따라 밀입국자 사망이 늘고 있어 이 지역에서 활동을 강화하고 있다.

반면 '미니트맨 프로젝트(Minuteman Project)'[74]와 같은 단체들도 있다. '미국의 국경을 지키는 전투(The Battle to Secure America's Borders)'를 내세우는 이들은 주로 멕시코 불법 월경자를 막는 감시 활동을 하며 국경 철책 설치를 위한 모금 활동도 하고 있다. 일반적으로 이들은 미등록 이민자에게 물리적 힘을 가하지는 않지만[75] 국경지역 주민들과 밀입국자간의 충돌이 생

---

73 미국 국경수비대가 행사하는 물리력에 의해 사건들은 간혹 양국 간 문제가 되기도 하지만 대부분은 무혐의나 증거부족으로 종결되곤 한다.

74 미니트맨(minutemen)은 미국 독립혁명 당시 메사추세스에서 활동했던 독립군 민병대를 지칭한다. 이들은 영국군과 전투가 발생하면 항상 1분 내에 출동하는 태세를 갖추었다고 해서 미니트맨이라 이름 붙여졌다(케네스 데이비스, 2003, 120)

75 미니트맨 프로젝트의 행동강령(Code and Standard Operation Procedures)을 보면, 국경에서 밀입국과 같은 불법 행위를 발견하면, 저지하지 말고 주시한 후 신고하고, 필요하다면 물과 담요를 제공하고, 지방과 연방법을 준수하며, 모든 것을 녹화하라는 내용 등이 포함되어 있다(Gilchrist, 2006, 339~340).

기는 경우들도 있다. 특히 국경 펜스 인근의 농민들은 자신의 농장을 통과하는 밀입국자를 체포하여 경찰에 넘기기도 하는데 이 과정에서 이민자가 다치거나 목숨을 잃기도 한다. 또 월경자들이 물과 음식을 얻기 위해 농장에 접근했다 총격을 받는 일이 생기기도 한다.

살펴본 바와 같이 국경 경비를 강화하여 국경을 군사화하는 것은 불법입국을 더욱 위험하고 비싸게 하는 것이다. 또 그 피해가 대부분 멕시코 사람에게 돌아간다는 면에서 멕시코 이민에 대한 차별이기도 하다.

국경의 군사화로 인한 또 다른 문제는 국경의 오래된 삶과 소통의 방식이 파괴된다는 것이다. 9·11 이후 철책이 새로 세워지거나 경비가 강화되어 리오그란데 강을 중심으로 이어져온 전통적 삶이 위협받고 있다. 강가의 마을에서는 조상대대로 작은 배를 타고 양국의 국경을 자유롭게 건너다녔는데 이제 이 전통은 불법화되어 금지되었다. 몇 분이면 갈 수 있던 곳을 이제는 몇 시간을 돌아가야 하며 높은 장벽으로 평화롭던 마을의 삶과 전경이 완전히 바뀐 경우도 있다.

텍사스의 라지타(Lajitas) 주민들은 배를 타고 15분이면 국경을 건너 멕시코에 갈 수 있었는데 국경에 장벽을 세워서 이제는 6시간을 달려 프리시디오(Presidio) 국경검문소까지 돌아가야 한다(Dear, 2005, 318) 또 주택가의 3분의 1 정도에 담장이 세워질 뻔한 맥알렌 인근 그란제뇨(Granjeño) 마을도 마찬가지이다. 이 마을과 국경너머 멕시코 마을은 같은 언어를 사용하고 서로 간에 친척도 많아 하나의 마을처럼 살아왔다. 비록 국적은 다르지만 이들은 문화적으로는 완전한 동질 집단이었다. 따라서 마을 사람들은 철책이 밀입국을 막는 데 도움이 되지 않을 뿐 아니라 오래전부터 있었던 길을 막고 자연을 훼손하는 것이라고 철책 건설을 반대하였다. 그 결과 정부는 공사를 중단하고 대신 마을을 돌아 흐르는 리오그란데 강의 범람을 방지하기 위해 만든 강둑을 도시까지 연장하고 높였다. 그러나 예상대로 국경을 넘는 사람은 줄어들지 않았다. 마을 사람들이 전부터 말했던 것처럼 강을 건너는 위험도 마다하지 않은 사람들이 철책을 높인다고 못 들어올 것이라는 발상은 자체가 넌센스였다(Granjeno levee-wall is not keeping out immigrants, says community leader, Rio Grande Guardian, 2009. 7. 21). 이처럼 리오그란데의 국경 마을에 장벽을 더 건설하는 것은 그 차제의 목적 달성도 미지수이지만 이 지역의 오래된 삶의 방식을 파괴한다는 면에서 더 심각하다고 할 수 있다.

국경에서 이민자의 인권은 매우 취약하다. 무사히 미국 땅에 들어와 아메리카 드림을 시작하기도 하지만 일부 이민자는 밀입국 브로커의 협박과 착취로 인권을 위협받기도 한다. 또 미등록 이민자에 대한 체포, 구금, 추방이 이민자 인권을 침해하기도 한다. 밀입국자과 불법체류자에 대한 조치에 대해서는 법 규정이 정해져 있지만 이것이 항상 지켜지는 것은 아니다. 따라서 미국의 국경수비대가 행하는 과도한 물리력에 의해 불법월경자가 부상을 입거나 심지어 목숨을 잃는 경우도 심심찮게 일어난다.

최근 미성년자의 밀입국이 늘고 있는 현실도 우려할 만하다. 이들은 성인에 비해 더 쉽게 속임을 당하고 착취될 수 있기 때문이다. 멕시코 미성년자가 미국으로 밀입국할 때는 가족과 동행하는 경우가 많지만 최근에는 혼자 밀입국을 시도하는 경우도 많아지고 있다. 2009년 1월에서 9월까지 멕시코로 송환된 미성년 밀입국자는 약 21,000명이었다. 이 중 8,000명은 가족과 함께 송환되었지만 나머지 13,000명은 혼자였다. 이들 대부분은 미국에 있는 가족을 찾아 가는 경우이지만 가족 상봉이 목적이 아니라 오로지 가난을 벗어나고자 밀입국하는 미성년 숫자도 최근 늘어나는 추세이다(Aumenta migración infantil hacia EU, El Universal, 2010. 1. 2). 이처럼 국경은 이민자 인권의 가장 위험한 현장이다.

2. 수자원과 환경 문제

　국경은 협력과 발전의 땅이지만 동시에 대립과 갈등의 공간이기도 했다. 최초의 갈등은 영토 문제였다. 19세기 말부터 미국과 멕시코 간에는 강을 따라 국경분쟁이 생기기 시작했다. 가장 큰 문제는 차미샬(Chamizal) 지역이었다. 차미샬은 엘파소와 후아레스 지역의 리오그란데 강[76]에 붙어 있는 600 에이커의 땅이었다. 1848년 국경 조약 당시 이 땅은 강의 남쪽에 있어 멕시코령이었으나 홍수와 강의 범람으로 1864년에는 미국 쪽으로 이동하였다. 따라서 미국이 영유권을 주장했지만 양국은 이 문제에 크게 관심을 두지 않았다. 그러다가 이 문제가 다시 불거진 것은 이 문제와 아무 상관도 없는 쿠바혁명 때문이었다. 1963년 양국은 쿠바의 카스트로 정권 승인 문제로 불편한 관계에 있었다. 양국의 감정이 고조되었기 때문에 차미샬 영유권 문제가 거론되면서 양국의 공방은 격화되었다. 협상이 수차례 결렬과 재개를 거듭하다 결국 차미샬 지역의 대부분은 멕시코로 반환되었고 대신 인근의 리오그란데 강변의 코르도바(Cordova) 섬은 미국령이 되는 것으로 합의에 도달하였다. 이와 비슷한 문제가 텍사스 로마(Roma) 시 근교 리오그란데 강의 모터리토스(Morteritos) 섬을 둘러싸고도 일어났다. 이 섬은 1848년 국경 조약 당시 미국 쪽에 있었으나 강의 수로가 바뀌어 멕시코가 되었다가 1884년 미국이 다시 영유권을 주장하여 문제가 되었다. 양국 국경을 따라 흐르는 리오그란데 강은 현재는 수로가 정비되어 있지만 이전에는 큰 비가 내리면 물길이 변하거나 토사가 퇴적되어 섬이 생기곤 했다. 이후 양국은 이러한 문제는 공식적으로 다루기 위한 국경위원회(The International Boundary Commission, Comisión Internacional de Límites)를 1889년 구성하기도 하였다 (Lorey, 1999, 154~155).

---

76 리오그란데 강(멕시코에서는 리오브라보라고 한다)은 콜로라도 주에서 발원하여 뉴멕시코 주와 텍사스 주를 가로질러 미국과 멕시코의 국경을 따라 흘러 멕시코 만으로 흘러든다.

리오그란데 강이 영유권 문제였다면 콜로라도 강[77]의 문제는 '물' 때문이었다. 살펴본 바와 같이 국경지역 인구는 꾸준히 증가해왔고 이로 인해 여러 문제가 생겼는데 이 중 물 문제가 가장 심각했다.

남서부는 대체적으로 사막에 해당하는 건조한 지리적 조건을 가지고 있다. 태평양 쪽 서부는 비교적 푸른 전경을 갖기도 하지만 남서부는 사실상 물이 부족한 지역이 대부분이다. 따라서 도시가 생기고 사람이 살게 되면서 남서부가 직면한 가장 어려움은 수자원의 확보 문제였다. 이런 문제는 양국의 국경 지역에서도 마찬가지로 나타났다. 19세기 말, 국경 지역의 인구가 증가함에 따라 미국은 콜로라도 강에 관개 시설을 건설하였다. 이로 인해 멕시코 쪽으로 흘러가는 수량이 감소하여 1895년 멕시코가 손해배상을 청구하였다. 양국의 협상은 결렬과 재개를 반복하다 1922년 콜로라도 강 조약(Colorado River Compact)을 체결하여 수자원을 동등하게 사용하기로 합의하여 일단락되었다. 이후 1924년 양국 정부는 연간 약 653억 입방피트의 물을 멕시코에 제공하는 것을 보장하는 조약을 다시 체결하였다. 그러나 콜로라도 강의 용수 문제는 양국의 농업용수 사용이 늘면서 다시 재현되었다. 이런 문제들로 인해 국경위원회는 1944년 국경과수자원위원회(International Boundary and Water Commission)[78]로 재편되었다. 1960년대 멕시코 만 쪽으로 흐르는 콜로라도 강물이 고갈되어 문제가 되었으나 1973년 멕시코에 일정량의 용수를 제공하기로 합의하여 문제가 종결되었다(Lorey, 1999, 155, 157). 1944년 콜로라도 강의 용수를 사용하는 인구는 약 20만이었으나 현재는 2,000만으로 증가했다. 따라서 양국의 물 문제는 언제든지 다시 재현될 수 있는 상황이라고 할 수 있다.

---

77 콜로라도 강은 로키 산맥에서 발원하여 콜로라도 주, 유타 주, 애리조나 주, 네바다 주, 캘리포니아 주를 거쳐 멕시코의 바하깔리포르니아 주와 소노라 주를 통과해 캘리포니아 만으로 흘러든다. 따라서 샌디에이고, 티후아나 등 서부 국경 지역의 주요 상수 공급원이다.

78 위원회의 본부는 엘파소와 후아레스에 있으며 미국무부와 멕시코 외무부가 함께 운영에 참여하고 있다.

지하수 문제도 양국의 중요 현안이다. 1990년대부터 지하수의 과다 사용과 하수의 오염 등으로 멕시코 북부는 심각한 물 문제를 겪었다. 현재 티후아나에서 후아레스의 이르는 국경 지대의 대수층은 채워지는 것보다 뽑아 쓰는 양이 20배나 많아 2025년경이면 고갈될 것으로 예상되고 있다. 리오그란데 강을 공유하고 있는 엘파소-후아레스의 경우, 후아레스가 인구는 2배가 많지만 물 사용량은 반대로 엘파소가 6배 높다. 후아레스는 지하수 펌프 시설과 상수관로 매설이 부족하여 생활용수의 공급이 원활하지 못하고 이로 인해 콜레라 등 수인성 전염성에 훨씬 더 취약하다(Martínez, 1995, 131; Lorey, 1999, 158). 이런 문제가 해결되지 않으면 향후 지하수 자원의 사용 문제로 양국 간에 갈등이 생길 가능성이 높다고 할 수 있다.

수질 오염 문제도 심각하다. 멕시코 북부에서 티후아나를 통해 샌디에이고 쪽 태평양으로 흘러 나가는 티후아나 강의 오염 문제는 샌디에이고 하구 지역을 오염시키기 때문에 양국 간의 문제가 되고 있다. 국경지역에서는 전반적으로 상하수도 처리시설의 부족과 농약과 비료의 부적절한 사용으로 수인성 질병이 발생하는 등 각종 공중위생문제가 생기고 있다.

이와 같은 물과 공기의 오염 문제가 더 두드러지는 곳은 당연히 샌디에이고-티후아나와 엘파소-후아레스와 같은 국경의 대도시들이다. NAFTA 규정에 따라 양국은 문제 해결을 위해 국경환경문제협력위원회(Border Environmental Cooperation Commission)와 북미개발은행(North American Development Bank)을 설립하였지만 환경오염의 속도는 너무 빨라 그 성과는 미미하다. 또 환경오염에 대한 양국의 관련법이 다른 것도 문제다. 미국보다 멕시코 법은 오염수의 정화 비율을 현저히 낮게 정해놓고 있다(Lorey, 1999, 160). 특히 2003년 양국은 환경 문제를 해결하기 위해 ① 수질 오염원 감축, ② 대기 오염원 감축, ③ 토양 오염원 감축, ④ 보건위생환경개선, ⑤ 화학물질에 대한 노출감소, ⑥ 자발적 환경기준 준수 및 의무 이행 등을 골자로 하는

'Border 2012' 계획에 합의했으나 재원 확보 등 기타 문제로 그 효과를 낙관하기 힘든 상황이다(U. S. Environmental Protection Agency, U. S.-Mexico Environmental Program: Border 2012 A Mid Course Refinement, 2011).

이와 함께 국경은 다른 지역에 비해 빈곤 문제가 더 심각하다. 미국의 빈곤 인구 비율은 12%인데 국경 지역은 두 배가 넘는 25%이다. 실업률도 국경 주들은 5.6%인데 미국 평균은 4.7%이다. 이러한 문제는 콜로니아(colonia)의 경우만 보더라도 명확하다. 콜로니아는 스페인어로 '동네' 또는 '마을'을 의미하는 말인데 대개의 경우 주거시설이 열악하고 상하수도 등 기반 시설이 부족한 주거지역을 의미한다. 텍사스와 뉴멕시코의 경우, 약 30만 명이 1,300여 개 콜로니아에 거주하고 있다. 콜로니아 주민의 대부분은 라티노인데, 따라서 이들의 장염, 간염 등의 발병률이 높다. 또 이들 중 다수는 계절노동자이기 때문에 이 지역뿐만 아니라 멀리는 플로리다나 미시간까지 일자리를 찾아간다. 따라서 이들에 의해 말레리아, 홍역, 식중독 같은 질병이 다른 지역으로 전파되기도 한다.

미국-멕시코 국경 지역은 정치적 경계이다. 그러나 이 국경은 역사, 문화, 경제, 가족의 관계로 접속되어 있을 뿐 아니라 공기, 물, 자원, 기후를 공유하고 있다. 이런 이유로 이곳의 사람들은 국적을 떠나 삶의 환경과 조건을 보호해야 할 공동의 이유를 가지고 있다. 오늘날 국경에서 사람과 물자의 이동은 끊임없이 일어난다. 따라서 환경과 보건의 문제가 어느 한쪽에만 머물러 있지 않다. 따라서 이 지역의 건강, 안전, 환경 문제에 있어서 이제 더 이상 국경은 없다.

살펴본 바와 같이 미국과 멕시코 국경은 스페인에서 멕시코로 다시 미국으로 영유권이 옮겨지면서 혼종과 퓨전의 역사·문화를 가진 곳이다. 동시대적으로 이 국경은 협력·통합과 대립·불균형이 국경을 가로 질러 함께 나타나는 곳이다. 또 이 국경은 더 많은 사람과 상품이 왕래하면서 흐려지지만 동시에 반이민주의와 국가안보를 명목으로 더 강화되는 곳이다. 국경으로 분리되어 있지만 같은 물과 공기로 합쳐져 있다. 경계와 무경계가 공존하는 국경이며 두 나라를 나누고 합치는 곳이다. 이 국경은 벽이면서 문이다. 그래서 이 국경은 끊어짐과 이어짐이 하나인 절합(articulation)의 공간이다. 이런 이유로 이 국경은 세계에서 가장 독특한 국경인 것이다.

III. 국경의 일상:
엘파소와 시우닷 후아레스

사진 10-3. 엘파소와 시우닷 후아레스에 연결하는 국경다리의 국경 표지석. 다리의 양편 끝에는 양국의 검문소가 있고 아래로는 리오그란데 강이 흐른다.

엘파소와 후아레스를 포함하는 거의 모든 미국 - 멕시코 국경 도시들의 역사는 멕시코 역사에서부터 시작되었다. 스페인 정복자 후안 데 오냐떼 (Juan de Oñate)가 1598년 이 지역을 스페인 국왕의 땅으로 선포한 이후 스페인은 리오그란데 강을 건너 오늘날 미국 중부지역까지 식민 영토를 확장하였다. 이후 약 100년간 이 지역은 누에바 에스파냐에 속해 있었지만 북쪽의 변방으로 크게 주목받지 못했다. 그러나 1680년 타오스와 산타페에서 푸에블로 인디언의 반란이 일어나면서 그 중요성이 부각되었다. 따라서 식민당국은 선교사, 스페인 정착민, 다른 지역의 원주민을 이 지역으로 이주시켜 식민을 확대하고자 했다. 당시 오늘날의 시우닷 후아레스를 '북쪽의 통과요지'라는 의미로 '엘파소 델 노르테(El Paso del Norte)'라고 불렀다.

1827년 엘파소 델 노르테의 후안 마리아 폰세 데 레온(Juan María Ponce de León)이 리오그란데 강 북쪽 지역(오늘날의 엘파소 다운타운 부근)을 개척하여 '엘파소 농장'을 세웠다. 미국 - 멕시코 전쟁 이후 1849년 폰세 데 레온은 이 농장을 미국인 벤쟈민 프랭클린(Benjamin Franklin)에게 양도하였고 이후 주변으로 작은 정착촌이 들어섰다. 이때부터 이곳은 프랭클린이라고 불렸다. 1850년대까지도 이 지역은 마차길을 따라 어도비(adobe) 집들이 산재해 있는 작은 마을에 불과했다. 반면 엘파소 델 노르테는 인구 4천 명의 대도시였고 이 두 지역 간에는 페리가 운행되어 활발한 교역이 이루어졌다. 도시가 커지면서 1859년 도시의 이름은 '프랭클린'에서 '엘파소'로 바뀌었고 1881년에는 철도가 개통되면서 엘파소는 어도비 대신 나무와 벽돌로 된 건물들이 들어서서 도시의 면모를 갖추었다. 엘파소 델 노르테는 1888년 멕시코의 영웅 베니토 후아레스의 이름을 따서 시우닷 후아레스로 도시명을 바꾸고 멕시코 국경의 중심도시로 성장하였다.

두 도시의 형성과정이 이 두 도시가 하나로 시작되었음을 보여주는 것처럼 오늘날에도 이 도시는 마치 하나처럼 밀접하고 상호적이다.

국경선을 두고 남북으로 마주 한 두 도시간의 움직임은 이른 아침부터 시작된다. 리오그란데 강이 국경이기 때문에 이 두 도시를 잇는 모든 길은 다리이다. 그래서 엘파소와 후아레스를 연결하는 통행교를 따라 끊임없이 이어지는 월경통근자들의 행렬은 어둠이 채 가시기 전인 동 틀 무렵부터 시작된다. '북행자(北行者)'들의 상당수는 영주권이나 취업비자를 받지 않고 단지 국경통과비자(국경 25마일 내에서 72시간 합법적으로 머물 수 있다)만을 가진 사람들이다. 이들은 주로 가사노동이나 건설현장에서 일한다. 반대로 많지는 않지만 마킬라도라의 미국인 경영진처럼 매일 미국에서 멕시코로 출근하는 사람도 있다. 이처럼 매일 국경을 넘어 북으로 가는 멕시코 노동자와 남으로 향하는 미국인 관리자는 국경경제 통합의 상징이라고 할 만하다.

국경의 이동은 이후에도 계속된다. 출근자들에 이어 영주권이나 학생 비

사진 10-4. 엘파소의 다운타운. 미국 검문소를 통과해 곧바로 이어지는 시내 중심 가에는 항상 멕시코인들이 붐빈다.

자를 가진 후아레스의 청소년들이 등교를 위해 엘파소행 버스에 오른다. 평일 낮이나 휴일에는 멕시코 주부들이 생필품 할인 매장인 '1달러 스토아'로 쇼핑을 간다. 이 덕분에 미국 국경 도시에는 멕시코인을 상대로 하는 생필품 시장이 성업 중이다. 엘파소의 경우, 멕시코인들이 미국 검문소를 빠져나오자마자 엘파소 가(El Paso St.)의 시장거리가 이어진다. 이곳에는 200여 개의 의류와 잡화 스토아가 있는데 모두가 멕시코 사람들을 상대로 영업을 하는데 이중 재미한국인이 운영하는 곳도 많다.

미국에서 멕시코로 입국하는 것은 수속도 간단하고 시간도 오래 걸리지 않는다. 반면 미국으로 입국하려면 복잡하고 시간도 많이 걸린다. 뭔가 일이 있어 검문이 지연되거나 사람이 많을 때는 2~3시간씩 걸리기도 한다. 특히 주말이나 휴가철에는 미국으로 가는 사람과 자동차로 엘파소의 입국 검문소는 북새통을 이룬다.

사진 10-5. 미국에서 멕시코로의 입국은 신속하고 간단하다.

국경 도시들에는 양국을 잇는 국경 도로에 출입국 검문소가 설치되어 있다. 엘파소와 후아레스 사이에는 리오그란데 강을 가로지르는 총 4개소의 입국소가 있다. 아메리카스 교(Bridge of the Americas, Cordova Bridge라고도 함)는 통행료가 무료이어서 가장 왕래가 많고 나머지는 통행료(50센트)를 내야 한다. 스탠턴 교(Stanton Street Bridge, 멕시코에서는 Lerdo 다리라고 함)는 엘파소 중심가와 가장 가까운데 멕시코로 입국하는 검문소와 SENTRI(Secure Electronic Network for Travelers Rapid Inspection)[79]라고 하는 통근자 라인(commuter lane)이 있어 미국으로 신속하게 입국할 수 있다. 파소델노르테 교(Paso del Norte International Bridge, Santa Fe Street Bridge라

사진 10-6. 미국으로 입국하려는 차량행렬. 멀리 엘파소의 고층 건물들이 보인다.

---

79 2009년 기준 122달러를 납부하고 전과기록 등 신원 조회를 통과하면 RFID(Radio Frequency Identification)카드를 발급받아 특별 입국 라인으로 신속하게 미국에 입국할 수 있다. 신속 입국 카드의 유효기간은 5년이다.

고도 하며 멕시코에서는 후아레스 교라고 함) 입국소는 주로 보행자들이 많이 이용한다. 특히 통학생은 학생 전용라인으로 신속하게 입국할 수 있다. 엘파소 다운타운에서 동쪽으로 12마일 정도 떨어진 사라고사(Zaragosa) 입국소는 양국의 출입국이 가능한데 차량 통행 전용 입국소이다. 이 외에 엘파소 외곽에 산타페(Santa Fe)화물 입국소가 있다.

국경에는 자동차를 탄 채로 검문을 받고 통과하는 도로와 도보자가 통과하는 검문소가 함께 있는 경우가 대부분이다. 멕시코로 가는 남행 검문은 멕시코 쪽 국경에 있는 멕시코 검문소에서 주로 이루어지고 반대로 북행 검문은 미국 검문소에서 이루어진다. 미국에서 멕시코로 가는 입국자(내국인이건 외국인이건)는 대부분 그냥 통과하지만 미국으로 입국하는 자동차와 사람은 미국측 검문소에서 엄격한 검사를 받아야 한다. 그러나 최근 미국 정부는 멕시코로 출국하는 사람과 차량에 대해서도 검문을 하기도 한다. 미국에서 거래된 마약 대금이나 무기가 멕시코로 반입되는 막기 위해서인데 마약 달러나 무기가 멕시코로 들어가면 마약 조직을 근절하기 더 힘들어지기 때문이다.

엘파소에서 일하고 후아레스로 돌아가는 것이 멕시코 통근자의 보편적 모습이다. 그러나 미국인 중에는 생활비가 저렴해서 또는 가족과 함께 있기 위해 엘파소에 직장을 두고 후아레스에 거주하는 사람도 있다. 물론 이 경우 대부분은 멕시코계 미국인이지만 최근 후아레스의 치안이 불안해져 이런 경우는 점점 줄어들고 있다.

국경에서는 미국과 멕시코의 대중매체를 동시에 접할 수 있다. 특히 미국측 국경 도시에서는 더욱 그렇다. 엘파소의 경우, 일반인들이 가장 많이 시청하는 TV 케이블 기본형에는 30여 개의 채널이 있는데 이중 멕시코 TV 방송과 미국에서 제작된 스페인어 채널이 7~8개 정도 있으며 미국 채널이라도 시간대에 따라 스페인어 방송을 내보기도 한다. 인쇄 매체의 경우도 마찬가지이다. 엘파소 타임스(El Paso Times)와 디아리오 데 엘파소(El Diario de El Paso)가 엘파소의 주요 일간지인데, 엘파소 타임스는 영어 일간지이지만 멕시코 소식을 상세하게 다룬다. 온라인 판에는 스페인어 사용자를 위한 스페인어 섹션을 신설하여 뉴스를 제공한다. 스페인어 신문인 디아리오 데 엘파소는 후아레스의 디아리오 데 후아레스(El Diario de Juárez)의 자매지로서 발간되기 시작했는데 멕시코 뉴스를 특화하여 엘파소 타임스와 경쟁하고 있다. 이처럼 국경에서는 스페인어 신문과 영어 신문 그리고 멕시코 뉴스와 미국 뉴스가 함께 유통되고 소비된다. 이런 상황은 다른 국경도시들에서도 비슷하다. 샌디에이고의 라디오나 TV에서도 미국에서 제작된 스페인어 프로그램은 물론이고 케이블이나 위성방송을 통해 멕시코 프로그램도 쉽게 시청할 수 있다.

사진 10-7. 엘파소의 차미살 공원에서는 매년 멕시코 독립기념일 행사가 성대하게 열린다.

그뿐만 아니라 국경에서는 문화·예술적 교류와 혼종도 매우 활발하다. 후아레스 교향악단이 빈번하게 엘파소에서 순환 콘서트를 여는 것과 같은 단순한 방문 교류에서부터 양도시가 공동으로 개최하는 미국-멕시코 국제 독립영화제(Binational Independent Film Festival)[80]와 같이 양국이 공동으로 준비하는 치카노 문화운동도 활발하다. 최근 후아레스의 치안 문제로 조금 위축되긴 했지만 국경 양편에서 생산되고 유통되는 이른바 통국경적(Cross-border) 음악, 그림, 영화 등 문화 예술 활동은 여전히 국경 문화의 중요 아이콘이다. 마찬가지로 역사와 전통도 공유되고 혼합된다. 특히 미국의 국경도시에서 멕시코적인 요소들은 두드러지게 나타난다. 9월 16일 멕시코 독립 기념일은

사진 10-8. 엘파소 텍사스주립대의 멕시코 독립기념일 행사 장면

80 2001년 시작된 이 영화제는 후아레스의 후아레스문화센터와 엘파소 텍사스주립대학교의 유니
   온 극장에서 열리는데 양국의 영화인으로 구성된 운영위원회가 선정한 영화를 양 도시에서 동
   시에 상영하는 것이 특징이다. 특히 이 영화제는 치카노 영화를 많이 소개하는 영화제로 유명하
   다. 양국의 유명 배우와 감독이 참여하는 여러 문화 행사도 공동으로 열린다.

엘파소와 후아레스 모두에서 성대하게 기념된다. 몇 년 전부터 치안과 경제 문제로 후아레스에서는 축하행사가 축소되었지만 엘파소의 여러 곳에서는 축제가 크게 열린다. 차미살(Chamizal) 국립기념공원에서 축하 공연이 열리고, 멕시코 총영사관이 있는 이스트 밀스(East Mills St.)가에 인접한 샌자신토(San Jacinto) 광장에서는 저녁 6시에 '돌로레스의 외침(돌로레스는 멕시코 최초의 독립 운동이 시작된 곳이다)'을 재현하는 행사가 거행된다. 또 엘파소의 'MegaRadio' 방송은 후아레스와 엘파소 사람들을 위해 유명 가수들이 출연하는 'México Lindo y que Rico("아름다운 멕시코, 풍요롭지 아니한가" 정도로 번역할 수 있음)' 공개방송을 엘파소 콜리세움에서 개최한다. 많은 멕시코 유학생이 재학하는 엘파소 텍사스주립대(UTEP)에서도 매년 독립 기념식이 크게 열리는데 여기에는 멕시코 총영사, 총장 등 엘파소 주요 인사들이 빠짐없이 참석한다. 엘파소에서 9월 16일은 후아레스보다 더 열광적으로 기념되며 어떤 면에서는 7월 4일(미국 독립기념일)보다 더 성대하게 치러진다고 할 수 있다.

멕시코 이민자는 로스앤젤레스나 뉴욕과 같은 내륙도시에도 많지만 멕시코와의 국경 도시에도 많다. 이 국경도시들은 멕시코 정체성(lo mexicano)을 유지하는데 내륙보다 더 유리한 조건을 가지고 있다고 할 수 있다. 국경도시는 멕시코와의 근접성으로 인해 사람의 왕래가 많을 뿐 아니라 멕시코의 관습, 의식, 경험과 더 많이 접촉하게 된다. 따라서 엘파소에서 멕시코의 의식이나 전통이 두드러지는 것은 일면 자연스러운 것이라고 할 수 있다.

가장 긴밀하게 서로 엮여 있는 것은 경제이다. 미국 국경 도시의 기업이나 공장은 거의 전적으로 멕시코 노동력에 의존하며, 국경 도시의 도소매업도 멕시코 고객이 없으면 존립이 불가능하다. 은행도 마찬가지다. 정확한 액수는 알 수 없으나 미국 은행에 저축되어 있는 멕시코 부유층의 예금고는 상당한 것으로 추정하고 있다. 미국 국경도시에서 멕시코 사람들이 택지와 주택을 구입하는 것은 물론이고 멕시코 기업이 쇼핑센터, 호텔, 식당, 자동차 대리점, 농장 등을 매입하여 운영하는 경우도 많다. 마찬가지로 많은 미국인이 관광, 방문, 쇼핑 등의 목적으로 멕시코로 입국한다. 이들을 대상으로 하는 서비스 산업은 멕시코 국경도시의 고용과 수입의 주요 원천이다. 최근 치안 문제로 위축되긴 했지만 아직도 티후아나의 레볼루시온 대로(Avenida Revolución)와 후아레스의 후아레스 대로(Avenida Juárez)의 상점의 주요 고객은 미국 관광객이다. 또 휴가철에 고향을 방문한 멕시코 이민자는 미국으로 돌아갈 때 코메르시알 메히까나(Comercial Mexicana, 멕시코의 대형 슈퍼 체인)에서 몰레나 멕시칸 소스와 같은 '향수 음식'을 사기 위해 아낌없이 달러를 지출한다.

국경 경제는 달러건 페소건 '차별'하지 않는다. 특히 멕시코 국경 도시에서는 더 그렇다. 후아레스에서 달러의 사용은 매우 일반적이다. 식당이건 상점이건 페소와 달러로 함께 가격 표시가 되어 있고 거스름돈으로 페소화를 받기도 하고 달러를 받기도 한다. 마찬가지로 엘파소에서도 페소화를 사용하는 데 큰 불편은 없다. 시내 어디든 쉽게 환전할 수 있으며 다운타운의 대부분 상점에서는 약간의 환율 손해만 감수한다면 페소로 물건 값을 지불하는 데 아무런 문제가 없다.

무엇보다도 이 국경은 '쇼핑'하는 국경이다. 이곳에서 일어나는 국경 교역은 두 도시의 긴밀한 통합을 잘 보여준다. 엘파소의 경우, 포트 블리스(Fort Bliss) 미군 기지와 국경 경비대 등이 도시 경제에 활력을 주지만 엘파소의 전통적이고 중심적인 발전 동력은 '국경 장사'이다. 엘파소의 옐로우 페이지(yellow page, 전화번호부)에는 후아레스의 병원 안내 광고가 가득한데, 이는 미국의 의료시스템이 복잡하고 비싸기 때문에 약을 구입하거나 진료를 받기 위해 후아레스를 찾는 미국인이 많기 때문이다. 멕시코 입국소를 빠져나오면 곧바로 식당, 환전소, 기념품가게 등이 있는 후아레스 상점가로 이어지는데, 이 중에서도 제일 목이 좋은 곳에 약국들이 즐비한 것은 이런 이유 때문이다. 이는 후아레스뿐만 아니라 대부분 멕시코 국경 도시에서 마찬가지이다. 반대로 TV나 컴퓨터 등 가전제품은 미국이 더 저렴하기 때문에 세일 시즌이 되면 엘파소의 쇼핑몰 주차장은 멕시코 번호판을 단 자동차로 만원을 이룬다. 연말 시즌이 되면 쇼핑센터에서는 영어보다 스페인어가 더 많이 들릴 정도이다. 이런 사정은 엘파소만의 일이 아니다. 동부 국경의 중심도시 맥알렌에도 레이노사뿐만 아니라 멀리 몬떼레이에서도 멕시코 쇼핑객이 오는데, 그래서 'macallenear(맥알렌으로 (쇼핑)간다)'라는 새로운 스페인어가 생겨나기도 했다. 또 멕시코의 휘발유 가격이 오르면 국경을 넘는 멕시코 자동차의 행렬이 길어진다. 따라서 뻬멕스(Pemex, 멕시코국영석유회사)는 휘발유 가격을 샌디에이고와 엘파소에 맞추어 조정하지 않을 수 없다. 엘파소와 샌디에이고의 우체국에는 멕시코의 국제 우편 서비스를 신뢰하지 못하는 수백 개의 멕시코인 사서함이 있다. 환율이나 이민법과 관련된 국가 정책은 국경에서 가장 예민하게 반응한다. 1980년에서 1990년대 수차례 페소화가 평가절하되었을 때 가장 타격을 받은 것은 멕시코가 아니라 미국이었다. 국경지역에서 미국으로 가는 쇼핑행렬은 자취를 감추었고 이로 인해 엘파소나 샌디에이고 등 미국 국경 도시 전체의 매상이 급감하여 시 정부의 세수는 물론이고 도시 경제 전반에 큰 타격을 주었다.

두 도시가 함께 풀어야 할 문제도 적지 않다. 양국 간의 불법거래나 밀수가 국경의 중요한 경제활동이 된 지 이미 오래전이다. 엘파소-후아레스와 같은 대도시에서 '보따리 장사' 정도의 밀거래는 대규모의 밀수 사건에 비하면 아무 것도 아니다. 오히려 최근 더 큰 문제는 멕시코 국경 도시의 범죄이다. 국경은 멕시코에서 미국으로 마약이 유통되는 중요 거점이기 때문에 정부의 마약범죄 단속과 마약 조직 간의 세력권 다툼으로 살인과 납치와 같은 강력 범죄가 끊이지 않고 있다. 또 밀입국 알선, 입국 사증 위변조,

장기 밀매 등의 범죄도 횡행하고 있다. 특히 멕시코 국경 지역에서는 '성공'을 보장한다는 다양한 밀입국 상품이 호황을 누리고 있으며 단 돈 몇 십 달러로도 위조된 Green Card(영주권자카드)를 구할 수 있다.

이 국경에서 최근 심각성이 더해지고 있는 것은 마약 문제이다. 마약 중독이 개인적·사회적으로 심각한 문제라는 것은 두말할 나위가 없지만 더 큰 문제는 마약 반입을 효과적으로 차단하는 것이 매우 힘들다는 사실이다. 국경에서 마약 유통을 적발하기 어려운 가장 큰 이유는 우선 국경의 통행량이 워낙 많아 제대로 검문을 하기 힘들기 때문이다. 통계(2006년)에 의하면 한 해 동안 엘파소 검문소를 통과한 트럭은 77만 대이며 승용차는 1,600만 대이다. 게다가 마약 조직들이 워낙 정교하게 마약을 숨겨 운반하기 때문에 그것을 적발해 내는 것이 점점 더 어려워지고 있다. 또 최근에는 마약 거래에 미성년을 이용하는 경우도 계속 늘어나고 있다. 이들은 주로 도보나 자동차로 마약을 운반하는데 적발되더라도 미성년자는 처벌이 가볍기 때문에 (조사 후 추방되어 미국 입국이 수년간 금지되는 정도) 근절이 쉽지 않다. 성인의 경우에도 차량 검문에서 마약 소지나 반입이 적발되더라도 친구에게 빌린 차라는 식으로 발뺌을 하면 확실한 물증이 없기 때문에 처벌할 수 없다. 이런 면에서 마약 거래와 반입 문제는 엘파소를 포함한 미국 국경도시의 가장 큰 골칫거리 중의 하나라고 할 수 있다.

11

라티노 파워

I. 미국 인구의 라티노화

미국 인구사에서 2002년 7월 1일은 기념비적인 날이다. 이날 미국 인구센서스국(U.S. Census Bureau)은 처음으로 라티노(3,880만)가 흑인(3,830만)을 제치고 백인 다음으로 큰 인구 집단이 되었다고 발표하였다. 이후 라티노 인구는 계속 증가하여 오늘날 미국 인구 구성에서 가장 중요한 인구 그룹이 되었다.

이 책 Part 4에서 살펴본 바와 같이 라티노 인구의 가장 큰 특징은 그것의 지속적인 증가세이다. 2010년 현재 미국에 거주하는 라티노 총인구는 약 5,100만 명으로 총인구의 16.4%이다. 2000년과 비교하면 라티노는 인구수뿐만 아니라 총인구 대비율도 모든 인구 그룹 중 가장 크게 늘어났다. 백인 인구는 인구 숫자뿐만 아니라 비중도 줄어들었고 흑인이나 아시아계 미국인은 증가했지만 라티노에는 미치지 못했다.

이러한 증가세는 이전의 기간을 포함하면 더 분명해진다. <표 11-1>에서처럼 라티노 인구는 1970년부터 2010년까지 매 20년마다 거의 두 배 이상으로 증가해 왔다. 인구수뿐만 아니라 총인구에서 차지하는 비중도 계속 높아져왔다. 이러한 추세를 바탕으로 향후 인구를 전망해보면, 2050년에는 그

숫자가 1억 명을 넘을 것이며 미국 인구의 1/4이 라티노가 될 것으로 예상
되고 있다.

표 11-1. 라티노 인구 변화(2020년 이후 추정)

구분	1970	1980	1990	2000	2010	2020	2030	2040	2050
인구(백만)	9.6	14.6	22.4	35.2	50.7	59.7	73.0	87.6	102.6
총인구대비(%)	4.7	6.4	9.0	12.5	16.4	17.8	20.1	22.3	24.4

자료: U. S. Census Bureau, Percent Hispanic of the Total Population in the U.S.: 1970~2050, Hispanics in the United States, 2010; U.S. Census Bureau, The Hispanic Population: 2010, 2011, 6.

미국 인구의 증감에 대한 전망은 미국 인구학이 오래전부터 주목해온
분야이다. 1999년에 리처드 알바(Richard Alba)는 이전까지의 인구 변화 추이
를 바탕으로 2025년 미국 인구를 백인 62%, 라틴계 18%, 아시아계 6%가
될 것이며, 따라서 백인이 주류집단의 지위를 계속 유지할 것이라고 전망하
였다(최재인, 2009, 90). 그러나 미국 센서스국의 2010년 통계 연구에 따르면,
2020년 라티노 인구는 17.8%로 예측되고 있다. 11년 사이 라티노는 미국 인
구 지형을 자신들 쪽으로 무려 5년 이상 댕겨놓은 것이다. 또 2050년 전망치
도 연구에 따라서는 라티노가 미국 인구의 30%를 차지할 것으로 보기도 한
다.[81] 따라서 이런 추세라면 언젠가 미국이 '라티노 아메리카(Latino U.S.A.)'
가 될 것이라는 주장도 그리 허무맹랑한 것만도 아니다.

라티노 인구의 증가는 크게 두 가지 조건에 기인한다. 첫째는 살펴본 바
와 같이 라틴아메리카에서 미국으로 새로운 이민자가 계속 유입되고 있기
때문이다. 다음의 표처럼, 라틴아메리카에서 미국으로 오는 이민자 숫자는
계속 증가하고 있으며 총외국인 대비 비율도 계속 커지고 있다. 라틴아메리
카의 경제 위기, 기업과 생산의 글로벌화, 미국 인구 노령화 등으로 젊고

---

81 NCLR(National Council of La Raza)은 "Latinos and the 2010 Census: Let's Put Those Numbers to Use, 2011"에서 2050년 라티노 인구는 미국 인구의 30.2%가 될 것으로 전망하였다.

저렴한 라틴아메리카 사람들이 계속 미국으로 몰려오고 있다.

표 11-2. 미국 내 라틴아메리카 출생인구(1970~2010)

(단위: 천 명)

구분	1970	1980	1990	2000	2010
라틴아메리카 태생 외국인 (총외국인대비율 %)	1,804 (18.7)	4,372 (31.0)	8,408 (42.5)	16,087 (51.7)	21,224 (53.1)

자료: US Census Bureau, Decennial Census 2000, Summary File3, Table QT-P15. "Region and Country or Area of Birth of the Foreign-Born Population"; US Census Bureau, 2008 American Community Surveys, Table B05006 "Place of Birth for the Foreign-Born Population"; The Foreign Born From Latin America and the Caribbean 2010, U.S. Census Bureau, 2011, 2.

두 번째는 미국에서 태어나는 라티노가 많기 때문이다. 라티노의 출산 여성 비율은 모든 인구 그룹 중 가장 높다. 미국 태생이건 라틴아메리카 태생이건 라티노 여성의 출산 비율은 미국 평균을 상회하며 특히 라틴아메리카에서 온 여성 이민자는 미국에서 태어난 라티노 여성보다 출산비율이 더 높다. 또 전체 출산 여성에서 차지하는 비중(21.5%)도 총인구대비율 (15.4%)보다 훨씬 높음을 알 수 있다. 2007년 미국에서는 약 440만 명의 여성이 출산을 하였다. 이는 440만 명의 신생아가 태어났다는 것을 의미하는 것인데, 이 중 94만 명의 신생아가 라티노 어머니에게서 태어났다. 즉 2007년 미국에서 태어난 애기 100명 중 22명이 라티노이었다는 얘기다.

표 11-3. 미국 인종별 출산수준(2008)

구분	출산여성 숫자	출산여성 비율	총 출산여성 대비율
라티노	936,020	8.9	21.5
미국 태생	453,583	7.9	10.4
라틴아메리카 태생	482,437	10.1	11.1
백인	2,443,259	6.4	56.1
흑인	618,757	7.2	14.2
아시아계	231,583	7.3	5.3

기타	124,348	7.1	2.9
계	5,289,987	7.84	100

자료: Fertility in the Past Year, by Sex, Race and Ethnicity, Statistical Portrait of Hispanics in the United States, 2008; Pew Hispanic Center, 2010

따라서 라티노는 인구학적으로 미국 인구증가에 절대적인 영향을 주고 있다. 2000년부터 2010년까지 미국 인구는 2,700만 명이 증가하였는데, 이 중 라티노의 증가는 1,500만 명이었다. 즉, 늘어난 미국 인구의 절반 이상이 라티노인 것이다. 따라서 미국 인구증가는 라티노 인구의 증가에 힘입은 바 크다고 할 수 있다. 같은 기간 미국 인구는 10% 늘어났지만 라티노는 4배가 넘는 43%의 증가율을 기록하였다(U.S. Census Bureau, 2011; The Hispanic Population, 2010, 2).

그뿐만 아니라 라티노 인구의 확대는 미국의 인구 구조에도 영향을 미친다. 20세기 말부터 미국은 기대수명의 상승과 출생율의 저하로 인구의 노령화를 겪었는데, 이러한 인구 구조의 변화에서 가장 두드러지는 것은 여러 인구 그룹 중 백인인구의 노령화가 가장 빠르다는 점이다. 비라티노 백인의 평균 연령은 1980년 31.7세, 1990년 34.9세, 2000년 38.6세, 2010년 41.4세로 계속 늘어가고 있으며 2020년에는 42.1세가 될 것으로 예상되고 있다(Martínez Pizarro, 2011, 268). 이런 측면에서 볼 때 라티노는 인구학적으로 더욱 더 중요한 의미를 갖는데 왜냐면 라티노는 가장 젊은 인구이기 때문이다. 2008년 기준 인구 그룹별 평균 연령을 보면, 백인의 평균 연령은 41세로 가장 높고 다음으로는 아시아계(36세), 흑인(32세), 라티노(27세)이다. 이처럼 라티노는 늙어가는 미국을 '회춘'시키고 있으며 특히 육체노동이 필요한 산업 분야를 지탱시키는 버팀목으로 경제적 기여를 다하고 있다.

마찬가지로 미국 젊은 인구에서 라티노가 차지하는 비중도 계속 커지고 있다. 라티노 미성년 인구는 2000년부터 2010년 사이 39% 증가했는데 같은 기간 미국의 미성년 인구증가는 3%에 불과했다. 미성년 인구의 계속적인 증가로 현재 미국 인구에서 라티노 미성년 인구는 23%에 달한다. 즉, 미국에서 6명 중 1명이 라티노이지만 어린이는 거의 4명 중 1명이 라티노라는 것이다. 지역별로 보면 더욱 놀랍다. 라티노 미성년 인구는 뉴멕시코에서는 58%이고 캘리포니아에서는 51%이다. 이들 주에서 젊은이의 절반 이상이 라티노이다(NCLR: Latinos and the 2010 Census: Let's Put Those Numbers to Use, 2011). 따라서 이런 지역에서는 라티노가 최대 인구 그룹이 되는 것은 이제 시간문제라고 할 수 있다.

라티노가 많아지고 젊어지고 있는 것과 함께 '넓어지는 것'도 주목할 만한 현상이다. 앞에서 본 바와 같이 캘리포니아, 애리조나, 뉴멕시코, 텍사스 등 미국의 남서부는 역사적으로뿐만 아니라 인종·문화적으로 라틴아메리카와 멕시코의 인종과 문화가 두드러지는 곳이라고 할 수 있다. 대도시 중에는 로스앤젤레스, 뉴욕, 시카고, 마이애미, 휴스턴 등에 라티노 인구가 많다. 로스앤젤레스는 미국에서 라티노가 가장 많은 카운티이며 동시에 라티노 인구증가도 가장 빠른 곳이다. 뉴욕 시에는 전통적으로 푸에르토리코 출신이 많았지만 현재는 멕시코와 라틴아메리카 이민자가 증가하고 있다. 또 시카고는 최근 20년 동안 멕시코 이민자를 중심으로 라틴아메리카 인구가 크게 증가하였다. 마이애미에는 쿠바계가 많다. 카스트로 혁명 후 미국정부는 많은 쿠바 이민자를 난민으로 받아들였다. 다른 라틴아메리카 이민자들은 고국의 가족에게 번 돈을 송금하지만 이들은 고국에 돌아갈 수 없었기 때문에 마이애미에 정착하고 번 돈을 투자하였다. 그 결과 '꾸바노(cubanos)'들은 관광업, 연예업, 도소매업에서 성공을 거두었고 이로 인해 한적한 관광도시였던 마이애미는 역동적인 현대도시가 되었다. 이후 브라질, 아르헨티나, 칠레 등에서 이민자가 들어와 마이애미는 오늘날 '라틴아메리카의 수도'가 되었다. 이제 이 도시의 주인은 라티노라고 해도 과언이 아니다.

그러나 최근에는 전통적으로 라티노가 적었던 지역에서도 라티노 인구가 늘어나고 있다. 2008년 기준 미국에서 라티노 인구가 적은 주는 사우스다코타, 웨스트버지니아, 노스다코타, 메인, 버먼트 등이며, 이 중 버먼트 주는 6,600명으로 미국에서 라티노가 가장 적은 지역이었다. 그러나 사우스다코타(109%), 웨스트버지니아(112%), 노스다코타(84%)는 최근(2000~2008년) 미국에서 라티노가 가장 많이 늘어난 주가 되었다. 물론 이들 주들은 라티노가 주 인구에서 차지하는 비율도 낮았던 지역이었기 때문에 라티노 인구의 증가로 주 인구 대비율도 크게 증가하였다(Hispanic Population by State, 2008; Statistical Portrait of Hispanics in the United States, 2008; Pew Hispanic Center, 2010).

도시별로는 1980년부터 2000년 롤리(Raleigh) 1180%, 애틀랜타 995%, 그린즈버러(Greensboro) 962%, 샬럿(Charlotte) 932%, 올랜도(Orlando) 859%로 라티노 인구는 크게 늘어났다. 이들 지역은 이전에는 라티노가 매우 적었던 곳이다. 라티노는 인구학적으로 "식어가던 도시에 열기를 불어넣고(tropicalizing the cold urban space)" 있다고 할 수 있다(De Leon, 2006, 209). 이처럼 미국에서 라티노 인구는 점점 더 많아지고 있을 뿐만 아니라 지역적으로도 점점 더 넓어지고 있다.

라티노가 지금처럼 계속 많아지면 언젠가 미국의 백인은 유럽의 백인보다 피부색이 더 짙어질 수도 있다. 따라서 미국은 영어를 사용하는 라티노 국가가 될지도 모른다. 특히 남서부는 지금보다 훨씬 더 라티노화되고 멕시코화될 것이다. 2080년 남서부는 멕시코 북부와 합쳐져 새로운 나라가 될 수도 있다고 '점치는' 연구자도 있다.[82] 아직은 상상체이지만 멕스아메리카(Mexamerica), 멕시코메리카(Mexicomerica), 아멕시코(Amexica), 멕시포니

---

82 뉴멕시코대학교 역사학과의 Charles Truxillo 교수는 멕시코 북부와 남서부가 합쳐진 '북부공화국(Republica del Norte)'이 탄생할 것이라고 주장한 바 있다. 그는 이 새로운 히스패닉 국가는 늦어도 2080년경에 주민들의 자유의사에 따라 평화적인 방법으로 세워질 것이라고 전망하였다(Southwest shall secede from U.S. prof. predicts, The Albuquerque Tribune, 2000.1.13).

아(Mexifonia)와 같은 새로운 지리적 혼종물들이 구체화될 가능성도 전혀 없다고 할 수 없다. 이처럼 양국의 국경은 엷어지고 흐려지는 중이며, 그래서 실선이 아니라 점선이다.

살펴본 것처럼 라티노 인구는 계속 증가해 왔고 여러 인구통계학적 자료를 근거해 볼 때 앞으로도 계속 늘어날 것이다. 미국에서 라티노가 더 많아지고 또 이들이 사는 지역이 더욱 확대되고 있다는 사실은 미국이 인구적으로 '라티노화'될 개연성이 계속 높아지고 있음을 보여주는 것이라고 할 수 있다.

Ⅱ. 라티노 파워의 전망

라티노 파워의 진정한 원천은 정치에 잠재되어 있다고 할 수 있다. 기본적으로 정치적 힘은 선거권과 피선거권에서부터 비롯된다. 즉, 정치적 영향력은 선거에서 누군가를 뽑는 권한과 스스로 뽑힐 권한을 행사함으로써 나타난다. 라티노의 정치적 파워는 인구가 많아져 선거권과 피선거권이 확대되어 나타난 결과인 동시에 자신들의 영향력을 확대하기 위해 끊임없이 노력해왔던 그들 역사의 산물이기도 하다. 따라서 양자를 통합적으로 이해하는 것이 필요하며 이를 위해 먼저 라티노 정치가 어떻게 시작되었는지를 살펴볼 필요가 있다.

라티노의 정치 참여 역사는 라티노 인구가 많았던 지역에서부터 시작되었다. 이중 뉴멕시코는 라티노의 정치 역사가 가장 일찍 시작된 곳이다. 1912년 뉴멕시코는 정식 주가 되었고 1917년 제2대 주지사에 선출된 에세키엘 카베사(Ezequiel Cabeza De Baca)는 뉴멕시코 최초의 히스패닉 주지사가 되었다. 이어 1919년에는 멕시코 치와와 태생의 옥타비아노 라라졸로(Octaviano Larrazolo)가 주지사로 당선되었다. 그는 1927년 미국 역사상 최초의 히스패닉 상원의원이 되었다.

그러나 다른 지역에서 라티노의 정치 참여는 미약한 편이었다. 당시 라티노의 정치 전통은 중산층을 중심으로 미국 주류 사회로 동화되고 통합되어야 한다는 입장이 주를 이루고 있었다. 그러다 1960년대 치카노 민족주의가 활발해지면서 라티노 정치는 더 적극적인 입장을 갖게 되었다. 첫 번째 움직임은 텍사스에서 일어났다. 텍사스의 소도시 크리스털 시(Crystal City)는 치카노가 다수이지만 백인이 지역 정치를 장악하고 있었던 곳이었는데 여기서 1963년 시 역사상 최초로 5명의 치카노가 시의회 선거에서 당선되었다. 이는 치카노의 정치의식을 일깨운 '스파크'로 기록되었다. 이후 1970년 미국의 양당제 시스템에서 간과되어 왔던 라티노의 정치적 이해를 구현하기 위해 텍사스에서 라티노연합당(Raza Unida Party)이 창당되었다.

이후 멕시코 이민자와 라티노 인구가 늘어나면서 라티노의 정치적 중요성과 이들의 정치 참여가 확대되어 왔다. 그러나 미국에서 라티노는 "4년마다 태어난다". 정당과 매스컴은 선거, 특히 대선이 시작되면 그제야 라티노를 '재발견'한다. 미국 정치인과 대선후보들은 마치 라티노를 3년 동안 존재하지 않았던 것처럼 취급하다 선거의 해가 되면 이들에게 관심을 퍼붓는다. 이른바 '콜럼버스 신드롬'은 라티노가 중요하기도 하고 그렇지 않기도 한 현실을 반증하는 것이었다고 할 수 있다.

이와 관련하여 라티노의 투표력(voting power)을 살펴볼 필요가 있다. 2010년 라티노 유권자 비율은 42.7%로 백인(77.7%), 흑인(67.2%), 아시아계(52.8%)와 비교할 때 가장 낮다. 이유는 시민권자가 적고 미성년 인구가 많기 때문이다. 라티노 투표율도 31%로 미국 평균(45%), 흑인(44%), 백인(49%)과 비교할 때 낮다(The Latino Electorate in 2010: More Voters, More Non-Voters, Pew Hispanic Center, 2011, 4~5). 1998년부터 2010년까지 투표율은 큰 변화 없이 계속 31~33% 대에 머물고 있다. 이런 면에서 라티노의 정치적 파워는 '아직'이라고 할 수 있다.

표 11-4. 라티노 유권자 및 투표자(1998~2010)*

연도	1998	2002	2006	2010
유권자 수(백만)	12.4	14.5	17.3	21.3
투표자 수(백만)	4.1	4.5	5.6	6.6
유권자대비투표율(%)	33.1	31.0	32.3	30.9

* 역대 중간 선거
자료: The Latino Electorate in 2010: More Voters, More Non-Voters, Pew Hispanic Center, 2011, 4.

그러나 라티노 유권자가 계속 늘어나는 사실에도 주목해야 한다. <표 11-4>처럼 유권자 수와 투표자 수는 지속적인 증가세를 보이고 있는데 1998년 대비 2010년 현재 라티노 유권자는 거의 두 배가 늘어났고 투표자도 1.5배 이상 증가하였다. 특히 양당의 경쟁이 치열한 주에 라티노 유권자가 많다. 캘리포니아 유권자의 34.5%, 애리조나는 30.3%, 뉴멕시코는 44.8%, 텍사스는 34.7%가 라티노이다. 특히 캘리포니아와 텍사스는 대통령 선거 선거인단수가 많은 지역이다. 또 대통령 선거 때마다 민주, 공화 양당의 득표가 널뛰기를 하는 플로리다, 뉴멕시코, 콜로라도, 펜실베이니아, 네바다 등 이른바 '스윙 스테이트(swing state)'에서도 라티노 유권자가 많다. 따라서 라티노 표는 실제보다 더 강력한 힘을 발휘한다. 따라서 이들 지역에서 라티노 표심을 잡기 위한 정당들의 노력은 더욱 치열하다. 또 라티노 인구는 미성년 인구증가가 매우 높기 때문에 투표권을 갖는 라티노가 계속 증가할 것이란 사실도 중요하다.

특히 라티노 인구가 많은 도시나 지역에서 라티노 정치는 이미 대세라고 할 수 있다. 국경 도시는 말할 것도 없고 캘리포니아, 특히 로스앤젤레스 같은 곳에서 라티노는 이미 정치무대의 전면에 섰다고 할 수 있다. 현 안토니오 비야라이고사(Antonio Villaraigoza) L.A. 시장은 물론이고 시 의회에도 치카노 파워가 막강하다. 지속적인 라티노 인구의 증가로 인해 앞으로 로스앤젤레스에서 라티노가 아니면 시장이 되기 힘들 것이라는 전망까지도 나오고 있다.

반면 입법부에서의 라티노의 대표성은 아직 미약하다. 2011년 현재 라티노 상원 의원은 밥 메넨데즈(Bob Menendez, 뉴저지, 민주)와 마르코 루비오(Marco Rubio, 플로리다, 공화) 2명이다. 하원에는 총 26명의 라틴계 의원이 있는데 다수가 민주당이다. 상하원의 라티노 의원 총수는 전체 의석의 7%에 불과하며 이는 총인구 대비 라티노 비율 16.3%을 감안할 때 낮은 수치라고 할 수 있다(Voting Power, Hispanic Business, 2011.11.15).

이전보다 유명세가 떨어지긴 했지만 아직도 빌처드슨은 중요한 라티노 정치인이다. 그는 북핵 위기 때 대북 특사로 활약하여 우리에게도 친숙한 인물이다. 2004년 대선에서 민주당의 존 케리 후보는 당시 뉴멕시코 주지사였던 리처드슨을 러닝메이트로 지명하려다 철회했다. 만약 그를 부통령 후보로 지명했다면 라티노 표를 독점하여 대통령에 당선됐으리라는 분석이 대세였을 정도로 리처드슨에 대한 라티노의 지지는 대단하다(Ramos. 2005, 20). 멕시코 혼혈 아버지와 멕시코인 어머니 사이에서 태어난 빌 리처드슨은 어린 시절 멕시코시티에서 성장하였다. 그는 완벽한 스페인어를 구사하며 가까운 사람들 사이에서는 멕시코 식으로 모성을 붙여 Bill Richardson Lopez로 불린다. 이외에 오바마 정부의 켄 살라자르 내무장관과 힐다 솔리스 노동 장관도 라티노 파워의 아이콘이다. 라티노 중 최근 가장 유명세를 탄 사람은 소니아 소토마요르 대법관이다. 푸에르토리코 이민자 후손인 소토마요르는 2009년 최초의 라티노 대법관이 되었는데 라티노 정체성을 자랑스러워하는 것으로 잘 알려져 있다.

라티노의 정치적 성향을 공화당과 민주당으로 일별하는 것은 쉽지 않다. 일반적으로 라티노는 민주당이 오랜 기간 동안 소수자들과 노동계급에게 우호적인 정책을 펼쳐왔기 때문에 더 지지하는 성향이 있으나 상황에 따라 가변적인 경우도 있다.

대통령 선거를 보면 민주당 지지가 많다. 역대 대선을 보면 라틴계는 1992

년 부시(25%) 대 클린턴(61%), 1996년 돌(21%) 대 클린턴(72%), 2000년 부시(35%)대 고어(62%)로 민주당 후보를 지지하였다. 2004년 대선에서 라티노의 공화당 지지가 상승했지만 부시(44%) 대 케리(53%)로 민주당을 더 지지하였다(이성훈, 2008, 72). 2004년 선거에서 공화당에 대한 지지가 증가했다기보다는 텍사스 주지사 시절 친이민 입장을 보인 부시에 대한 호감이 투표로 연결되었다는 분석이 지배적이다. 2008년 대통령 투표에서는 민주당 지지세가 다시 회복되어 라티노의 67%가 오바마 후보를 지지하였다. 최근 2010년 하원 선거에서도 라티노는 민주당을 더 지지하였다. 반면 백인은 공화당 지지가 많았고 흑인은 민주당 지지가 많았다.

표 11-5. 2010년 중간선거(하원) 정당별 득표

구분	민주당	공화당	기타
라티노	60%	38%	2%
백인	37%	60%	3%
흑인	89%	9%	2%

자료: The Latino Vote in the 2010 Elections Pew Hispanic Center, 2011, p.6.

또 라티노는 라티노 후보를 지지하는 경향이 있지만 인종과 정당을 복합적으로 고려하여 투표한다고 봐야 할 것이다. 2000년 캘리포니아 하원 선거에서 민주당 백인후보 캘 둘리(Cal Dooley)와 공화당 라티노 후보 리치 로드리게스(Rich Rodriguez)가 맞붙었는데 라티노는 로드리게스 후보보다 둘리 후보를 지지했다(이성훈, 2008, 69). 이는 같은 라티노 후보라도 소속 정당에 따라 지지 여부가 달라질 수 있음을 보여주는 것이다.

온두라스 출신 미겔 에스트라다(Miguel Estrada)는 클린턴 정부에서 법무차관을 역임했고 부시 정부에서 연방 항소심 판사를 거쳐 2002년 대법원 판사 후보로 임명되었다. 그러나 라티노 의원들은 전적으로 그를 지지하지

않았다. 특히 민주당은 그가 보수적이어서 낙태를 불법화하는 판결을 할 것이라고 반대하였다. 또 이민(사면)법을 반대하고 친기업적인 성향을 가지고 있어 라티노를 대변하기에 충분하지 않다는 평도 있었다. 그러면서도 민주당 라티노 의원들은 최초의 라티노 대법원 판사를 반대해야 하는가 하는 딜레마에 빠지게 되었다. 더군다나 그는 이민 1세이고 스페인어를 능숙하게 구사하는 라티노이었다. 긴 논란 끝에 2003년 결국 그는 인종적 다양성을 명확하게 지지하지 않았다는 이유로 민주당 히스패닉 의원으로 구성된 히스패닉의원총회(Congressional Hispanic Caucus)의 지지를 받지 못했다. 또 라티노 시민단체도 단지 이름과 피만으로 라티노라고 할 수 없다는 이유로 그를 지지하지 않았다. 그의 지명을 반대했던 라티노 단체의 주장에 의하면 라티노는 라티노적인 경험을 가지고 라티노 공동체에 공헌하고 공동체의 어려움을 이해할 수 있어야 한다는 것이었다(Ramos, 2005, 213). 따라서 에스트라다에 대한 지명 거부는 라티노가 단순히 같은 라티노라는 이유만으로 라티노에게 투표하는 것은 아니라는 것을 보여준 사례가 되었다.

같은 라티노라도 출신국에 따라 정치적 지지 성향이 다르다. 살펴본 바와 같이 라티노는 민주당 지지 성향이 강한 편이나 쿠바계는 공화당 지지가 많다. 이는 쿠바계가 보수적이고 공산주의에 반대하는 성향이 강해서 공화당의 정강과 더 가깝기 때문이다. 때때로 출신국과 관련된 정치적 사건이나 이슈가 정치적 지지 정도에 영향을 미치기도 하는데 1999년 '엘리안 곤잘레스(Elián González)사건'[83] 이후 쿠바계는 2000년 대선에서 부시를 더 지지하였다. 이후 쿠바계의 공화당 지지세는 계속되었으나 최근에는 젊은이들을

---

83 엘리안 곤잘레스는 1999년 11월 생모와 계부와 함께 쿠바에서 보트를 타고 미국으로 밀입국하던 중 배가 파선하여 가족은 죽고 혼자 살아 플로리다에 도착했다. 소년의 친척과 쿠바계 미국인들은 엘리안에게 난민지위를 부여하고 미국에서 살 수 있게 하라고 주장하였다. 그러나 엘리안의 생부를 포함한 쿠바 당국은 엘리안의 쿠바 송환을 요구하였다. 이로써 엘리안 곤잘레스 사건은 미국과 쿠바 간의 외교문제로 비화되었다. 당시 클린턴 정부의 공식적인 입장은 엘리안이 불법 입국자이기 때문에 그의 아버지가 있는 쿠바로 송환해야 한다는 것이었다. 이듬해 미국 정부는 강제로 마이애미의 친척집에서 엘리안의 신병을 확보하여 쿠바로 돌려보냈다. 이 결정 때문에 2000년 대선에서 민주당 앨 고어의 표를 많이 잠식한 것으로 판명됐다.

중심으로 민주당 지지도 늘고 있다. 2008년 대선에서 오바마 후보에 대한 쿠바계의 지지가 상승하여 향후 어떤 변화가 일어날지 귀추가 주목되고 있다.

라티노 투표와 관련하여 최근에는 지방선거건 연방선거건 백인과 라티노의 지지를 동시에 얻는 것이 중요해지고 있다. 라티노 후보라면 라티노의 일방적인 지지가 오히려 백인 유권자의 경계를 불러올 수 있고 또 라티노에 지지를 받는 공약이 백인들의 반대를 불러올 수 있기 때문에 이를 조정하는 것이 미국 선거에서 당선의 중요 관건으로 부상하고 있다. 2002년 텍사스 주지사 선거에서 라티노 토니 산체스(Tony Sanchez) 후보가 라티노의 압도적인 지지를 받았음에도 불구하고 라티노와 백인으로부터 골고루 지지를 받은 릭 페리(Rick Perry) 후보에게 패한 것은 좋은 예이다. 또 2003년 그레이 데이비스(Gray Davis) 주지사가 소환되어 치러진 캘리포니아 주지사 선거에서 슈왈츠네거 후보가 49%의 득표율로 32%을 얻은 크루스 부스타만테(Cruz Bustamante) 후보를 누르고 당선되었다. 라티노는 55% 대 31%로 슈왈츠네거보다 크루스 후보를 더 많이 지지하였으나 슈왈츠네거는 반이민주의 입장을 분명히 하여 라티노 표를 잃더라도 나머지 표를 얻는다는 전략을 세워 승리를 거두었다. 당시 캘리포니아에서 라티노는 유권자의 20% 밖에 되지 않아 반이민의 정치가 내세운 전략이 유효할 수 있었다(Ramos, 2005, 159, 162). 따라서 라티노의 피선거권 파워는 주류를 겨냥하지만 동시에 라티노의 요구와 이해를 반영하는 전략과 정책이 동시에 요구된다고 할 수 있다.

라티노는 voting power와 함께 막강한 buying power(구매력)로도 미국에 기여하고 있음을 명심할 필요가 있다. 라티노는 젊고 저렴한 노동력으로 미국 경제를 지탱하고 있을 뿐만 아니라 미국경제의 소비자로도 그 중요성이 커지고 있다. 앞에서 살펴본 바와 같이 라티노의 가계소득과 가처분소득은 아직 미국 평균에 미치지 못한다. 그러나 라티노의 구매력 상승은 놀랄 만하다. 연구에 의하면, 라티노의 구매력은 1990년 2,120억 달러, 2006년

7,980억 달러, 2008년 9,510억 달러로 증가하였고 2013년에는 1.4 조 달러가 될 것으로 예상되고 있다. 2000년부터 2010년 라티노 인구의 소비액은 108% 증가했으며, 이는 비라티노 인구의 소비액 증가율 48%, 미국 총 소비액 증가율 52%와 비교할 때 엄청난 수치이다. 또 라티노 소비자의 구매력은 2010년 기준 9.3%로 2000년에 비해 2.5% 상승했는데 이 역시 백인, 흑인, 아시아계 중 가장 높은 것이다. 따라서 라티노는 미국 소비시장에 막강한 소비층으로 급부상하고 있으며 이에 따라 미국 대기업의 마케팅 대상으로서의 중요성이 더욱 커지고 있다(Sáez 2011, 40; 美 막강소비파워로 부상한 히스패닉을 잡아라, 2011.11.11, KOTRA).

또 미국 사회에서 라티노의 음식, 언어, 리듬은 어떠한가? 오늘날 문화, 정치, 교역의 글로벌화는, 이에 대한 반대에도 불구하고, 지구촌의 지배적인 흐름이라고 할 수 있다. 따라서 이것을 피해 국경을 닫는 것은 불가능한 것이 되었다. 특히 문화의 국가 간 교류와 미국화는 더욱 그러하다. 이런 지구촌적 흐름 속에서 미국의 라티노의 증가와 그들 문화의 확산은 가히 미국 문화의 라티노화라 할 만하다. 앞에서 살펴본 바와 같이 아메리카 대륙에서 이민을 포함한 사람의 이동은 남에서 북으로 이루어지고 있으며 두말할 나위 없이 남쪽에서 나간 사람의 대부분은 미국에 있다. 이 결과 라틴아메리카에는 외국인이 전체 인구의 1.1%이지만 북미에서는 무려 13%나 된다. 여기서 특히 주목할 것은 라틴아메리카에서 미국으로 간 사람들이 가지고 간 문화로 인해 미국의 라티노 문화는 더 진해지고 있다는 사실이다.

그래서 뉴욕에서 피자나 베이글보다 토르티야가 더 많이 팔린다는 사실은 이제 전혀 이상하지 않다. 미국 어느 슈퍼마켓이건 살사 피칸테(salsa picante)는 케첩만큼이나 많고 킨세아녜라(quinceañera, 15세 여자아이의 생일 파티로 라틴아메리카에서는 성인식에 해당함) 파티 용품은 라티노가 많이 살지 않은 곳에서도 이제 잘 팔리는 상품이 되었다.

특히 대중문화에서 라티노 현상은 언급이 필요 없을 정도이다. 미국 팝음악계는 라틴이 '병성'한 지 오래이며 할리우드 주류에서도 라틴파워를 빼놓을 수 없다. 라틴계 영화 스타들을 열거하는 것은 이제 의미가 없을 정도이다. 스포츠에서도 라티노 열풍은 거세다. 미국의 국기인 야구에서 라틴아메리카 출신 선수와 라틴계 팬을 빼고서는 얘기가 되지 않는다. 카리브의 핵심 수출품은 이제 사탕수수가 아니라 '메이저리거'란 말이 있을 정도다. 최근에는 텔레노벨라(telenovela)[84]가 라틴 붐을 리드하고 있다. 텔레노벨라는 라티노 문화의 오랜 전통이다. 우리나라에도 알려진 텔레노벨라는 누구나 공감하는 사랑 이야기로 라티노뿐만 아니라 백인 시청자들의 애간장을 태우며 다음 회를 기다리게 만들고 있다. 텔레노벨라는 미국 땅에 라틴아메리카 정서와 감성을 이식시키는 중요한 매개 역할을 하고 있다. 이처럼 음악, 영화, 스포츠 등 미국 대중문화에서 라티노가 차지하는 위상은 확고하다고 할 수 있다.

또 언어는 어떠한가? 스페인어는 라티노가 많은 지역이건 그렇지 않은 지역이건 미국의 각급 학교의 제일 외국어이다. 또 많은 지역에서 스페인어는 공용어에 준하는 역할을 하고 있다. 스페인어와 영어의 공동 사용도 늘어나고 있다. 특히 라티노 2~3세대들에게 스페인어는 가정의 언어로, 영어는 사회의 언어로 각각 역할을 나누어 자리 잡은 지 오래이다. 다른 외국어의 사용과 비교할 때 미국 내에서 스페인어 사용은 압도적이다.

라티노는 미국의 기존 문화에 동화되는 동시에 스스로의 사회·문화적 공간을 창조해내는 새로운 적응의 전략을 만들고 있는 것이다. 이렇게 라티

---

84 텔레노벨라는 텔레비전의 텔레(tele)와 소설을 뜻하는 스페인어 노벨라(novela)의 합성어로, 멕시코 등 라틴아메리카에서 제작된 일종의 일일연속극을 뜻한다. 주로 사랑하는 남녀가 음모, 배신 등을 이겨내고 결혼에 이른다는 통속적 내용이 주를 이룬다. 미국 내에서 텔레노벨라 열풍의 진원지는 '어글리 베티(Ugly Betty)'였다. 콜롬비아 방송사의 원작을 리메이크한 것으로, 2006년 ABC방송에서 첫 선을 보인 뒤 이 방송사의 간판 드라마가 되었고 이후 골든 글로브 TV 부문 최우수작품상 등을 수상하였다. 이에 인기에 힘입어 메리엄웹스터 사전은 '텔레노벨라'를 신조어로 등재했다(중남미 드라마 '텔레노벨라' 미국서 돌풍, 중앙일보 2007. 7. 18).

노는 인구뿐만 아니라 문화적으로도 미국을 라티노화하고 있다고 할 수 있다. 많은 사람들이 문화제국의 침입자로 간주하는 미국은 실은 라틴 문화에 오히려 침입당하고 있다고 할 수 있다. 침입자가 라틴아메리카의 이민자, 문화, 음식, 언어에 의해 침입당하고 있는 것이다. 라티노 문화는 새로운 이민자에 의해, 스페인어 방송에 의해, 한 통화의 국제전화에 의해, 고국으로의 송금을 통해, 스페인어로 쓰인 책들에 의해 미국으로 피드백되고 있다.

라티노 파워의 미래와 관련하여 주목할 것은 과연 라티노를 하나로 합치고 뭉치게 하는 리더십의 출현은 가능한가 하는 문제이다. 오늘날 라티노 파워는 어느 정도 과장되었다고 주장하는 사람들이 있는데 이들이 내세우는 이유는 라티노의 대표성과 리더십은 아직 견고하지 않기 때문이라는 것이다. 즉, 라티노에게는 아직 '제시 잭슨[85]'이 없기 때문에 라티노는 하나의 파워로서 통합되기 힘들다는 것이다. 대외적으로 라티노의 파워는 계속 커지고 있지만 내적으로는 아직 라티노는 통하고 합쳐지지 않았다는 것이다. 이는 라티노가 가진 다양성의 한계를 보여주는 것인 동시에 라틴아메리카 특유의 민족주의와 지역주의를 반증하는 것이기도 하다. 따라서 다양하고 이질적인 라티노를 하나로 묶는 리더십이 가능할 것인가 하는 문제는 라티노 파워의 미래를 전망하는 데 있어 매우 중요한 요소라고 할 수 있다.

이 문제는 이른바 '범라티노(Pan-Latino) 주의'로 귀결된다고 할 수 있다. 과연 라티노 간에 국적이나 민족의 개별적인 이해관계를 초월하는 동맹, 공감, 연대는 이루어질 수 있는가? 라티노는 모두 하나라는 인식을 공유하는 것이 가능한가? 이것이 가능하기 위해서는 출신국 중심의 주장이나 또는 민족주의적 입장이 자제되어야 하며 동시에 특정 국적의 공동체가 압도적 다수가 되지 않아야 상호 간의 균형과 조화가 가능하게 된다. 그러나 멕시

---

85 제시 잭슨(Jesse Jackson) 목사는 마틴 루터 킹 목사 이후 소수인종 및 흑인 운동을 대표하는 가장 대중적인 흑인 인권 운동가이다.

코계가 라티노 인구의 다수를 차지하는 현실을 고려할 때 동등한 관계에서 설정되는 범라티노 주의는 쉽지 않아 보인다. 따라서 오히려 멕시코가 중심이 되는 이른바 라티노의 멕시코화에 기대를 가져야 할지도 모른다(Ramos, 2005, 284).

이런 면에서 뉴욕은 라티노 미래의 중요한 모델이 될 수 있을 것이다. 푸에르토리코계가 다수였던 뉴욕에 1980년 전후로 도미니카공화국 등 다른 라틴아메리카 국가의 이민자가 대거 유입되면서 푸에르토리코계의 비율이 감소하여 범라티노주의 모델에 근접하게 되었다. 그러나 최근에는 멕시코계 인구가 늘어나고 그 영향력이 확대되면서 향후 라티노의 내부 관계가 어떤 양태로 변하게 될지 귀추가 주목된다고 하겠다.

살펴본 바와 같이 이제 미국 사회에서 라티노 파워는 어떤 면에서 대세라고 할 수 있다. 미국에 라틴아메리카 이민자는 인구 성장의 엔진이다. 그리고 라티노는 미국의 음식을 풍요롭게 해주는 것처럼 미국의 문화지도를 다양하게 해주는 사람들이다. 조금 더 실용적인 마인드를 가진 사람이라면 라티노는 미래의 소비자, 노동자, 고객, 학생이며 유권자이다.

대외적으로 미국은 또 다른 의미에서 새로운 제국이다. 미국은 언어로, 제품으로, 민주주의나 인권과 같은 이념으로, 그리고 이른바 미국식 삶의 양식으로 세계를 정복하고 있다. 미국이 주인공이 되는 이 제국은 군사적 우위뿐만 아니라 그들의 다국적 기업, 그들의 교역 그리고 문화를 수출하여 확장되고 있다. 어떤 면에서 세계는 미국화로 글로벌화되고 있다. 그러나 안으로 살펴보면 미국은 비미국화되고 있다. 살펴본 바와 같이 그 주축 세력은 라티노이다. 라티노 인구의 증가와 그들의 역할과 영역의 확대는 미국을 라티노화하고 있다. 이런 면에서 라티노 공간의 진화 또는 확대는 미국의 세계화 전략의 예상치 못한 국면이라고도 할 수 있을 것이다.

12

라티노와
라틴아메리카

치카노가 라티노 전체는 아니다. 그러나 치카노가 라티노에서 차지하는 비중이나 영향을 고려할 때 치카노는 라티노 전체를 상당 부분 대변한다고 할 수 있다. 따라서 치카노와 멕시코 본국 간의 관계를 고찰하는 것은 라티노가 라틴아메리카에 어떤 의미를 갖는지를 이해하는 것에 다름 아니라고 할 수 있다. 특히 치카노가 멕시코와 유지하는 개입, 후원, 연대의 다양한 관계들은 라틴아메리카의 확장과 전환의 가능성을 보여주는 것이라고 할 수 있다.

I. 치카노 네트워크

1. 멕시코 이민자 조직

이민자가 조직하는 단체나 기구(immigrants organization)는 매우 다양한 성격과 형태를 갖는다. 라티노의 경우도 마찬가지여서 문화나 시민 활동을 위한 모임, 출신 지역을 기반으로 하는 향우회, 스포츠클럽과 같은 동호회, 유학생들의 학생회, 정당의 지부와 같은 정치 단체 등이 있다.

표 12-1. 멕시코 이민자 단체 구성

구분	지역향우회	스포츠클럽	주향우회	문화/시민클럽	지역향우회연맹	공익단체	기타	계
비율(%)	63.8	10	8.7	6.8	4.3	3.3	3.1	100

자료: Portes, 2011, 51.

치카노의 경우, <표 12-1>에서처럼 향우회(hometown association, hometown society), 스포츠 동호회, 문화 단체 등이 주를 이룬다. 그러나 태어난 지역과 주를 기반으로 하는 향우회와 지역 향우회의 연맹체 등 출신지에 기반을 둔 모임이 전체의 77%를 차지한다. 현재 미국에는 약 1,300여 개의 멕시코 이민자 단체가 있는데, 이 중 향우회는 1,000여 개 정도이다. 따라서 멕시코 이민자와 후손들은 주로 향우회를 중심으로 조직화된다고 할 수 있다.

멕시코 이민자 단체는 지역별로는 캘리포니아에 가장 많고 다음으로는 일리노이, 텍사스, 뉴욕의 순으로 많다. 최근에는 캐나다에서도 멕시코 이민자회가 만들어지고 있다.

부르는 이름도 다양하다. 우리나라의 재외동포재단 정도에 해당하는 재외멕시코인재단(IME, Instituto de los Mexicanos en el Extranjero)에 등록된 단체들을 보면, '두랑고의 아들들(Hijos de Durango)', '산 마르띤 클럽(Club San Martin)', '두랑고 클럽 동맹(Alianza de Clubes Duranguenses)', '우아스떼까 클럽(Club La Huasteca)' 등 지명을 포함한 스페인어 이름이 많지만 'Mexican Community Center of New York', 'Mexican Canadian Community Association of Victoria' 등 영어 이름의 단체도 있다.

이민자 단체에 참여하는 사람들은 어느 정도 미국 사회에 적응하여 경제적 안정을 이룬 사람들이다. 따라서 이민자 단체를 구성하는 주 멤버는 중장년층이 많고, 학력도 높은 편(대학교육이상)이며, 단순노동보다 전문직이나 자영업자가 많으며, 영어를 어느 정도 구사하고, 시민권을 가진 사람이 많다(Portes, 2011, 52). 규모는 일반적으로 같은 고향 출신의 약 100~200명 정도로 조직되며 이중에서 회장, 서기, 회계 등을 선출하고 운영은 대개 순수한 자원봉사로 이루어진다.

목적과 활동 역시 다양하지만 향우회와 같은 출신지별 단체는 대부분 상호 간 연대감과 친목을 도모하고, 고향 발전을 위해 기금을 모으는 활동을 주로 한다. 특히 공동 기금을 모으기 위해 디너파티, 빙고 게임, 바자회, 고향 미인대회 등 여러 행사를 개최한다. 때로는 공동으로 송금하여 수수료를 절약하여 그것을 기금으로 적립하기도 한다.

한 지역의 이민자 클럽이 공고해지면 인근 지역의 클럽들과 연합하여 하나의 연맹 또는 연합회를 형성한다. 캘리포니아의 사까떼까스 출신 이민자 클럽들이 모여 남캘리포니아 사까떼까스 교민클럽 연합회(La Federación de Clubes Zacatecanos del Sur de California, http://federacionzacatecana.org, 일반적으로 사까떼까스 연합회(Federación Zacatecana)로 알려져 있다)를 만드는 식이다. 사까떼까스 연합회의 경우, 1972년 4개의 클럽에서 시작하여 현재는 67개의 클럽이 소속되어 있다. 연합회에 소속된 각 클럽은 연합회에 가입비와 연회비를 납부하고, 연합회 행사에 적극 참여할 의무를 지지만 연합회의 모든 의사 결정에 대표자를 통해 참여할 자격을 갖는다.

미국에 사는 멕시코를 포함하는 라틴아메리카 이민자는 개인적으로 또는 이민자 조직을 통해 다양한 형태로 본국과 관계를 맺으며 살아간다.[86] 특히 멕시코 이민자는 향우회를 통해 가족뿐만 아니라 고향과 견고하게 연결되어 있다.

멕시코 이민자들은 19세기 말부터 '동포 클럽(club de paisanos)'을 조직하였다. 여기서 동포는 같은 나라 출신뿐만 아니라 같은 마을 출신이라는 의미도 갖는데, 따라서 이 조직의 기본적 목적은 동향 이민자간에 서로 도움을 주기 위한 것이었다. 구체적으로는 구성원 간에 연대와 친밀감을 유지하고 새로운 이민자를 왔을 때 도움을 주기 위한 것이었다. 특히 상호 부조의 정신을 강조했는데, 1929년 대공황 때에는 멕시코로 추방될 처지에 있거나 경제적인 어려움에 겪는 '동포'에게 금전적인 지원을 제공하기도 하였다. 또 클럽을 기반으로 노조운동에 참여하기도 했다. 차베스는 동포 클럽을 중심으로 노동운동을 이끌었고 이후 멕시코 이민자뿐만 아니라 다른 국적의 외국인들의 참여를 이끌어내는 성과를 거두기도 했다(Calderón Chelius, 2009, 440).

---

86 출신국가별로 이민자 모임은 차이가 있다. 멕시코 이민자가 향우회를 중심으로 조직된다면 콜롬비아와 도미니카공화국 출신의 이민자 단체는 향우회보다 시민·문화클럽이 더 많다(Portes, 2011, 51).

이와 같이 멕시코 이민자 클럽은 상호 부조를 위해 시작되었지만 오늘날에는 본국과 이민자를 잇는 네트워크로서 더 중요한 의미를 갖는다. 고향에 송금을 보내고, 가족 친지와 통신하고, 공공사업을 지원하고, 이민 희망자에게 정보와 일자리를 소개해주는 이런 초국가적 과정을 통해 멕시코 이민자는 미국에서 끊임없이 멕시코와 소통한다. Portes는 오늘날 미국과 멕시코 간에 이루어지는 통신, 정보, 자원의 왕래를 이민자 단체의 초국가성(또는 통국가성, transnationalism)으로 강조하였다(Portes, 2011, 50).

국제 이민의 여러 경우를 볼 때 본국의 단일지역에서 온 이민자는 이민국에서도 함께 모여 사는 경향이 있다. 본국과 이민국의 특정지역을 이어주는 초국가적 공동체가 만들어지는 것인데, 이는 본국의 공동체가 이민국에서 재현되는 것이기도 하다. 미국에 사는 멕시코 이민자의 경우는 더욱 그렇다. 미국의 특정 지역에 멕시코의 특정 지역 출신이 많다. 시카고에는 사까떼까스 주 출신이 많고 뉴욕에는 뿌에블라 주 출신이 많았던 것을 예를 들 수 있다. 함께 모여 살면 상호부조를 꾀하는 데 도움이 되고 동향 출신 이민자에게 주거와 일자리를 소개하는 데도 유리하다.

따라서 이민자 클럽은 미국으로의 이민 흐름에 영향을 미치게 된다. 연구에 따르면, 이민자 향우회의 응집력과 새로운 이민자에게 제공되는 지원의 정도가 이민을 결정하는 데 큰 영향을 미치는 것으로 밝혀졌다(Merino, 2002: 2, 3). 이민자 네트워크가 잘 조직되면 될수록 이민 흐름은 더 활발해지며, 따라서 불법이건 합법이건 이민을 인위적으로 제한하는 것은 더 힘들어지게 되는 것이다. 이민자 향우회는 국가 간 경계를 관통하여 이민자와 본국을 접속시키는 네트워크인 것이다.

2. 3대1 프로그램

미국에 있는 멕시코 이민자 중 사까떼까스 출신 이민자 클럽이 가장 잘 조직되고 긴 역사를 가지고 있다. 특히 사까떼까스 교민 연합회의 3대1(3 X 1, Tres por Uno)프로그램은 잘 알려져 있다. 이 프로그램은 일종의 '고향 발전 기금'을 마련하는 프로그램이라고 할 수 있는데, 이민자가 고향에 기금을 보내면 일종의 매칭 펀드로서 같은 액수의 예산을 지방정부, 주정부, 연방정부가 각 각 지원하여 그 지역을 위한 지역사업(obras sociales)을 하는 것이다. 따라서 이민자(1/4)와 당국(3/4)이 함께 자금을 마련하여 그 지역에 필요한 상하수도, 도로, 교량 등을 건설하거나 학교, 교회, 광장, 양로원, 병원을 보수 또는 건축한다. 또 전화나 전기를 들여오기도 하고, 장학금을 지급하고 체육시설을 설치하기도 한다(Calderón Chelius, 2009, 445).

사업 추진도 공동으로 한다. 사업 추진을 전담하는 위원회를 멕시코와 미국 두 곳에 두는데 고향의 사업위원회는 공사의 실행을 책임지고 미국에 있는 위원회는 사업 자금을 조달한다. 미국에 있는 위원회는 멕시코 영사관에 위원회 등록을 한 후 공식적인 지위를 갖고 사업에 참여하는데 사업 기금의 1/4을 책임지고 지방-주-연방 정부와 협의하여 사업을 추진한다.

사까떼까스 출신 멕시코 이민자들은 1960년대부터 로스앤젤레스 지역을 중심으로 얼마간의 기금을 모아 자신의 출신 지역을 돕기 시작했고 1970년대 주 정부의 지원이 이루어져 1 대 1 프로그램이 만들어졌다. 1992년에는 연방정부가 참여하여 2 대 1 프로그램으로 확대되었고 1999년 지방정부의 참여가 더해져 3대1 프로그램으로 발전하였다. 이를 통해 1993년부터 2005년까지 사까떼까스에는 약 1,500개의 사업이 완료되었다. 이로써 3대1 프로그램은 멕시코 국내뿐만 아니라 국제적으로 널리 알려졌고 2002년 연방정부의 사회개발부(Sedesol, Secretaría de Desarrollo Social)가 주도하는 '3대1 시민 발의 계획'(Iniciativa Ciudadana Tres por Uno)이라는 국가 프로그램으로 격상되었다. 이 결과 2003년부터 2006년 사이 6,250건의 지역사업이 시행되었다(García Zamora, 2007b, 166~167). 사까떼까스의 경험을 바탕으로 과나후아또 주에서는 '우리 마을(Mi Comunidad) 프로그램', 할리스꼬 주에서는 '할리스꼬와 바나멕스의 동반 발전(Afinidad Jalisco Banamex)' 프로그램 등이 시행되었다(CEPAL, 2002, 263).

3대1 프로그램의 성격에 대해서는 평가가 상반된다. 먼저 이 프로그램이 지역 발전을 전국적 차원에서 견인하는가 하는 문제이다. 그러나 연방정부 측 참여자인 Sedesol이 3대1에 투입하는 예산은 부 전체 예산의 1%도 안되며 마찬가지로 이민자들이 참여하는 액수도 개인 송금에 비하면 턱없이 적은 소액이다. 게다가 이 프로그램이 전국에 걸쳐 균형적으로 시행되는 것이 아니라는 지적도 있다. 이에 따르면 3대1 프로그램이 대개 출이민자가 많거나 이민 전통과 역사가 긴 할리스꼬, 미초아깐, 사까떼까스, 산루이스뽀또시 등 일부 지역에 집중된다는 것이다(Canales, 2008, 137: 146). 그뿐만 아니라 국민의 이해와 참여도 부족하다. 직접적인 수혜자인 지역주민의 이해와 의견이 제대로 반영되지 못하는 경우가 많으며 또 이민자-지방정부-주정부-중앙정부 간의 이해가 대립될 경우 이를 조정할 메커니즘이 부재하다는 것도 한계로 지적된다. 이외에 사업의 선정이나 결정에 정치적 고려가 작용하여 프로그램이 정치화되는 것도 문제점이라고 할 수 있다.

그러나 이러한 문제점들에도 불구하고 3대1 프로그램은 나름의 역할을 하고 있다고 할 수 있다. 이 프로그램은 멕시코와 해외에 있는 멕시코인을 연결하며, 멕시코 정부의 재외동포정책 수립의 중요한 협의체 역할도 하고 있다. 또 멕시코의 부족한 사회 기반시설을 확충하는 효과적인 자원으로도 어느 정도 의미가 있으며, 재외동포들이 국내 문제에 중요한 사회적 행위자로서 참여한다는 측면에서도 의의가 있다고 할 수 있다. 특히 국제 이민이 확대됨에 따라 해외 이민자가 많은 나라들은 이민자가 보내오는 돈을 어떻게 국가 발전으로 연계시킬지에 많은 관심을 갖게 될 수밖에 없는데 이런 맥락에서 3대1 프로그램은 시사하는 바가 크다고 할 수 있다. 그래서 현재 엘살바도르, 필리핀, 소말리아, 페루, 콜롬비아, 에콰도르 등이 멕시코의 3대 1 프로그램을 참조하여 이와 유사한 정책을 시행하고 있다(García Zamora, 2007b, 1∼6, 165∼168).

재미 멕시코인은 3대1 프로그램을 통해 지역의 발전을 지원하기도 하지만 마을의 수호성인 축제, 체육대회, 차로(멕시코식 로데오)경기 등도 후원한다. 따라서 이들은 고향에서 마을의 유지로 간주되며 때로는 지역의 정치인들로부터 정치적 지지를 요청받기도 한다. 그러나 향우회가 집단으로 특정정당을 지지하는 경우는 드물다.

앞에서 살펴본 바와 같이 미국과 멕시코에서 공동으로 자금 조성과 사업 추진이 이루어진다는 것은 양국을 연결하는 네트워크가 잘 조직되어 있지 않으면 불가능한 것이기 때문에 3대1 프로그램은 재외멕시코인의 규모와 조직화의 정도를 잘 보여주는 예라고 할 수 있다.

멕시코 이민자의 송금과 이들이 참여하는 지역 사업은 멕시코 내에서 이들의 위상과 중요성을 높인다고 할 수 있다. 특히 송금이 개인적인 차원에서 이루어지는 반면 지역 사업은 공익성이 있기 때문에 보이는 효과는 실제보다 더 크다. 따라서 멕시코 정부도 이민자가 참여하는 3대1 프로그램을 정책적으로 중시하고 있으며 나아가 이민자의 정치적 중요성과 대표성을 법과 제도로 인정하고 있는 추세로 나아가고 있다.

Ⅱ. 송금(remesa)

1. 송금과 라틴아메리카

　오늘날의 국제이민 흐름은 이른바 '5T'라고 하는 새로운 측면의 경제적 통합을 추동시키고 있다. 5T는 Turismo(관광, 방문), Transporte(운송, 항공), Telecomunicaciones(장거리통신, Transferencias de remesas(송금), Transacciones económicas nostálgicas(노스탤지어(향수) 무역)을 의미하는데 국제 이민의 글로벌화는 더 많은 이민자들이 고국을 방문하고, 더 많은 운송과 이동을 필요로 하고, 국제 전화 등 통신의 사용이 늘어나고, 본국에 더 많은 돈을 보내고, 고국의 음식과 같은 기호상품을 찾게 만들고 있다(Orozco, 2007, 335~342). 이 중에서 송금은 이민국과 고국에 미치는 영향이 가장 크다. 특히 송금 규모가 큰 멕시코와 같은 라틴아메리카 국가에서 송금은 여러 측면에서 매우 중요한 의미를 갖는다.

표 12-2. 지역별 송금 수취액 비율

구분	1995	2000	2005
라틴아메리카	23.2	24.6	29.4
아프리카	8.5	8.0	8.5
아시아	23.3	33.1	35.2
유럽	10.0	11.7	10.0
중동	11.1	8.0	8.9
선진국*	24.0	14.6	7.9
계	100.1	100	99.9

* 오스트리아, 벨기에, 스페인, 프랑스, 그리스, 아일랜드, 이탈리아, 일본, 뉴질랜드, 포르투갈, 스위스, 스웨덴.
자료: Lozano Ascencio, 2009, 42.

<표 12-2>에서처럼 라틴아메리카는 국제 송금에서 가장 중요한 지역 중 하나이다. 1995~2005년 송금액 변화를 보면, 아시아와 함께 가장 큰 규모의 송금수취지역을 이루고 있다. 전 세계에서 이루어지는 송금 중 약 30%가 라틴아메리카로 가는 송금이다. 2005년 기준 해외(주로 미국)에 있는 이민자는 총 300억 달러를 라틴아메리카에 송금하였다. 이 액수는 미국의 대라틴아메리카 공적 개발지원금보다 더 많은 액수이다. 라틴아메리카에서 미국으로 사람이 간다면 반대로 미국에서 라틴아메리카로는 달러가 가는 셈이다.

표 12-3. 라틴아메리카 송금 수취액 상위 10개국(2004)

국가	송금액 (백만 달러)	GDP대비율 (%)	일인당송금액 (달러)	건당송금액 (달러)
멕시코	16,613	2.3	162	351
브라질	5,928	0.6	34	541
콜롬비아	3,857	3.9	87	220
과테말라	2,681	8.7	218	363
엘살바도르	2,548	14.3	390	339
도미니카공화국	2,438	14.1	279	176
에콰도르	1,740	5.7	134	293
자메이카	1,497	17.2	566	209

| 페루 | 1,360 | 1.4 | 50 | 169 |
| 온두라스 | 1,134 | 12.4 | 163 | 225 |

자료: Orozco, 2007, 325.

<표 12-3>에서처럼 라틴아메리카에서 송금 규모가 가장 큰 나라는 멕시코이며 다음으로는 브라질, 콜롬비아, 과테말라 순이다. 멕시코는 송금이 석유산업 다음의 국가 수입원이며 나머지 나라들에서도 송금은 국가의 주요한 외화 수입원이다. 자메이카, 엘살바도르, 도미니카 공화국은 송금수입이 많은 나라이며 동시에 송금이 국가 경제에서 차지하는 비중이 매우 높은 나라들이다.

송금은 개인 단위로 보내지만 수수료를 아끼기 위해 공동으로 보내기도 한다. 우리가 일반적으로 얘기하는 송금(remesa)은 개인이 가족에게 보내는 것을 의미하며 고향의 공동 사업을 위해 보내는 공동 기금도 있다. 고향을 방문하여 가족이나 친척에게 돈과 선물을 주는 것은 송금은 아니지만 그 효과는 송금과 유사한 성격을 갖는다. 특히 쿠바와 같이 돈을 보내는 데 제한이 있는 경우는 더욱 그렇다.[87]

이민자 수가 많을수록, 송금액이 클수록, 경제 규모가 작을수록 송금이 국가 경제에 미치는 영향력이 크다고 할 수 있다. 과테말라, 에콰도르, 니카라과, 엘살바도르, 아이티, 온두라스, 볼리비아, 멕시코 등이 여기에 해당된다. 따라서 이 나라들에서는 송금액의 증감은 국가 경제를 좌우할 정도로 중요하다. 이런 이유로 이런 나라들에서 송금의 경제적 기여와 투자를 높이

---

[87] 미국에서 쿠바로의 송금은 기본적으로 불가하다. 그러나 오바마 정부 들어 미국인에게만 연간 최대 2,000달러까지 쿠바 민간 부문에 송금할 수 있도록 하였는데 이것이 쿠바 경제 활성화에 어느 정도 도움을 주고 있는 것으로 나타나고 있다. 2010년 미국에서 쿠바로 간 송금액은 9~11억 달러로 추산되는데 이 돈이 소상업의 형성에 중요한 역할을 한 것으로 보고 있다. 2009년 오바마 정부는 쿠바계 미국인의 모국 방문 규제를 완화하였다. 이후 쿠바 출신 미국인들이 쿠바의 가족과 친척에게 돈과 선물을 주고 오는 일이 급증하여 쿠바의 민간 경제가 활성화되었다. 이들이 돈과 함께 들고 가는 선물은 식품에서 휴대폰까지 매우 다양하다. 이 선물들은 가족이 사용하기도 하지만 소매상들에게 넘겨져 비공식적으로 거래되어 최근 싹트는 쿠바 민간경제의 기초가 되고 있다(쿠바 출신 미국인들, 쿠바 민간 경제 활성화에 큰 도움, 조선일보, 2011.06.12).

기 위해 국가와 이민자간의 관계를 강화하고 공고화하는 정책을 펴는 것은 당연하다.

2. 멕시코의 송금

멕시코는 해외 거주자들의 본국 송금액 규모에서 프랑스, 인도, 필리핀에 이어 세계 4위이다. <표 12-4>처럼 미국 거주 멕시코인들의 송금액은 해마다 증가해왔고 2005년 200억 달러를 넘어섰다. 1990년대 송금 수입은 꾸준히 증가하여 멕시코의 농산물 수출과 비슷한 수준이었으나 2000년대 중반부터 크게 늘어 석유 다음의 주요 외화 수입원이 되었다.

표 12-4. 멕시코 주요 외화 수입(1990~2009)

(단위: 백만 달러)

연도	송금	석유수출	농산물수출	마킬라도라 경상수지	관광수입
1990	2,494	10,104	2,162	3,552	3,934
1992	3,070	8,307	2,112	4,743	4,471
1994	3,475	7,619	3,037	5,803	4,855
1996	4,224	11,817	4,122	6,416	5,110
1998	5,627	7,296	4,320	10,526	5,633
2000	6,573	16,124	4,752	17,759	6,435
2002	9,815	14,823	4,196	18,802	6,725
2004	8,331	23,663	5,666	19,207	8,382
2006	25,567	39,017	6,836	24,321	9,559
2008	25,137	50,635	7,895	ND	10,817
2009	21,181	30,883	7,798	ND	9,221

자료: Banco de México, Indicadores económicos, 1990~2009.

송금이 많고 지역 경제에서 차지하는 비중이 높은 주는 이민자가 많은 미초아깐, 과나후아또, 할리스꼬, 멕시코, 멕시코시티, 사까떼까스, 오아하까 등 이다. 현재 멕시코의 120만 가구가 '송금 가정'이며 송금 액수나 가구 수 모두 증가하고 있다. 송금을 받는 가구는 도시지역이 54%이며 농촌지역 이 46%로 비슷하다. 미국으로의 이민이 도시와 농촌 모두에서 일어나고 있음을 보여주는 것이다(Orozco, 2007, 331).

표 12-5. 송금액 상위 10개주(2006)

주	송금액(백만 달러)	순위	주	주GDP 대비율(%)
미초아깐	2,472	1	미초아깐	13.2
과나후아또	2,055	2	사까떼까스	9.5
할리스꼬	1,993	3	오아하까	9.3
멕시코주	1,926	4	게레로	8.1
멕시코시티	1,551	5	이달고	7.7
베라끄루스	1,415	6	나야릿	7.2
뿌에블라	1,386	7	과나후아또	6.7
오아하까	1,198	8	치아빠스	5.6
게레로	1,157	9	뜨락스깔라	5.3
이달고	853	10	뿌에블라	4.6

자료: Aguayo Quezada, 2007, 278.

미국에서 오는 송금은 주로 생필품 구입, 소비재 구입, 주택 수리 및 구입 등에 쓰이며 가족들이 소상업을 시작하는 밑천이 되기도 한다. 간혹 귀국을 대비하여 토지 또는 가축을 구입하는데 지출되기도 하지만 전반적으로 투자나 저축보다는 비생산적 소비에 주로 사용된다. 송금의 두드러지는 성격 중의 하나는 일부를 공동경비로 모아 마을의 공공사업에 사용한다는 것이다. 학교에 스쿨버스가 생기고 마을도로가 다시 포장되고 성당도 새 단장을 하게 된다. 또 낡은 집이 신축되고 곳곳에 위성안테나가 들어서고 덩달아 마을의 가게 매상도 올라 지역경제가 살아나기도 한다.[88] 마을에 새로운 전

---

88 계량경제학적으로 송금과 마을의 발전간의 상관관계는 아직 분명하지 않다. 멕시코에 대한 최근 연구에 의하면, 지역에 따라 송금과 지역의 경제 생산 간의 상관관계가 다르게 나타나기 때

통과 관습이 생기기도 한다. 성탄절 축제는 크리스마스를 전후하여 1~2주 정도 계속되는데 미국으로 간 사람들이 많은 마을에서는 오늘은 시카고, 내일은 로스앤젤레스, 모레는 휴스턴 하는 식으로 이민자들이 돌아가면서 축제 경비를 댄다. 또 같은 지역 출신들끼리 돈을 모아 유해를 고향으로 송환하는 공동장례회를 운영하기도 한다. 이처럼 미국에서 보내는 달러는 주요 외화 수입원으로 멕시코 경제에 중요하며, 마을 공동체를 변화시키고[89] 때론 지역 경제에 활력소를 제공하기도 한다. 따라서 미국에 간 '호세'는 가족뿐만 아니라 마을의 희망이 되는 것이다.

송금의 중요성이 부각된 것이나 이에 대한 연구가 본격화된 것이나 모두 비교적 최근의 일이다. 따라서 아직 송금에 대한 연구에서는 여러 쟁점이 있는데, 이 중 가장 대표적인 것은 "송금은 본국에 어느 정도 기여하는가" 하는 것이다. 이에 대한 거시 경제적 연구에 의하면, 송금의 역할을 네 가지로 요약하는데, 첫째, 송금은 기본적으로 가계 생계비와 같이 소비를 위해 쓰이지만, 농지 구입이나 가족기업의 자본금 등 생산을 위해 쓰이기도 한다. 두 번째로, 생산을 위한 투자뿐만 아니라 소비 수요를 살려내서 국내 시장을 활성화시키고 고용을 창출하기 때문에 송금이 만들어낸 소비지출은 지역과 국가 경제를 활성화시킨다. 셋째, 송금은 송금 수취 가족의 생활수준을 향상시키고 빈곤을 감소시켜 소득을 분배시키는 효과가 있다. 마지막으로 송금은 다른 외화 수입보다 더 안정적이기 때문에 국가 거시 경제의 안정에 기여한다. 역사적으로 경제 위기로 달러 유출이 가속화될 때 송금은 오히려 증가했기 때문에 송금은 외환위기 시 특히 중요한 역할을 수행하였다. 때때

문에 송금과 발전간의 관계를 수량적으로 파악하고 이를 통계적 방법으로 검증하는 것은 아직 불완전하다(Valdivia López 2010).

89 이민자가 보내주는 송금의 이면에는 가족의 분리, 아이들의 위탁양육 등과 같은 가정 해체의 부정적 단면이 있다. 또 농촌의 경우, 미국에서 보내주는 송금은 친지들의 가계부에 적지 않은 도움을 주지만 마을 공동체, 특히 친인척, 대부관계에 심각한 영향을 미쳐 공동체의 공동화와 해체를 촉진시키기도 한다(김세건, 2000).

로 이들이 보내는 달러가 국제금융기구의 신용을 얻는 데 중요한 보증으로 사용되기도 했다(Canales, 2009, 53~54; Orozco, 2009, 58).

그러나 라틴아메리카에서 송금의 효과는 아직 '신화'일 뿐이라는 해석도 있다. 우선, 멕시코의 경우, 송금은 GDP의 3%도 되지 않기 때문에 그것의 거시 경제적 효과는 미미하며, 계량경제학적 모델을 통해 볼 때도 멕시코 경제 발전에 송금이 미치는 효과는 제한적이며, 소득분배효과도 다른 거시 경제적 변수들과 비교할 때 매우 미미하다는 것이다. 또 송금 수취 가구의 수입의 절반이 송금에서 오지만 그것이 빈곤을 없애는 데 충분하지 않다는 것이다. 왜냐면, 평균적으로 볼 때 이들 가구에서 일인당 평균 송금 수취 액수는 정부가 정한 빈곤선의 절반에도 미치지 못하기 때문이다. 마찬가지로 멕시코 사회의 구조적 변화와 근대화를 추동시키는 행동자로서 이민자의 역할과 기여도 국가나 시장의 그것과 비교할 때 의미 있는 수준은 아니라는 것이다(Canales, 2009, 56~57; Orozco, 2009, 59). 농촌으로 오는 송금이 농촌의 경제활동, 즉 농업 발전에 별로 기여하지 않는다는 의견도 있다. 예를 들어, 송금 수입이 여유 있는 때는 토지나 농기계를 구입하는 사람도 있지만, 젊은 노동력의 부족 등 여러 가지 이유로 이들이 계속해서 농업에 종사하지 않아 농업 발전으로 이어지지 못한다는 것이다. 토지를 산 사람들은 처음의 생각과는 달리 농사를 짓지 않고 토지를 버리고 도시로 이주하거나 다른 분야에서 경제활동을 하는 경우도 많아서 가난한 농촌사회에 송금이 유입되면 오히려 탈농업화가 나타나고 비농업 분야가 발전하는 경우도 있다는 것이다(주종택, 2009, 113).

송금에 대한 또 다른 논란은 그 규모가 정말 정확한 것인가 하는 것이다. 현재 송금액 추산 방법은 멕시코의 경우, 중앙은행이 송금을 취급하는 전 금융기관에 송금액 규모를 월별로 보고하도록 하고 이를 집계하는 방식을 사용하고 있다. 그러나 여기에는 가족 송금뿐만 아니라 소기업인이 미국에서 하는 상업 활동 비용도 포함되어 있으며 마약 거래와 같은 불법 경제 활동에서 나오는 돈도 포함되어 있다. 따라서 이 돈을 미국에 있는 가족이 멕시코에 있는 가족에게 보내는 돈으로 볼 수 있는지 논란이 있다(Canales, 2008). 송금자와 수취자의 관계를 밝힐 수 없는 것도 문제이다. 일반적으로 송금은 가족 관계가 있는 개인이 개인에게 보내는 돈이지만 멕시코 중앙은행의 집계는 미국에 있는 개인이 멕시코에 있는 개인에게 보내는 돈을 집계하는 것이라서 개인 상호 간의 관계를 확인할 수 없다. 또 멕시코로 돈을 보낼 때 인편을 이용하는 경우가 많은데 이 역시 송금액을 정확히 계산하기 어렵게 만드는 이유 중 하나이다. 따라서 송금액에 대한 통계치가 연구마다 다른 경우가 많다.

그럼에도 멕시코의 송금이 중요한 것은 그것이 이민과 발전간의 관계에 중요한 시사를 제공하기 때문이다.[90] 이에 대해 가르시아 사모라(García Zamora)는 송금과 이민자 조직이 모국의 발전에 나름의 역할을 할 가능성에 주목한다. 그의 연구에 의하면, 라틴아메리카 국가들, 특히 국가의 통치자들은 송금을 국가와 지역 발전의 기회로 생각하는 과장에 빠지는 경우가 종종 있지만, 미국으로 간 이민자의 송금, 저축, 투자 그리고 그들의 조직은 경제가 취약하고 자본이 부족한 라틴아메리카 상황을 비추어볼 때 나름 중대한 역할을 한다는 사실을 부인할 수 없다. 특히 멕시코 이민자와 이민자 조직 그리고 그들이 보내는 송금이 국가 정책과 조화를 이룬다면 분명 지역과 국가발전에 어느 정도 기여할 수 있다. 특히 이들의 달러와 조직은 지역의 사회사업의 중요한 주체가 될 수 있다. 이런 의미에서 이민자 조직은 지역과

---

90 이민과 발전의 상관관계에 대해서는 상반된 입장이 있다. 해외 이민자는 모국의 발전에 도움이 되지 않는다는 시각과 반대로 국가 발전에 긍정적이라는 입장이 있다. 마르크스주의와 종속론의 입장은 두뇌 유출, 대외 종속, 외래문화 유입 등으로 나가는 이민을 국가 발전의 장애로 파악한다. 특히 농촌과 농촌문화를 피폐하게 만들고 빈곤을 가속화시킨다고 본다. 외부에서 오는 경제적인 효과들은 단기적으로 소득을 증가시키지만 장기적으로 경제 활동을 위축시키고 이민을 촉발시켜 결국 국가 경제를 대외에 종속시킨다. 반면, 근대론자들은 이민을 발전 과정의 중요한 요소로 이해한다. 해외로 나간 이민자를 통해 발전국에서 저발전국으로 발전의 성과가 전해질 뿐만 아니라 가치나 행동의 효과도 전파된다는 것이다. 또 국가가 발전을 이루게 되면 이민은 감소한다고 설명한다(García Zamora, 2007, 289).

국가 발전을 견인할 수 있는 '새로운 초국가적 사회 행위자(nuevo actor social transnacional)'라고 평가할 수 있다(García Zamora, 2007, 293~294; Orozco, 2009, 59).

송금에 대한 견해와 해석의 차이에도 미국에서 오는 달러는 이미 멕시코 현실의 중요한 부분이다. 멕시코에서 송금은 국가의 주요 수입원중 하나이며 많은 국민들이 이것에 생계를 의존한다. 따라서 만약 미국이 이민법을 개정하여 미등록 이민자를 추방한다면 멕시코로 오는 송금액은 급감할 것이고 그렇게 되면 멕시코 경제는 큰 타격을 받게 될 것이다. 멕시코 정부가 미국의 이민법 개정에 큰 관심을 갖는 이유도 바로 이 때문이다.

다른 한편으로 송금은 시장과 제도를 초월하는 통국가적 네트워크의 중요 부분이다. 미국에 있는 멕시코인이 멕시코에 있는 가족에게 보내는 달러는 양국의 멕시코 공동체를 연결시키고 유지시키는 매개라는 측면에서 중요한 의미를 갖는다고 할 수 있다.

Ⅲ. 치카노와 멕시코 정치

그간 멕시코에게 치카노는 잊혀진 존재였다. 치카노는 멕시코에게 멕시코의 언어, 종교, 관습을 망치는 타락자였고 때로는 조국을 등진 배신자로 간주되었다.[91]

그러나 오늘날은 이와 다르다. 치카노에 대한 인식이 바뀌고 있다. 이들이 보내는 달러는 가족의 가계를 돕는 것뿐만 아니라 고향 마을을 변화시킨다. 또 이들이 보내는 달러는 정부 입장에서도 매우 중요한 재원이다. 돈 때문만 아니다. 정치적으로도 치카노는 멕시코에게 더 중요해지고 있다. 특히 멕시코 이민자들이 멕시코의 정치를 변화시키는 데 기여한 바는 적지 않다. 치카노가 PRI 일당 체제를 종식시키는데 중요한 역할을 한 것은 이미 잘 알려진 사실이다. 2000년 대선에서 멕시코 이민자들은 조국의 정치에 그 어느 때보다 적극적으로 참여했다. 2000년 7월 선거에서 비록 선거권은 없지만 이들은 국제전화를 걸어, 또는 직접 휴가를 내고 고향을 방문하여

---

91 기본적으로 멕시코인의 이민자에 대한 인식은 이중적이다. 2002년 멕시코 여류화가 프리다 칼로의 삶을 다룬 '프리다'가 개봉되었을 때 이 영화에 대한 멕시코 국내의 평가는 예상외로 저조했다. 비평의 요지는 프리다의 예술가적인 삶을 사소한 개인사로 격하시켰다는 것이었다. 그러나 전문가들은 이 영화에서 프리다 역을 맡은 셀마 하이엑(Salma Hayek)이 일찍이 멕시코를 떠나 미국에서 활동해왔기 때문에 그녀에 대한 관객들의 비호감도 야박한 평가에 한 몫한 것으로 분석했다(Ramos, 2005, 218).

가족과 친구들에게 '다른' 후보를 지지할 것을 유세하였다. 또 이들은 '폭스의 친구(Amigos de Fox, 폭스 후보의 대선 후원조직)'가 되는데도 주저하지 않았다. 70년만의 정권 교체의 주인공이 된 폭스 대통령은 당선 직후 미국을 방문하여 '더 넓어진 국가(broader notion of nation)'를 강조하였다. 폭스 대통령은 스스로를 멕시코 인구 1억 명에 치카노 2,000만 명을 합하여 1억 2,000만 명의 대통령으로 선언하였다. 폭스는 이들에게 "당신들은 멕시코를 저버린(abandon) 사람들이 아니라 멕시코의 연장(extension)"이라고 선언하였다 (Radelat, 2000).

오늘날 라틴아메리카 각국은 자국의 이민자가 미국에서 모범적인 시민으로 정착하여 고국의 발전에 기여하길 원하고 있다. 이제 라틴아메리카에서 디아스포라는 국가의 필수 구성원으로 간주되고 있으며, 따라서 이중국적은 대부분 인정되고 있다.

멕시코 정부도 본국과 재외국민간의 관계 확대를 위해 다양한 정책과 프로그램을 시행하고 있다. 멕시코는 1998년 멕시코 이민자가 멕시코 국적을 유지하면서 동시에 미국 시민이 되는 것을 허용했다. 또 2003년에는 일정 기한을 정해 멕시코계 미국인의 멕시코 국적 회복 신청을 받기도 하였다. 당시 약 3만 명의 치카노가 멕시코 국적을 회복하기 위해 긴 줄을 서는 것을 마다하지 않았다(새뮤얼 헌팅턴, 2004, 347; Ramos, 2005, 146). 2000년에는 재외멕시코인재단(IME: Instituto de los Mexicanos en el Exterior)을 설립하여 해외에 있는 멕시코 국민과 이민자의 조직화를 지원하고 있다. 또 멕시코 상원의 '멕시코-미국 국경 문제 위원회(Comisión de Asuntos Fronterizos Norte)'와 하원의 '인구, 국경, 이민 문제 위원회(Comisión de Población, Fronteras y Asuntos Migratorios)'가 공동으로 2007년 11월 멕시코 역사상 최초로 전 세계 멕시코 이민자 단체를 초청하여 '세계 멕시코 동포 회의'를 개최하였다(Calderón Chelius, 2009, 447).

재외 국민에 대한 대내외적 인식의 변화로 멕시코 정부도 재외 국민의 참정권 확대에 적극적이다. 멕시코는 1996년 헌법 개정을 통해 재외국민이 본국 선거에 투표할 수 있는 법적 근거를 마련하였고 2005년에는 의회에서 재외 국민 투표조항을 통과시켰다. 이에 따라 멕시코 역사상 최초로 해외에 거주하는 멕시코인에게 투표권이 부여되었다.[92] 향후 이들이 미국에서 배운 정치를 어떻게 멕시코 정치에 옮겨 놓을지 주목되고 있다. 2003년 리까르도 몬레알(Ricardo Monreal) 사까떼까스 주지사는 주 경제의 10%에 해당하는 달러를 송금하는 이민자 파워에 굴복하여 사까떼까스 출신 부모에서 태어난 멕시코계 미국인의 주 정부 공직 피선거권을 인정하는 법 개정을 승인하였다. 또 6장에서 살펴본 바와 같이 2004년 11월 California State University (Fresno)의 헤수스 마르띠네스 살다냐(Jesús Martínez Saldaña)교수가 미초아깐 주 의원에 당선되기도 하였다.

2006년 대통령 선거는 비록 많은 숫자는 아니었지만, 해외 거주 멕시코인이 투표에 참여한 최초의 선거였다. 이 선거에는 약 52,000명이 유권자 등록을 하였고, 이 중 41,000명에게 투표권이 부여되었다. 이 중 88%에 해당하는 36,000명이 미국에 거주하는 멕시코인이었다. 대선에는 33,000명이 참여하여 멕시코 재외국민의 투표율은 약 81%를 기록하였다.

2006년 대통령 선거 결과를 보면, 표에서처럼 전체 투표결과와 비교할 때 재외 멕시코 국민은 여당인 PAN당 후보를 더 많이 지지하였고 반면 야당 중에서는 전 집권당인 PRI 후보에게 훨씬 낮은 지지를 보낸 것으로 나타났다. 이와 같은 재외국민의 투표 패턴은 투표 참여가 미비하여 아직 유의미한 결과로 볼 수 는 없지만 다음 2012년 대선에서 어떠한 투표 성향을 보일지 귀추가 주목되고 있다.

---

92 재외국민투표규정에 따르면 재외 국민의 투표권 행사는 대통령 선거에만 한하며, 투표권을 행사하기 위해서는 소정의 절차에 따라 유권자 등록을 해야 하며, 투표는 주소지로 배달된 투표용지에 기표하고 이것을 다시 선거관리위원회에 등기 우편으로 보내는 방식이다 (http://www.votoextranjero.mx/marco_juridico.php).

표 12-6. 2006년 멕시코 대통령 선거 결과

후보(정당)	투표결과(전체)		투표결과(재외국민)	
	득표(천 명)	비율(%)	득표(명)	비율(%)
Felipe Calderón(PAN)	15,000	35.89	19,016	57.39
Andrés Manuel López Obrador(모두를 위한 연합(Coalición Por el Bien de odos), PRD, PT, Convergencia의 선거연합)	14,756	35.33	11,088	33.47
Roberto Madrazo(멕시코를 위한 동맹(Alianza por México), PRI와 PVEM의 선거연합)	9,301	22.23	1,360	4.10
기타 및 무효	2,734	6.55	1,667	5.03
계	41,791	100	33,131	100

자료: Instituto Federal Electoral, Sistema de Consulta de la Estadística de las Elecciones Federales y Atlas de Resultados Electorales Federales, 1991~2009.

아직 멕시코 재외 국민의 투표 참여는 높지 않은 편이다. 가장 큰 이유는 유권자 의식이 낮기 때문이다. 본국의 선거에 참여하는 의미와 중요성을 제대로 인식하지 못하는 경우도 있고 생업에 밀려 그러한 경우도 있다. 또 아직도 정부 여당에 의해 투개표가 조작될 수 있다는 생각 때문에 투표를 하지 않은 경우가 많다. 이외에 유권자 등록 절차도 아직 복잡하다. 재외 멕시코인이 투표를 하기 위해서는 우편으로 유권자 등록 신청서를 선거위 원회에 보내고 위원회는 이를 접수 검토하여 유권자에게 투표지를 보내주 면 유권자는 다시 투표지에 지지 후보를 표시하여 이를 우편으로 선거위원 회에 보낸다. 여기서 유권자 등록을 하기 위해서는 유권자등록증[93]이 필요 한데, 이 서류는 대사관이나 영사관에서 발급받을 수 없기 때문에 많은 재 외 멕시코인이 투표에 참여하지 못한다. 또 2006년 투표에서는 투표지 발송 비용(약 10달러 정도)을 본인이 부담하였는데 이번 선거부터는 모든 우편 비용을 국가에서 부담하게 되었다(Los aspirantes presidenciales buscan el voto

93 유권자등록증(credencial para votar)은 선거위원회에서만 발급받을 수 있다. 우리나라의 주민등 록증처럼 멕시코에서 가장 많이 사용하는 신분증이다.

de los mexicanos en EU. CNNMexico, 2011.6.15; Voto de los mexicanos residentes en el extranjero). 여러 문제들이 점진적으로 개선되고 있어 오는 2012년 대선에서 재외국민의 선거 참여는 더 커질 것으로 예상되고 있다.

2006년 선거에서 나타난 것처럼 미국에 있는 멕시코인은 본국과는 다른 정치적 성향을 가지고 있다. 따라서 이제 멕시코 정치도 멕시코 본토뿐만 아니라 미국에 있는 '또 다른 멕시코'를 바라보지 않을 수 없게 되었다. 이런 측면에서 볼 때 미국까지 날아와 지지를 호소하는 원정 유세가 멕시코 정치인의 중요한 덕목이 될 날도 멀지 않아 보인다.

13

우리에게 라티노는
무엇인가?
- 한인 라티노 관계를 중심
<u>으로</u> -

한국인에게 히스패닉, 라티노는 어떤 의미를 갖는가? 한국에 있는 우리와 미국에 있는 라티노의 관계는 직접적이지 않기 때문에 우리에게 라티노 이슈는 크게 중요하지 않다고 할 수 있다. 그러나 이제는 라티노를 빼고 미국 사회를 얘기할 수 없을 정도로 그들의 영향력과 위상은 높아졌다. 또 라티노 이슈는 향후 우리 사회가 직면할(벌써 직면하고 있을지도 모르는) 이민자 문제에 시사하는 바가 적지 않다는 점에서도 중요한 의미를 갖는다. 라티노는 다문화·다인종 사회에서 만들어지는 대립과 갈등이 어떻게 적응되고 해결되는지를 보여주는 좋은 선례일 수 있기 때문이다.

우리 입장에서 라티노를 이해하는 것은 한인 동포와 라티노 간의 관계에서 출발하는 것이 현실적이고 합리적인 접근일 것이다. 이런 측면에서 한인 동포와 라티노 간의 관계는 우리에게 투영된 그들에 대한 우리의 인식이며 또 부분적으로는 라틴아메리카와 한국이 미국에서 어떻게 만나는가 하는 맥락의 문제이기도 하다.

먼저 미국에 거주하는 한인과 라티노의 삶과 일의 공간이 겹친다는 사실에 주목할 필요가 있다. 로스앤젤레스, 뉴욕, 휴스턴 등 라티노 인구가 많은 곳에는 한인이 많다. 그 이유는 라티노가 한인들의 주요 고객이기 때문이다. 리커 스토어나 1달러 마켓과 같은 한인 상점의 주요 구매자는 라티노이다. 앞에서 살펴본 바와 같이 이제 "Se Habla Español(스페인어합니다)"이라는 푯말 없이 미국에서 장사하기 어려울 정도로 라티노 손님의 파워는 대단하다. 이들의 왕성한 그리고 계속 증가하는 구매력은 한인 경제에도 중요한 동력인 것이다.

그뿐만 아니라 한인에게 라티노는 없어서는 안 될 노동력 제공자이다. 이들의 노동력 없이 한인 경제는 존립하기 힘들다. 한인-라티노 간의 관계는 대개 업주와 종업원으로서 성립된다. 한인들이 운영하는 사업은 대부분 노동집약적인 것이어서 이들의 싼 노동력이 절대적으로 필요하다. 즉 그 정도를 받고 그 일을 할 사람은 그들밖에 없기 때문에 라티노는 한인에게 없어서는 안 될 존재인 것이다.[94]

이처럼 라티노는 한인들에게 고객인 동시에 피고용자이며, 따라서 한인과 라티노의 삶의 영역은 중첩될 수밖에 없다. 그래서 한인과 라티노 간의 접촉은 필연적이며 한인과 라티노는 긴밀한 관계에 있다고 인정해야 한다.

그럼에도 한인과 라티노 간의 문화·언어에 대한 상호 간 이해는 높지 않은 편이다.[95] 특히 한인들은 라티노의 인구학적·사회경제적 중요성을 제대로 인식하지 못하고 있다. 한인은 라티노를 단순히 값싼 노동력을 제공하는 집단으로만 여기는 경향이 강하다. 심지어 아직도 라티노 종업원을 하대하는 경우도 있다. 영어도 못하고 신분도 불법인 그들의 약점을 이용하기도

---

94 이 외에 한인들이 히스패닉 노동력을 찾는 이유로는 첫째, 사람을 부리는 데 영어를 유창하게 할 필요가 없다. 그들 역시 영어를 잘 하지 못해 시키는 사람이나 듣는 사람이나 영어 단어 몇 마디로 눈치껏 통하기 때문에 히스패닉은 부담이 없다. 둘째, 히스패닉들은 대부분 순박하고 시키는 일을 묵묵히 열심히 한다. 셋째, 아무리 체구가 작아도 힘이 좋다. 어리고 약해 보여도 무거운 짐을 거뜬히 든다. 또 한인들은 「흑인을 고용하지 않는 인종주의자」라는 비난을 받는데, 그것은, 흑인은 영어를 잘 못하는 한인을 얕보고 일도 열심히 하지 않지만 히스패닉은 그렇지 않아 한인과 궁합이 잘 맞는 편이기 때문이다(임혜기, 내 주변의 히스패닉들).

95 이에 대해서는 이재학의 2004년 연구를 참조할 것. 이 연구는 로스앤젤레스 지역의 한인과 히스패닉 간의 상호 인식을 정치하게 분석하였다.

한다. 또 천성적으로 게으르고, 놀기 좋아하고, 돈이 다 떨어질 때까지는 결코 일하지 않는다는 식의 인종적·문화적 편견으로 그들을 대하기도 한다. 그러나 우리가 보지 못하는 것이 있다. 한인 상가에서 일거리를 기다리는 라티노가 라티노의 전부가 아니라는 것이다. 이미 미국 각계에서 무시 못 할 위치에 오른 많은 라티노가 있다는 것을 알아야 한다.

마찬가지로 중요한 것은 그렇다면 과연 라티노는 '코리언'을 어떻게 인식하고 있는가이다. 똑똑하고, 정이 있고, 근면해서 본받을 만한 이웃이나 친구로 지낼 만한 사람이라고 생각할까? 꼭 그렇지 않다. 라티노도 한인을 돈을 벌기 위해 수단방법을 가리지 않은 'money chasers' 여기는 경우가 많다. 또 한인들이 라티노를 자신보다 열등하다고 여기는 것처럼 이들도 역시 한인들을 주류 백인사회에 들어가지 못하는 '치니토스(chinitos, 미국에서 중국인(동양계)을 희화화시키거나 비하하는 의미로 사용되는 스페인어)'로 생각하는 경향도 있다. 소수 인종 간 관계에서도 라티노에게 연대와 협력의 첫 번째 대상은 우리가 아니라 흑인이다. 이처럼 우리도 그들의 안중에 별로 대단한 존재가 아니다.

이처럼 한인과 라티노는 아직도 서로를 충분히 알지 못한다. 특히 우리는 라티노를 실제보다 비하하기도 하고 일부가 전체인양 단정해버리기도 한다. '그릇된 이미지구축(stereotyping)'과 '낙인찍기(stigmatization)'로 라티노를 제대로 이해하지 못하는 경우가 많다. 예를 들어, "라티노 여성은 가정부로 적합하다"라는 선입관은 라티노 전체의 이미지를 정형화시키고 라티노가 다른 일은 얻기 힘들게 만드는 일종의 낙인이다. 노동의 고착이 이미지를 고착시키고 그것이 다시 이들에게 일자리와 일거리를 제한하는 일종의 노동과 문화의 악순환을 만들어내는 것이다. 우리의 라티노에 대한 이해도 여기서 완전히 자유롭지 못하다. 왜냐면 라티노에 대한 우리의 편견 대부분이 한인 고용주와 라티노 피고용자 간의 관계에서 비롯된 것이기 때문이다.

L.A. 폭동의 시발은 흑백간의 인종갈등이었다. 그러나 정작 불똥은 한인에게 튀었었다. 이때 흑인들만이 아니라 수많은 라티노도 한인에 대한 공격에 가담했었다. 여기에는 한인에 대한 라티노의 불만과 반감이 작용하였을 것이다.[96] 따라서 이와 같은 한인과 라티노 간 이해 부족과 부정적 인식이 향후 한인과 라티노 간의 충돌로 재현될 가능성도 전혀 배제할 수 없다. 실제로 한인 업주나 사장에게 라티노 노동자들이 차별이나 불공정 노동행위를 받았다고 항의하는 경우들이 심심찮게 일어난다.

따라서 미국 사회 내에서 한·라티노 간의 발전적 관계를 위해서 우선적으로 상호 간의 이해를 높이는 노력이 필요하다. 물론 여기에는 학술적 차원의 이해도 포함된다. 이전까지 미국의 인종관계는 주로 백인 대 흑인 또는 백인 대 라티노와 같이 다수 대 소수인종의 인식 틀에서 연구되어 왔다. 그러나 이제는 소수 집단 간 관계에 대한 연구도 더 활발하게 이루어져야 할 시점이다. 특히 미국 내에서 급증하는 라티노의 영향력을 고려한다면 한인-라티노 관계에 대한 깊이 있는 분석과 관찰이 그 어느 때보다 필요하다고 할 수 있다.

한인과 라티노는 서로에게 가진 편견을 극복하기 위해 상호 접촉과 소통을 지속적으로 강화해야 한다. 이런 측면에서 볼 때 최근 한인 동포 사회에서 일어나는 집단적 노력들은 긍정적이다. 한인 자선단체와 교회 등을 중심으로 라티노 커뮤니티에 대해 선교나 빈민 구제 차원에서 봉사활동을 벌이는 것은 서로 간의 접촉을 높이는 것이다. 아직 '한인이 주고 라티노는 받는' 일방의 자원 봉사가 주를 이루지만 향후 이런 움직임들이 양자 간의 파트너십으로 발전하는 토대가 될 수 있다는 점에서 의미가 있다고 할 수 있다. 또 최근 드림법안의 성사를 위해 한인과 라티노가 공동 캠페인을 전개하는

---

96 L.A. 폭동에 히스패닉이 가담한 이유는 빈곤, 정치적 불평등, 인종 차별 등 복합적이다. 한인과 히스패닉의 관계에서 볼 때 한인에게 받은 차별과 그에 대한 분노도 이들을 폭동으로 이끈 요인이라도 지적할 수 있다. 이에 대한 자세한 설명은 장희수(2012)의 연구를 참조.

것과 같이 공통 관심사를 중심으로 상호 간의 협력과 소통을 높이는 것도 필요하다.

이와 함께 미국에서 펼쳐지고 있는 다인종간 관계에 대해 이해를 새롭게 할 필요가 있다. 이민자의 미국 사회 동화에 관련하여 아시아에서 온 이민자와 그 후손은 근면성, 절약, 인내, 조용한 동화, 권위에 대한 존중, 가족의 유대감, 자녀교육을 위한 희생 등으로 미국 사회의 중간계층에 비교적 성공적으로 진입하였다는 평가를 받는다. 이와 같이 이른바 모범적 소수집단 (model minority)이론은 아시아계 미국인을 '좋은 사람'으로 묘사한다.[97] 일견 기분 좋게 들리는 이러한 생각 틀은 실상 우리가 미국 이민에서 다른 인종을 이해하는데 장애로 작용할 수도 있다. 이 이론이 라티노와 흑인을 모범적이지 않은 그룹으로 간주하기 때문이다. 이와 같이 사회·경제적 조건으로 인종 또는 인구그룹을 구분하고 격리하는 생각은 당연히 인종 간 관계의 발전적 미래를 위해 바람직하지 않다. 이러한 입장은 오히려 L. A. 폭동과 같이 인종 간 불이해와 충돌을 야기할 가능성이 있다. 마찬가지로 이러한 인식 구조는 한인–라티노 관계에서도 갈등과 대립의 요소가 될 수 있다.

또 한인–라티노 관계를 현실적인 차원에서 조망할 필요가 있다. 미국에서 한국인은 여전히 소수이고 약자이다. 따라서 우리는 전략적으로라도 라티노와 협력하고 연대를 강화해야 한다. 요즘 논란이 되고 있는 반이민법의 경우를 보면 더 분명해진다. 지금까지 미등록 이민자 문제는 연방 정부의 관할이어서 불법체류자라더라도 범죄만 짓지 않으면 체포될 걱정이 없었다. 그런데 만약 미국 연방 대법원이 애리조나 이민법이 위헌이 아니라고 판결한다면 연방 이민국 단속반이 아니더라도 모든 경찰이 불심검문으로

---

97 반론도 있다. 이 중 하나는 모범적 소수집단 이론이 아시아계 미국인의 현실을 왜곡시킨다는 주장이다. 이에 의하면, 아시아계의 경제적 성공은 일부에 한정된 것이며, 높은 교육수준에 비해 이들의 사회적 상승은 낮은 편이어서 이들은 오히려 미국 사회에서 착취당하는 그룹이라는 것이다. 또 아시아계 미국인은 다양해서 하나로 일반화하기 힘들며 이들의 성공담은 이데올로기적으로 소수민족 출신 저항운동을 무마하기 위해 만들어 낸 일종의 허구라고 주장하기도 한다(민경희, 2008, 280~282).

미등록 이민자를 체포할 수 있게 된다. 따라서 애리조나에서 시작된 미국의 반이민법 논란이 어떻게 일단락되느냐는 미국의 한인들에게도 매우 중요한 문제가 되는 것이다. 반이민법은 대개 라티노 미등록 이민자가 주 대상이지만 미국 내 한인 불법체류자 숫자도 만만치 않기 때문이다.[98] 그뿐만 아니라 반이민법이 인정되면 한인 경제에도 영향을 줄 것이다. 미등록 이민자에 대한 단속은 한인의 고객이자 종업원인 라티노의 '엑서더스'를 의미하기 때문이다. 따라서 한인 동포들은 스스로의 이해를 위해서라도 그들을 인정하고 그들과의 공존을 도모해야 한다. 그들은 동반자이며 파트너라는 인식을 새롭게 다질 필요가 있는 것이다.

우리는 피상적으로 때론 감정적으로 라티노를 이해한다. 우리가 라티노보다 뛰어나다는 생각은 우리가 백인보다 못하다는 생각과 같은 뿌리에서 나온 것이다. 즉, 인종의 우월이나 열등은 실은 같은 것의 양면인 것이다. 따라서 한인과 라티노는 "다르지만 평등하다(different but equal)"는 사실을 인정하면서부터 양자의 미래를 발전적으로 얘기할 수 있을 것이다.

수백 년의 긴 이민사를 가진 미국과 우리의 상황은 사뭇 다르다. 그러나 미국사회의 라티노 이슈와 한인-라티노 관계는 외국인 200백만 시대를 향해 가고 있는 한국 사회에 몇 가지 중요한 시사를 던져준다. 우선 우리의 외국인 이민자에 대한 인식 수준을 되돌아보게 한다. 한국은 오랫동안 한민족국가였기 때문에 외국인에 대해 폐쇄적인 사회였다. 따라서 한국인과 한국 사회의 외국인 이민자에 대한 인식, 제도, 문화는 아직 낮은 편이라고밖에 할 수 없다. 특히 아직도 우리는 이민을 "수요가 있으니 필요하다"라고 생각하는 경향이 있고, 따라서 그 수요는 주로 노동력과 신붓감에만 맞추어져 있다. 그래서 우리의 법과 제도가 다문화주의를 슬로건으로 내세우고

---

98 2011년 현재 미국에 있는 한국인 불법체류자가 2000년 18만 명보다 31% 증가한 23만 명인 것으로 추산되었다. 국가별로는 멕시코, 엘살바도르, 과테말라, 온두라스, 중국, 필리핀, 인도에 이어 8번째로 많다(U.S. Department of Homeland Security, 2012, 5).

있지만 아직도 이들은 주변인이고 이등 시민이다. 따라서 이민자를 동등하고 열린 마음으로 대하는 자세가 도덕적으로나 현실적으로 필요한 시점이라 하겠다.

그뿐만 아니라 라티노 경우는 우리가 해외에 있는 한국인을 어떻게 인식해야 하는지 재고하게 한다. 미국의 라티노화와 라티노와 라틴아메리카 간의 연대·연계의 강화는 라틴아메리카 외연을 확장하는 것이며 라틴아메리카의 잠재성이 가능성으로 전환되는 국면을 보여주는 것이다. 이런 점을 감안할 때 우리도 한반도 밖의 코리언과의 소통을 강화하고 그들이 그 나라 사람이면서 동시에 한국인일 수 있도록 돕는 데 노력을 아끼지 말아야 할 것이다.

오늘날 세계 이민에 가장 이슈가 되는 것 중의 하나는 미등록 이민의 증가이다. 미등록 이민 문제에 대한 미국과 우리의 사정은 각기 다르다. 미국에서 미등록 이민 문제의 핵심 사안은, 하나는 국내에 있는 불법체류자를 컨트롤하는 것이며, 둘째는 육로를 통한 밀입국이 많기 때문에 이에 대처하는 것이다. 하지만 우리나라는 밀입국이 많지 않기 때문에 미등록 이민 문제는 국내에 불법 체류하는 이민자 문제에만 주로 초점이 맞춰져 있다. 따라서 우리나라의 미등록 이민자 문제는 미국처럼 국가적인 쟁점이 될 정도는 아니다. 그렇다 하더라도 미국의 경우에 비추어 볼 때 통제나 단속만으로 미등록 이민 문제를 해결하는 것은 인권의 차원에서도 바람직하지 않을 뿐더러 그 실효성도 크지 않다는 점을 명심할 필요가 있다. 이미 함께 살고 있는 그들을 단속하고 배제하는 것은, 미래의 더 큰 문제를 예약하는 것에 다름 아니기 때문이다. 이민자 인구의 요즘 증가 추세와 이민자와 내국인간의 관계를 고려해 볼 때 향후 우리 사회에서도 이민자 문제는 더 큰 사회적 이슈가 될 확률이 높다. 따라서 우리 사회와 정부도 국민들의 이해와 합의를 바탕으로 미등록 이민자 문제에 대한 합리적이고 인도적인 해결 방안을 미리 마련하여야 할 것이다.

'우리'라는 작은 집단은 구성원 서로에게 믿음과 위안과 안심을 준다. 그러나 우리가 '지구촌'보다 더 작은 집단을 중요시하여, 우리 집단과 다른 집단 사이에 선을 긋는다면 불신과 편견을 없앨 수 없다. 인종과 문화를 구분하고 외국인과 내국인을 위계하는 것은 분명 공존의 장벽인 것이다. 따라서 진정한 다문화주의는 차이가 있다는 것을 존중하는 것을 넘어 차이가 없도록 적극적으로 행동할 때, 즉, 생각과 생활이 하나 될 때 이루어지는 것이다.

참고문헌

[단행본]

강석영 외, 2007, 라틴아메리카의 새로운 지평, 한국문화사

김덕호·김연진 엮음, 2001, 현대미국의 사회운동, 비봉출판사.

김형인 외, 2003, 미국학, 살림.

네이션 글레이저, 2009, 우리는 이제 모두 다문화인이다(서종남, 최현미 역), 미래를 소유한 사람들.

민경희, 2008, 미국 이민의 역사 이론과 실제, 개신.

박윤주 외, 2012, 중남미 인구변동 연구, 대외경제정책연구원.

새뮤엘 헌팅턴, 2004, 새뮤엘 헌팅턴의 미국(형선호 역), 김영사.

에릭 허쉬버그 & 프레드 로젠 외, 2008, 신자유주의 이후의 라틴아메리카(김종돈, 강혜정 옮김), 모티브북.

엘런 브링클리, 2005a, 있는 그대로의 미국사 I(황혜성 외 역), 휴머니스트

_____, 2005b, 있는 그대로의 미국사 II(황혜성 외 역), 휴머니스트

_____, 2005c, 있는 그대로의 미국사 III(황혜성 외 역), 휴머니스트

이현송, 2006, 미국문화의 기초, 한울아카데미.

임덕순, 1992, 문화지리학, 법문사.

임상래 외, 2010, 저항, 새로운 연대, 다문화주의, 박종철출판사.

존 H. 엘리엇 편집, 2003, 히스패닉 세계(김원중 외 옮김), 새물결.

케네스 데이비스, 2003, 미국에 대해 알아야 할 모든 것, 미국사(이순호 역), 책과함께.

프란시스 휘트니 외, 2004, 미국의 역사(이경식 역), 미국 국무부.

피터 H. 스미스, 2010, 라틴아메리카, 미국, 세계(이성형, 홍욱헌 역), 까치.

Neil Campbell & Alasdair Kean, 2002, 미국문화의 이해(정정호 외 5인 공역), 학문사.

Stephen S. Birdsall & John Florin 2004, 미국의 지리(Outline of American Geography, 이경식 역), 미국 국무부, 주한미대사관.

[논문 및 단행본의 챕터]

김남균, 2007, 「미국의 국가 정체성, 위기인가: 영어 공용화론」, 미국사연구 26집.

김세건, 2000, 「북을 향하여: 멕시코 농민들의 미국·캐나다로의 일시 이민과 사회·문화적 변동의 제 양상」, 서울대 사회과학연구원, 한국사회과학 22-20.

김유석, 2009, 「1960년대 미국 서남부 치카노 운동의 성격 '친쿠바혁명주의자'들의 영향을 중심으로」, 문화사학회, 역사와문화 17.

김연진, 2006, 「미국내 라티노 이민과 주류 언론·뉴스 매체」, 단국사학회, 사학지 38 집.

_____, 2008, 「라티노 이민, 반이민 정서, 그리고 미국의 위기」, 단국사학회, 사학지 40 집.

_____, 2012, 「미국내 라티노 이민의 이미지와 라티노 위협론 -멕시코 이민을 중심으로-」, 서양사학회, 서양사론 112 호.

김우성, 2005, 「미국내 스페인어 사용 현황과 전망」, 부산외대 이베로아메리카연구소, 이베로아메리카 7-1.

김우중, 2003, 「Spanglish에 관한 연구」, 한국서어서문학회, 서어서문연구 No. 27.

박구병, 2011a, 「세사르 차베스의 변모: 농장노동자 조직가에서 치카노 운동의 정신적 상징으로」, 한국라틴아메리카학회, 라틴아메리카연구 24-3.

_____, 2011b, 세계화시대 에스파냐어 문화권의 의미와 특성(제6장), 김정락 외, 현대의 서양문화, 한국방송통신대출판부.

박윤주, 2011, 도시와 이주(Part 8), 임상래 외, 라틴아메리카의 어제와 오늘, 이담북스

박진빈, 2010, 「미국사의 '트랜스내셔널 전환' – 제국주의, 이민, 사회정책」, 서양사학회, 서양사론 105 호.

서경석, 2002, 「스팽글리쉬, 미국 스페인어의 확장과 변형에 대하여」, 한국서어서문학회, 서어서문연구 22권.

양재열, 2000, 「멕시코 전쟁(1846-1848) 시기의 의회, 전쟁 반대파의 딜레마」, 계명사학.

이성훈, 2006, 「1960년대 치카노 운동과 치카노 민족주의의 등장」, 한국외대 중남미연구소, 중남미연구 25-1.

_____, 2008, 「미 대선을 통해 본 라티노의 힘」, 한국외대 중남미연구소, 중남미연구 26-2.

_____, 2010, 「라티노 이민을 바라보는 두 가지 관점」, 한국스페인어문학회, 스페인어문학 제 56 호.

이재학, 1999, 「언어의 보존과 상실 – 미국내 스페인어의 현주소」, 한국서어서문

학회, 서어서문연구 No. 15.

_____, 2004, 「미국 한인 사회에 히스패닉이 미치는 영향의 사회경제학 및 사회언어학적 고찰」, 한국서어서문학회, 스페인어문학 32 호.

임상래, 2002, 「멕시코 - 미국 양국 관계에 관한 소고: Mexamerica를 중심으로」, 부산외대 이베로아메리카연구소, 이베로아메리카 4 집.

_____, 2005, 「코스타리카의 니카라과 이주자 인권과 제노포비아」, 한국라틴아메리카학회, 라틴아메리카연구 18-3.

_____, 2007, 라틴아메리카와 이민: 국제이민의 특성과 추세를 중심으로, 강석영 외, 라틴아메리카의 새로운 지평, 한국문화사.

_____, 2011, 「미국 - 멕시코 전쟁의 이해: 간과된 성격들과 멕시코사적 의의를 중심으로」, 한국라틴아메리카학회, 라틴아메리카연구 24-3.

장희수, 2012, 「LA 폭동과 라티노」, 연세대 사학연구회, 학림 33 집.

전기순, 2003, 「미국내 히스패닉 인종의 사회적 현황과 문화적 정체성」, 한국라틴아메리카학회, 라틴아메리카연구 16-1.

주종택, 2009, 「멕시코 국제노동이주와 송금」, 한국라틴아메리카학회, 라틴아메리카연구 22-1.

채명수·정갑연, 2008, 「히스패닉 소비자의 소비패턴과 소비행동」, 중남미연구 27-1.

최낙원, 2007, 「치카노 시에 나타난 정체성 연구」, 한국스페인어문학회, 스페인어문학 44 호.

최성수·한주희, 2006,「국가와 이민정책: 미국의 이민법을 중심으로」, 한국아메리카학회, 미국학 논집 38-2.

최재인, 2009, 「미국 다문화주의의 역사적 배경」, 이민인종연구회, Homo Migrans vol. 1.

최재철, 2007, 「미국에서의 스페인어 교육 현황 및 언어 정책」, Foreign Languages Education, 14-2.

최종호, 2011, 「Spanglish에 대한 소고」, 한국스페인어문학회, 스페인어문학 59 호

[기타 자료]

라파엘 폰세 코르데로, 영화 속에 나타난 멕시코 미국 국경, 서울대학교 라틴아메리카연구소, 트랜스라틴 8 호, 2009. 7.

박정원, 멕시코·미국 경계문화 왜 경계인가? - 멕시코·미국 국경연구의 성과와 과제, 서울대학교 라틴아메리카연구소, 트랜스라틴 8 호, 2009. 7.

이은아, 애리조나 주법 S1070의 유보결정과 사회적 여파, 서울대학교 라틴아메

리카연구소, 트랜스라틴 13 호, 2010. 9.

임혜기, 내 주변의 히스패닉들,

  http://blog.naver.com/goldenwook?Redirect=Log&logNo= 150025845369.

1,200만 불체자 대부분 사면 대상, 미주한국일보 www.koreatimes.com, 2009. 12.
  17.

미 대법원, '애리조나 이민법' 상고 수용, 연합뉴스, 2011. 12. 13.

美 막강소비파워로 부상한 히스패닉을 잡아라, KOTRA, 2011. 11. 11.

  http://www.globalwindow.org/wps/portal/gw2/kcxml/04_Sj9SPykssy0xPL
  MnMz0vM0Y_QjzKLd4238DEDSYGZAR76kWBGoAFczMsEKoakztsZU
  8zLFCHm65Gfm6ofpO-tH6BfkBsaGhpR7ggAJHc7jw!!/?id=2143815&wor
  kdist=read.

'反이민법 합헌'판결에 히스패닉 '패닉', 연합뉴스, 2011. 10. 03.

중남미 드라마 '텔레노벨라' 미국서 돌풍, 중앙일보 http://article.joinsmsn.com,
  2007. 7. 18.

쿠바 출신 미국인들, 쿠바 민간 경제 활성화에 큰 도움, 조선일보 http://news.chosun.com,
  2011. 6. 12.

[Books]

Acuña, Adolfo, 2003, The U.S. Latino issues, Greenwood Press.

Aguayo Quezada & Sergio, 2007, El Almanaque Mexicano 2008, Aguilar.

Birdsall & Stephen et. al., 2005, Regional Landscapes of the United States and
  Canada, John Wiley & Sons, Inc.

Canales & Alejandro, 2008, Vivir del norte Remesas, desarrollo y pobreza en
  México, Consejo Nacional de Población.

Castro & Rafaela, 2001, Chicano Folklore, Oxford University Press.

De Leon, Arnoldo & Richard Griswold del Castillo, 2006, North to Aztlan A
  History of Mexican Americans in the United States, Harlan Davidson,
  Inc.

Duncan, Russell & Joseph Goddard, 2005, Contemporary America, Palgrave
  Macmillan.

Gilchrist, Jim & Jerome Corsi, 2006, Minutemen The Battle to Secure America's
  Borders, World Ahead Publishing.

Hanson & Gordon, 2005, Why Does Immigration Divide America ?, Institute for International Economics.

Lorey & David, 1999, The U.S.-Mexican Border in the Twentieth Century, Scholarly Resources Inc.

Maciel, David, 1989, La Clase Obrera en la Historia de México al norte del río bravo(pasado inmediato 1930~1981), Siglo XXI.

Martínez, Oscar, 1994, Border People Life and Society in the U.S.-Mexico Borderlands, University of Arizona Press.

_____, 1995, Troublesome Border, University of Arizona Press.

Martínez Pizarro, Jorge(ed.), 2011, Migración internacional en América Latin y el Caribe Nuevas tendencias, nuevos enfoques, CEPAL(Comisión Económica para América Latin y el Caribe).

Nova, Himilce, 1988, Everything you need to know about Latino History, New York: Penguin Putnam.

Ramos, Jorge, 2005, La Ola Latina, New York, HarperCollins Publishers Inc.

Rodríguez, Alfonso et. al., 1995, Lecciones de Historia de México, Editoriales Trillas.

Verea, Monica, 1982, Entre México y Estados Unidos: Los indocumentados, Ediciones El Caballito.

Sáenz, Rogelio & Aurelia Lorena Murga, 2011, Latino Issues, Santa Barbara, ABC-CLIO.

Tuirán, Rodolfo(coord.), 2000, Migración México-Estados Unidos. Presente y futuro, Consejo Nacional de Población.

Zúñiga Herrer & Elena et. al., 2005, Migración México-Estados Unidos Panorama Regional y Estatal, Consejo Nacional de Población.

[Papers]

Alba, Francisco, 2009, "Migración internacional y políticas públicas", Paula Leite & Silvia E. Giorguli(eds), Las políticas públicas ante los retos de la migración mexicana a Estados Unidos, Consejo Nacional de Población.

Calderón Chelius, Leticia, 2009, "Cómo se organiza los migrantes Mexicanos: de la lucha histórica a la reivindicación cotidiana", Paula Leite & Silvia E. Giorguli(Coord), El estado de la migración Las políticas públicas ante los retos de la migración mexicana a Estados Unidos, Consejo Nacional de Población.

Canales, Alejandro, 2009, "Migración internacional y desarrollo. Evidencias del aporte de los mexicanos a la economía de Estados Unidos", Paula Leite & Silvia E. Giorguli(eds), Las políticas públicas ante los retos de la migración mexicana a Estados Unidos, Consejo Nacional de Población.

_____, 2008, "Las cifras sobre remesas en México. ¿Son creíbles?", Migraciones Internacionales Vol. 4, No. 4., Colegio de la Frontera Norte.

Chavez, Leo, 2000, "Settlers and Sojourners The Case of Mexicans in the United States", Maunel Gonzales(ed), En Aquel Entonces, Indiana University Press, Bloomington.

Coronado, Roberto & Pia M. Orrenius, 2007, "Crime on the U.S-Mexico Border: The Effect of Undocumented Immigration and Border Enforcement", Migraciones Internacionales Vvol. 4. No. 1., Colegio de la Frontera Norte.

Dear, Michael & Andrew Burridge, 2005, "Cultural Integration and Hybridization at the United States-Mexico Borderlands", Département de géographie de l'Université Laval, Cahiers de géographie du Québec Vol. 49, No. 138.

Durand, Jorge, 2011, "Ethnic Capital and Relay Migration: New and Old Migration Patterns in Latin America", Migraciones Internacionales Vol. 6, No. 1, Colegio de la Frontera Norte.

Estrada, Leobardo, et. al., 2001, "Chicanos in the United States: A History of Exploitation and Resistence", Bixler Márquez, David, et. al., Chicano Studies Survey and Analysis, Kendall/Hunt Publishing Company.

Fernández Poncela, Anna & Lilia Venegas Aguilera, 2010, "Fiesta, identidad y estrategias de una minoría que se organiza: La reina de las flores de una comunidad latina en Texas", Migraciones Internacionales Vol. 5 No. 3. Colegio de la Frontera Norte.

García, Mario, 1985, "La Frontera: The Border as Symbol and Reality in Mexican-American Thought", Mexican Studies Vol. 1, No. 2.

García Zamora, Rodolfo, 2007a, "Migración internacional, remesas y desarrollo en México al inicio del siglo XXI", Paula Leite, Susana Zamora & Luis Acevedo(eds), Migración internacional y desarrollo en América Latina y el Caribe, Consejo Nacional de Población.

_____, 2007b, "El Programa Tes por Uno de remesas colectivas en México. Lecciones y desafíos", Migraciones Internacionales Vol. 4, No. 1., Colegio de la Frontera Norte.

Goldman, Dana P., James P. Smith and Neeraj Sood, 2006, "Immigrants and the Cost of Medical Care", Health Affairs 25, No. 6.

Grimson, Alejandro, 2011, "Doce equívocos sobre las migraciones", Nueva Sociedad No. 233.

Heredia Zubieta, Carlos, 2011, "La migración mexicana y el debate en Estados Unidos", Nueva Sociedad No. 233.

Izcara, Simon Pedro, 2012, "Opinión de los polleros tamaulipecos sobre la política migratoria estadounidense", Migraciones Internacionales Vol. 6, No. 3., Colegio de la Frontera Norte.

Lorey, David E., 2001, "The Consequence of Rapid Growth in the Border Region: Social and Cultural Change Since the 1940s", Bixler Márquez, David, et. al., Chicano Studies Survey and Analysis, Kendall/Hunt Publishing Company.

Lozano Ascencio, Fernando, 2009, "Las remesas de los migrantes latinoamericanos y caribeños en los Estados Unidos", CEPAL, Notas de pobalción No. 86.

Massey, Douglas & Magaly Sánchez, 2009, "Restrictive Immigration Policies and Latino Immigrant Identity in the United States", United Nations Development Programme.

Merino, José, 2002, "Mexicanos en Estados Unidos. Presencia e Impactos en Sus Comunidades de Origen". Foro de Migración y Desarrollo(멕시코 하원 인구, 국경, 이민 위원회 주최).

Orozco, Manuel, 2007, "Remesas en la región de América Latina y el Caribe. Un análisis de su impacto económico", Paula Leite, Susana Zamora & Luis Acevedo(eds), Migración internacional y desarrollo en América Latina y el Caribe, Consejo Nacional de Población.

Portes, Alejandro, 2011, "Migración y desarrollo: un intento de conciliar perspectivas opuestas", Nueva Sociedad No. 233.

Radelat, Ana, 2000, "Fox turns to Mexican Americans", *Hispanic*, Vol. 13.

Valdivia López, Marcos & Fernando Lozano Ascencio, 2010, "A Spatial Approach to the Link between Remittances and Regional Growth in Mexico", Migraciones Internacionales Vol. 5, No. 3. Colegio de la Frontera Norte.

Verduzco, Gustavo, 2000, "La migración mexicana a Estados Unidos Estructuración de una selectividad histórica", Rodolfo Tuirán(coord), Migración México-Estados Unidos: Continuidad y Cambio, Consejo Nacional de Población.

Özden, Çağlar, 2007, "Fuga de cerebros en América Latina", Paula Leite, Susana Zamora & Luis Acevedo(eds), Migración internacional y desarrollo en América Latina y el Caribe, Consejo Nacional de Población.

[U.S. Census Bureau]

U.S. Census Bureau 2003, Language Use and English-Speaking Ability: 2000.

U.S. Census Bureau 2003, Language Use in the United States: 2000.

U.S. Census Bureau 2009, Facts for Features, Hispanic Heritage Month 2009.

U.S. Census Bureau 2010, Language Use in the United States: 2007.

U.S. Census Bureau 2010, Languages Spoken at Home: 1980, 1990, 2000, and 2007.

U.S. Census Bureau 2010, Percent Hispanic of the Total Population in the U.S.: 1970~2050, Hispanics in the United States.

U.S. Census Bureau 2011, The Foreign Born From Latin America and the Caribbean 2010.

U.S. Census Bureau 2011, The Hispanic Population: 2010.

U.S. Census Bureau, "Table 16. Population: 1790 to 1990". Population and Housing Unit Counts. 1990 Census of Population and Housing.

U.S. Census Bureau, 2000 Decennial Census.

U.S. Census Bureau, 2008 American Community Survey.

U.S. Census Bureau, American Factfinder.

U.S. Census Bureau, State & County QuickFacts

[Pew Hispanic Center]

Pew Hispanic Center 2008, Detailed Hispanic Origin: 2005.

Pew Hispanic Center 2009, A Portrait of Unauthorized Immigrants in the United States.

Pew Hispanic Center 2009, Mexican Immigrants in the United States 2008.

Pew Hispanic Center 2009, Statistical Portrait of Hispanics in the United States

2007.

Pew Hispanic Center 2009, Who's Hispanic?.

Pew Hispanic Center 2010, Hispanos de Origen Mexicano En los Estados Unidos, 2008.

Pew Hispanic Center 2010, Statistical Portrait of Hispanics in the United States 2008.

Pew Hispanic Center 2012, Statistical Portrait of Hispanics in the United States 2010.

Pew Hispanic Center 2012, When Label Don't Fit: Hispanics and Their Views of Identity.

Pew Hispanic Center 2012, Net Migration from Mexico Falls to Zero-and Perhaps Less.

Banco de México, Indicadores económicos 1990~2009.

Bank of Mexico, Economic & Financial Indicators, www.banxico.org.mx/siteBanxicoINGLES/ eInfoFinanciera/FSinfoFinanciera.html

Calvelo, Laura, 2011, Viejos y nuevos asuntos en las estimaciones de la migración internacional en América Latina y el Caribe, CEPAL(Comisión Económica para América Latin y el Caribe).

CEPAL, Centro Latinoamericano y Caribeño de Demografía, 2006, Observatorio Demográfico Migración internacional, No. 1.

CEPAL(Comisión Económica para América Latin y el Caribe), 2002, Globalización y Desarrollo.

City-Data.com, El Paso: Population Profile, San Diego: Population Profile, http://www.city-data.com.

Consejo Nacional de Población, 1998, Remesas: monto y distribución regional en México, Boletín(no. 7).

Enciclopedia de los Municipios de México, ESTADO DE BAJA CALIFORNIA, TIJUANA, http://www.e-local.gob.mx/wb/ELOCAL/ELOC_Enciclopedia.

Executive Office of the President: Council of Economic Advisors, "Immigration's Economic Impact," 2007. 6. 20, http://www.whitehouse.gov/cea/cea_immigration_ 062007.html.

FIDH(Federación Internacional de Derechos Humanos) 2008, Estados Unidos-México Muros, Abusos y Muertos en las fronteras, Paris.

Gibson, Campbell and Emily Lennon, 1999, Historical Census Statistics on the

Foreign-Born Population of the United States: 1850 to 1990, U. S. Census Bureau.

Hispanic Cultural Center, Fiesta de las Flores, http://fiestadelasflores.org/ Default.aspx.

Holland, Clifton(comp), TABLE OF STATISTICS ON RELIGIOUS AFFILIATION IN THE AMERICAS AND THE IBERIAN PENINSULA, http://www.prolades.com/ amertbl06.htm

Immigration Policy Center, Immigrants and Crime: Are They Connected, 2007. 12.http://www.immigrationpolicy.org/just-facts/immigrants-and-crime-are-t hey-connected-century-research-finds-crime-rates-immigrants-are.

Immigration Policy Center, Undocumented Immigrants as Taxpayers, 2007. 11. http://www.immigrationpolicy.org/just-facts/undocumented-immigrants-ta xpayers)

Instituto Federal Electoral, Sistema de Consulta de la Estadística de las Elecciones Federales y Atlas de Resultados Electorales Federales 1991~2009.

Instituto Nacional de Estadística y Geografía 2000, Anuario Estadístico Edición 2000.

La Coalición de Derechos Humanos, Arizona-Sonora Recovered Human Remains, http://derechoshumanosaz.net/projects/arizona-recovered-bodies-project.

Latino Blueprint for Change Barack Obama's Plan for America, 2008.

NCLR(National Council of La Raza) 2011, Latinos and the 2010 Census: Let's Put Those Numbers to Use.

Noticias de Inmigración, Grupos Pro-Inmigración y Anti-Inmigración en Estados Unidos, http://inmigracion.terra.com/articulos/a3_grupos_anti_y_pro_inmigracion US.html.

O"Neil, Kevin, et. al 2005, Migration in the Americas, A paper prepared for the Policy Analysis and Research Programme of the Global Commission on International Migration.

Organización Internacional para las Migraciones 2010, INFORME SOBRE LAS MIGRACIONES EN EL MUNDO 2010 EL FUTURO DE LA MIGRACIÓN: CREACIÓN DE CAPACIDADES PARA EL CAMBIO.

Passel, Jeffrey 2007, Unauthorized Migrants in the United States: Estimates, Methods, and Characteristics, OECD SOCIAL, EMPLOYMENT AND MIGRATION WORKING PAPERS, http://www.oecd.org/dataoecd/41/ 25/39264671.pdf.

The Rand Corporation 2006, RAND Study Shows Relatively Little Public Money Spent Providing Healthcare to Undocumented Immigrants, 2006. 11, http://www.rand.org/news/press/2006/11/14.html.

The Urban Institute 2007, "Trends in the Low-Wage Immigrant Labor Force, 2000-2005," 2007. 3, http://www.urban.org/publications/411426.html.

U. S. Department of Homeland Security 2011, 2010 Yearbook of Immigration Statistics.

U. S. Department of Homeland Security 2012, Estimates of the Unauthorized Immigrant Population Residing in the United States : January 2011.

U. S. Department of Homeland Security 2011, Estimates of the Legal Permanent Resident Population in 2010.

U. S. Department of Homeland Security 2011, U.S. Legal Permanent Residents: 2010.

U. S. Environmental Protection Agency 2011, State of the Border Region 2010.

U. S. Environmental Protection Agency 2011, U.S.-Mexico Environmental Program: Border 2012 A Mid Course Refinement.

Voto de los mexicanos residentes en el extranjero, http://www.votoextranjero.mx/es

Wikipedia, Ciudad Juarez.

[Newspaper]

Aumenta migración infantil hacia EU, El Universal, 2010. 1. 2.

http://www.eluniversal.com.mx/notas/649102.html

Granjeno levee-wall is not keeping out immigrants, says community leader, Rio Grande Guardian, 2009. 7. 21.

http://www.riograndeguardian.com/rggnews_story.asp?story_no=28

Los aspirantes presidenciales buscan el voto de los mexicanos en EU. CNNMexico, 2011. 6. 15.

http://mexico.cnn.com/nacional/2011/06/15/los-aspirantes-presidenciales-buscan-el-voto-de-los-mexicanos-en-eu.

Poll: 83% of people who live in El Paso find the city safe, El Paso Times, 2011. 7. 5.

Sampson, Robert, "Open Doors Don't Invite Criminals," The New York Times, 2006. 3. 11.

Southwest shall secede from U.S. prof. predicts, The Albuquerque Tribune, 2000. 1. 13.

Tío, Salvador, Teoría del Espanglish, Diario de Puerto Rico, 1948. 10. 28.
http://dev.salvadortio.com/tag/espanglish
Voting Power, Hispanic Business, 2011. 11. 15.
http://www.hispanicbusiness.com/2011/11/15/voting_power.htm

찾아보기

임상래

한국외국어대학교 스페인어과 졸업(1988)
멕시코아메리카스대학교(Universidad de las Americas) 중남미학 석사(1991)
멕시코국립대학교(Universidad Nacional Autónoma de México) 중남미학(역사) 박사(1994)
텍사스주립대학교(University of Texas at El Paso) 방문교수(2007)

현) 부산외국어대학교 스페인어과 교수
　　한국라틴아메리카학회 부회장

「미국－멕시코 전쟁의 이해: 간과된 성격들과 멕시코사적 의의를 중심으로」와 『라틴아메리카의
어제와 오늘』(공저) 외 다수의 라틴아메리카 역사·정치 관련 논문과 저서가 있음.

라티노와
아메리카

초 판 인 쇄 | 2013년 2월 22일
초 판 발 행 | 2013년 2월 22일

지 은 이 | 임상래
펴 낸 이 | 채종준
펴 낸 곳 | 한국학술정보㈜
주　　　소 | 경기도 파주시 문발동 파주출판문화정보산업단지 513-5
전　　　화 | 031) 908-3181(대표)
팩　　　스 | 031) 908-3189
홈 페 이 지 | http://ebook.kstudy.com
E - m a i l | 출판사업부　publish@kstudy.com
등　　　록 | 제일산-115호(2000. 6. 19)

ISBN　　　978-89-268-4110-5 93950 (Paper Book)
　　　　　978-89-268-4111-2 95950 (e-Book)

이담
Books 는
한국학술정보(주)의 지식실용서 브랜드입니다.